OS CINCO Cs DA CINEMATOGRAFIA

Dados Internacionais de Catalogação na Publicação (CIP)
(Câmara Brasileira do Livro, SP, Brasil)

Mascelli, Joseph V.
    Os cinco Cs da cinematografia : técnicas de filmagem / Joseph V. Mascelli [tradução Janaína Marcoantônio ; revisão técnica Francisco Ramalho Jr.]. São Paulo : Summus Editorial, 2010.

    Título original: The five C's of cinematography : motion picture filming techniques.
    ISBN 978-85-323-0649-4

    1. Cinematografia - Manuais, guias etc. I. Título.

10-01182   CDD-778.53

Índice para catálogo sistemático:
1. Cinematografia : Manuais 778.53

Compre em lugar de fotocopiar.
Cada real que você dá por um livro recompensa seus autores
e os convida a produzir mais sobre o tema;
incentiva seus editores a encomendar, traduzir e publicar
outras obras sobre o assunto;
e paga aos livreiros por estocar e levar até você livros
para a sua informação e o seu entretenimento.
Cada real que você dá pela fotocópia não autorizada de um livro
financia o crime
e ajuda a matar a produção intelectual de seu país.

OS CINCO Cs DA CINEMATOGRAFIA

TÉCNICAS DE FILMAGEM

JOSEPH V. MASCELLI

summus
editorial

Do original em língua inglesa
THE FIVE C'S OF CINEMATOGRAPHY
Copyright © 1965 by Joseph V. Mascelli
Direitos para a língua portuguesa adquiridos por Summus Editorial

Editora executiva: **Soraia Bini Cury**
Editoras assistentes: **Andressa Bezerra e Bibiana Leme**
Tradução: **Janaína Marcoantônio**
Revisão técnica: **Francisco Ramalho Jr.**
Capa: **Alberto Mateus**
Imagem da capa: **O diretor David Mackenzie, em foto de Paul Hogan/LatinStock**
Projeto gráfico e diagramação: **Crayon Editorial**

BIBLIOTECA FUNDAMENTAL DE CINEMA – 6
Direção: Francisco Ramalho Jr.

Summus Editorial
Departamento editorial
Rua Itapicuru, 613 – 7º andar
05006-000 – São Paulo – SP
Fone: (11) 3872-3322
http://www.summus.com.br
e-mail: summus@summus.com.br

Atendimento ao consumidor
Summus Editorial
Fone: (11) 3865-9890

Vendas por atacado
Fone: (11) 3873-8638
e-mail: vendas@summus.com.br

Impresso no Brasil

SUMÁRIO

Prefácio à edição brasileira **9**

Apresentação **11**

Prólogo **13**

❶ CÂMERA: ÂNGULOS **17**
Introdução **17**

Cena, plano e sequência **19**

Câmera: tipos de ângulo **20**

Tamanho do objeto, ângulo do objeto e altura da câmera **31**

Conclusão **76**

❷ CONTINUIDADE **79**
Introdução **79**

Tempo e espaço cinematográfico **80**

Filmando a ação **88**

Técnicas de filmagem **89**

Continuidade direcional: a importância de determinar a direção **101**

Direção da imagem **102**

Unindo tempo e espaço **156**

Recursos de transição visual e sonora **156**

Conclusão **166**

❸ CORTE **169**

Introdução **169**

Tipos de edição **171**

Requisitos da edição **193**

O fotógrafo pode aprender com o editor **195**

Conclusão **196**

❹ CLOSES **199**

Introdução **199**

Tamanho do close **200**

Tipos de close **203**

Escolha do close **212**

O olhar em closes **213**

Ângulo da câmera e tamanho da imagem em closes **214**

Movimento de atores entrando e saindo de closes **220**

O ritmo no close **221**

Posições de câmera para filmar closes **221**

Segundos planos para closes **222**

Close em abertura de sequência **223**

Closes para transições **223**

Conclusão **225**

❺ COMPOSIÇÃO **227**

Introdução **227**

Composição de imagens estáticas *versus* cinematográficas **228**

O bom trabalho da câmera começa com a composição **229**

Regras de composição **229**

Linguagem de composição **230**

Equilíbrio **239**

Unidade **245**

O que fazer e o que não fazer **246**

O centro de interesse **247**

Movimento do olho **252**

Enquadramento **256**

Tamanho da imagem **257**

Integre a composição e os ângulos de câmera **259**

Perspectiva **261**

Segundos planos **266**

Molduras **269**

Composição dinâmica **272**

Composição de suspense **273**

Imagens de catálogo **274**

Variedade de composição **276**

Componha em profundidade **277**

Simplicidade **278**

Conclusão **279**

Índice remissivo **281**

Crédito para fotos **287**

PREFÁCIO À EDIÇÃO BRASILEIRA

Estamos vivenciando um momento de rápidas transformações, e um dos períodos mais interessantes da história da cinematografia.

O surgimento de novas tecnologias, as atualizações constantes das câmeras analógicas, o aparecimento de inúmeras câmeras digitais de captação de imagens em movimento, os novos sensores e o aperfeiçoamento das lentes fazem surgir a "câmeramania". Discute-se inicialmente o equipamento a ser utilizado em detrimento da narrativa e da importância do artista que vai manipulá-lo – o fotógrafo, ou diretor de fotografia. Porém, não podemos esquecer que esse é um dos personagens principais que, com os demais membros de uma equipe de cinema, transforma o roteiro numa obra cinematográfica.

Este livro é fundamental para diretores de fotografia, diretores, diretores de arte, editores, produtores, alunos e professores de cinema ou amantes da sétima arte ansiosos por mais conhecimento. Único no gênero e pioneiro, fundamenta a linguagem cinematográfica com sua gramática básica, mas ao mesmo tempo avançada, seus princípios e regras, permitindo o domínio do ofício sem o qual um filme não pode existir.

A obra de Mascelli – finalmente publicada em português – vem dando suporte a gerações diversas na criação da arte cinematográfica, e sua contribuição é uma herança a todos nós. Tenho certeza de que *Os cinco Cs da cinematografia* permitirá a todos os leitores expandir seus conhecimentos e recriar e revolucionar os princípios básicos nele descritos.

Lucio Kodato
*Diretor de fotografia e membro fundador
da Associação Brasileira de Cinematografia (ABC)*

APRESENTAÇÃO

Embora a produção de filmes tenha mudado consideravelmente desde que fotografei *The perils of Pauline* [Os perigos de Paulina], em 1914, alguns aspectos – em particular aqueles relacionados com o processo de contar uma história – continuam sendo os mesmos de meio século atrás.

Os filmes têm um ritmo mais acelerado para os espectadores mais sofisticados de hoje. Os dramas televisivos da atualidade apresentam os personagens, preparam a cena e determinam o enredo em alguns minutos. Para conseguir isso, os primeiros filmes demandavam uma ou mais bobinas. O uso que hoje se faz da câmera em movimento – especialmente tomadas de helicópteros – e de formatos widescreen permite uma filmagem mais contínua, com menos cortes de edição. As tendências da filmagem moderna estão se afastando dos efeitos teatrais e adotando iluminação e tratamento de câmera mais naturais, envolvendo os espectadores mais profundamente na história mostrada nas telas. Isso é bom!

A produção de filmes era muito diferente em 1908, quando, ainda um garoto de 14 anos, tive a grande sorte de me tornar assistente – ou "camera boy", como então diziam – de Fred J. Balshofer, pioneiro produtor, diretor e fotógrafo. Balshofer iniciou muitas técnicas de filmagem – tais como a aderência absoluta à *continuidade direcional* – que se tornaram modelos de filmagem. No ano seguinte, fui trabalhar para Edwin S. Porter, que, em 1903, produzira aquele que é hoje considerado o primeiro filme narrativo – *The great train robbery*. Para os primeiros espectadores, esses filmes *narrativos* lembravam peças de teatro – devido a sua *continuidade*, que era um grande avanço em relação às animações fotográficas apresentadas até então.

Este ano marca o 50º aniversário do lançamento de *The birth of a nation* [O nascimento de uma nação][1], produzido e dirigido por D. W. Griffith – como hoje sabemos, o reconhecido criador da sintaxe das telas.

Mas, apesar da influência exercida sobre cineastas de todo o mundo por esses brilhantes pioneiros – e por muitos fotógrafos e diretores competentes de hoje e de ontem –, nenhum desses mestres de nossa atividade já escreveu, com clareza, sobre *como* a câmera pode ser usada de maneira mais proveitosa para filmar histórias cinematográficas. A única forma de saber fazer filmes melhores era trabalhar como aprendiz de um professor competente – ou analisar filmes e tentar imaginar como foram feitos.

Até onde sei, este é o primeiro livro que tenta traduzir os muitos aspectos intangíveis da produção de um filme em explicações definitivas. Em minha opinião, ninguém é mais qualificado para escrevê-lo do que Joe Mascelli. Mascelli é uma raridade. Ele combina sua ampla experiência de cinegrafista profissional – que filma tanto ficção como não ficção – com um vasto conhecimento de todas as fases da produção, juntamente com o desejo de instruir e inspirar. É um estudioso perspicaz da história do cinema – em particular da cinematografia – e pesquisou, estudou e analisou o trabalho de fotógrafos de cinema, de Billy Bitzer a Leon Shamroy. Ele tem a capacidade única de desvendar as técnicas de filmagem para aqueles que consideram a complexidade da produção de filmes um mistério.

Acredito que este livro será verdadeiramente valioso a cineastas pouco experientes e, em especial, a estudantes de produção cinematográfica. Compreendendo e aplicando os princípios apresentados aqui, o leitor será capaz de *visualizar* uma história cinematograficamente. Pois, acima de tudo, é o poder de visualização que faz um cineasta de sucesso.

Ler o original de *Os cinco Cs da cinematografia* foi, para mim, ao mesmo tempo interessante e desafiador. Espero que, para você, este livro seja igualmente estimulante e informativo.

Arthur C. Miller

1. Esta apresentação foi escrita em 1965. [N. T.]

PRÓLOGO

Em 1928, quando a Eastman Kodak introduziu a Kodacolor 16 mm, um físico renomado observou: "É impossível – *mas nem tanto!*"

Durante os anos em que me dediquei a preparar e escrever este livro, senti, em muitas ocasiões, que definir, explicar, esclarecer e ilustrar graficamente as técnicas de filmagem cinematográfica de forma didática é impossível, *mas nem tanto*.

A maioria dos profissionais sabe, por intuição, a maneira adequada de filmar determinado assunto, mas parece incapaz de explicar como o faz. Eles passaram a saber o que *não* fazer, por meio de experiências anteriores ou trabalhando como aprendizes de técnicos habilidosos. No entanto – embora estejam empregando-as constantemente –, poucos conseguem explicar as regras com base nas quais os filmes são feitos.

Muitos fotógrafos – particularmente aqueles que se dedicam a filmes de não ficção – ficam tão envolvidos nos aspectos técnicos da produção que tendem a se esquecer de que o principal objetivo de um filme é contar uma *história interessante*. Fazer um filme é muito mais do que colocar um rolo numa câmera e expor a imagem corretamente.

Os objetivos deste livro são: despertar a atenção do leitor para os muitos aspectos envolvidos quando se pretende contar uma história por meio de um filme; mostrar como as técnicas de filmagem utilizadas em ficção podem ser aplicadas com sucesso a filmes de não ficção. Não é preciso um grande orçamento para uma boa filmagem. As mesmas regras profissionais podem ser aplicadas com sucesso a um documentário.

As definições, regras e recomendações neste livro não pretendem ser absolutas. A maior parte desses preceitos foi desenvolvida de forma gradual ao longo dos anos, tornando-se procedimentos rotineiros. Em alguns casos, precisei descobrir a regra oculta com base na qual se logram certos tipos de filmagem. Também tive de inventar nomes – tais como *eixo de ação* e *técnica da ação justaposta* – para definir e explicar métodos de filmagem.

A produção de um filme cinematográfico, em especial de não ficção, pode ser um projeto extremamente pessoal. Cabe ao indivíduo aceitar, mudar ou distorcer a regra para adaptá-la a seu propósito particular. Os métodos de filmagem estão em constante mudança. A chamada "nova onda" derrubou muitas técnicas estabelecidas – com algum sucesso. As futuras gerações de cineastas talvez considerem os atuais métodos de filmagem sufocantes e até mesmo obsoletos. A produção de filmes pode adotar mudanças – desde que seja para melhor. Mudanças que envolvem o público de maneira mais profunda na história mostrada na tela são construtivas e sempre bem-vindas.

É importante, entretanto, que os cineastas *primeiro aprendam as regras* antes de transgredi-las. Conheçam a maneira certa de filmar, aprendam modelos aceitáveis, entendam como o público se envolve na história do filme – e que os espectadores foram condicionados a aceitar tais regras durante anos de ida ao cinema. Experimente; seja ousado; filme de forma pouco ortodoxa. Mas, primeiro, *aprenda* a forma correta, não o faça apenas de forma "nova" – que, muito provavelmente, era nova há trinta anos! – por falta de conhecimento ou de técnicas adequadas.

Conheça seu público. Coloque-se na posição do espectador. Seja verdadeiramente objetivo ao avaliar um novo método ou ideia. Experimente-a. Se funcionar – se for aceitável –, e se o público compreendê-la e desfrutá-la, *use!* Se fizer não mais do que confundir, importunar ou mesmo distrair o público da narrativa, *descarte*!

Experiências na produção tanto de filmes de ficção como de não ficção me levaram à conclusão de que os fotógrafos de documentários – militares, industriais e educacionais – que trabalham com uma equipe pequena, geralmente em locações remotas, sem um roteiro detalhado ou outros benefícios de um departamento de produção em estúdio, devem ter conhecimento e experiência que vão muito além daqueles de natureza técnica. Normalmente, eles têm de agir como fotógrafos/diretores e depois editar o filme. Seu trabalho pode abarcar tudo, da concepção à produção – até a exibição nas telas.

O meu sincero desejo é que este livro proporcione aos leitores uma maior compreensão acerca das muitas formas pelas quais uma narrativa pode ser filmada – com a garantia de que as imagens possam ser editadas para compor uma história interessante, coerente e que flua com suavidade.

O estudante sério deve considerar também um fator que *não* pode ser aprendido nem com este, nem com nenhum outro livro: o truque. O truque é a arte de dispor pessoas, objetos ou ações, durante a filmagem ou a edição, de modo que o efeito na tela seja aprimorado. Somente a experiência ensinará o fotógrafo e o editor *quando* e *como* usar truques. O segredo de um truque eficaz está em saber como fazer mudanças sem que o público o perceba. O único crime ao usar truques é ser pego. A altura de um ator pode ser alterada para que ele pareça mais alto em um two-shot; o canto de uma lâmpada pode ser eliminado de um close; porções do acontecimento podem ser retiradas do filme final editado para um melhor resultado na tela. O iniciante talvez tema usar truques ou utilizá-los em excesso. O técnico experiente sabe exatamente até que ponto o truque pode ser empregado antes que o espectador perceba a mudança.

Este livro não pretende ser um meio para um fim, mas um começo. Meu objetivo é fazer que você se torne *ciente* das muitas facetas da produção de um filme. Assim, poderá analisar qualquer situação e optar pelos melhores procedimentos para a filmagem que tem em mãos. Espero ajudá-lo a *pensar* na produção de filmes cinematográficos profissionalmente.

Joseph V. Mascelli

1 CÂMERA: ÂNGULOS

INTRODUÇÃO

Um filme é composto de muitos planos. Em cada plano é necessário colocar a câmera na melhor posição para ver os atores, o cenário e a ação naquele *momento particular* da narrativa. A tarefa de posicionar a câmera[2] – o *ângulo da câmera* – é influenciada por diversos fatores. Por meio da análise cuidadosa das especificidades da história, é possível encontrar soluções para muitos problemas ligados à escolha de ângulos de câmera. Com experiência, é possível tomar decisões de maneira quase intuitiva. O ângulo da câmera determina tanto o *ponto de vista* do público quanto a *área abrangida* pelo plano. Cada vez que se adota uma nova configuração para a câmera, deve-se responder a duas perguntas: 1) Qual é o *melhor ponto de vista* para filmar esta parte do acontecimento? *Que porção da área* deve ser incluída neste plano?

Um ângulo de câmera cuidadosamente escolhido pode aumentar a *visualização dramática* da história. Um ângulo escolhido de modo negligente pode distrair ou confundir o público ao representar a cena de uma maneira que dificulte a compreensão de seu significado. Portanto, a seleção de ângulos de câmera é um fator de extrema importância na construção de um filme que seja interessante do início ao fim.

Normalmente, os roteiros de filmes de ficção determinam o tipo de plano necessário para cada cena numa sequência[3]. Alguns estúdios preferem roteiros no formato cena máster, nos quais se apresentam todas as ações e todos os diálogos em uma sequência completa, mas não se indicam os ângulos de câmera. Em ambos os casos, o diretor tem a prerrogativa de escolher os ângulos de acordo com sua interpretação do roteiro. Uma vez que o fotógrafo posiciona a câmera, é ele quem costuma tomar a decisão final sobre o ponto de vista e a área abrangida, com base nos desejos do diretor. Os diretores abordam a questão dos ângulos de câmera de várias maneiras: muitos, uma vez feita a solicitação, deixam a decisão

---

[2]. O ato de posicionar câmera, luzes, equipamentos, atores etc. em cena é denominado "set up". [N. R. T.]

[3]. Atualmente, os roteiros não determinam o tipo de plano, excetuando-se rubricas particulares, como close, insert etc. [N. R. T.]

▰ Os roteiros de filmes de ficção determinam o tipo de plano exigido para cada cena na sequência. O designer de produção deve fornecer desenhos que sugerem como a câmera será posicionada e movimentada. O diretor de fotografia é responsável pelo posicionamento preciso da câmera.

final nas mãos do fotógrafo. Outros podem se guiar mais pela câmera e decidir juntamente com o fotógrafo o posicionamento preciso de cada plano.

Ao filmar com roteiro, o fotógrafo e o diretor de filmes de não ficção podem trabalhar da mesma forma. Quando trabalha sozinho, no entanto, o fotógrafo deve determinar os próprios planos. Ao filmar documentários sem roteiro, ele tem a responsabilidade extra de dividir o acontecimento em planos individuais e estabelecer o tipo de plano necessário para cada parte da ação. Em ambos os casos, a experiência do fotógrafo, seu conhecimento dos problemas e sua imaginação visual influenciarão a escolha do ângulo da câmera.

Tanto os produtores de filmes de ficção como os de não ficção em geral empregam um designer de produção para preparar um storyboard – série de desenhos com os principais acontecimentos que sugere o ângulo da câmera, o movimento da câmera e do ator e o tratamento da composição. Esses desenhos podem ser muito simples, meros esboços, ou muito elaborados – em especial no caso de filmes de ficção de grande orçamento, em que as detalhadas reproduções de cores das cenas são seguidas rigorosamente pelo diretor e pelo fotógrafo ao definir o plano.[4]

4. Storyboards são mais empregados em filmes publicitários ou em sequências de difícil feitura, como as de ação. [N. R. T.]

OS CINCO Cs DA CINEMATOGRAFIA

CENA, PLANO E SEQUÊNCIA

Os termos *cena*, *plano* e *sequência* são, às vezes, mal compreendidos.

Cena define o *lugar* ou *cenário* em que ocorre a ação. Essa expressão é emprestada das produções teatrais, em que um ato pode ser dividido em várias cenas, cada uma delas situada num local diferente. Uma cena pode consistir de um plano ou de uma série de planos representando um acontecimento contínuo.

Plano define uma visão contínua filmada por uma câmera sem interrupção. Cada plano é uma *tomada*. Quando, devido a erros técnicos ou dramáticos, filma-se a mesma ação com as mesmas configurações, os planos subsequentes são tomadas repetidas de uma mesma cena. Se, de alguma forma, a configuração é alterada – por meio do movimento da câmera, da troca da lente ou da filmagem de uma ação diferente –, trata-se de um novo plano, e *não* de uma tomada repetida.

Uma *sequência* é uma *série de cenas*, ou *planos*, completa em si mesma. Pode ocorrer num único cenário ou em vários. Uma ação deve corresponder a uma sequência sempre que continuar por diversos planos consecutivos com cortes secos – para representar o fato de maneira contínua, como na vida real. Uma sequência pode começar como uma cena exterior e continuar dentro de um prédio, quando os atores entram e se acomodam para falar ou atuar. Pode começar ou terminar com uma fusão; ou pode ser inserida entre outras sequências por meio de cortes secos.

A confusão surge quando os termos *cena* e *plano* são usados de maneira equivalente. Num roteiro, cada um dos planos é chamado de cena. Mas, num roteiro no formato cena máster, costumam ser necessários vários planos para filmar todo o acontecimento. Nesses casos, pode-se usar um único núme-

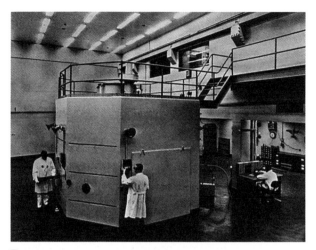

▸ O fotógrafo de documentários que filma sem planejamento prévio tem a responsabilidade extra de dividir o acontecimento em planos individuais e decidir o melhor plano para cada parte da ação. Quando se filma sem um roteiro, é importante conhecer as especificidades editoriais.

Uma história cinematográfica é uma *série de imagens em constante mudança* que retrata acontecimentos de *vários pontos de vista*. A escolha do ângulo da câmera pode posicionar o público *mais perto* da ação, para que observe uma parte importante num grande close; *mais distante*, para que aprecie a grandeza de uma vasta paisagem; *acima*, para ver, abaixo, um grande projeto de construção; *abaixo*, para ver, acima, o rosto de um juiz. A câmera pode *mudar* de ponto de vista de um ator para outro, conforme altera a ênfase dramática durante uma cena; *viajar* ao lado de um cavaleiro galopando enquanto ele escapa de perseguidores; *aproximar-se* de uma cena dramática, quando aumenta o interesse pela história; *afastar-se* de uma cena cruel representando morte e destruição; *ver* um mundo microscópico que, de outro modo, não poderia ser contemplado; *observar* a Terra de um satélite em órbita.

O público pode ser posicionado *em qualquer lugar – instantaneamente*, para ver *qualquer coisa* de *qualquer ângulo* – a critério do fotógrafo e do editor do filme. Tal é o poder do cinema. Tal é a importância de escolher o ângulo de câmera adequado.

ro de cena e designar os planos por letras (a, b, c etc.).[5] Embora o pessoal da produção possa considerar uma única tomada um plano, eles se referem ao plano pelo número da cena. Por razões práticas, portanto, *cena* e *plano* são geralmente intercambiáveis.

Um plano – ou uma parte de um plano – é, às vezes, chamado de *corte*. Este termo deriva de uma parte de um plano que é cortada e usada separadamente – tal como um corte da reação silenciosa de um ator, removido de uma sequência de diálogo.

CÂMERA: TIPOS DE ÂNGULO

CÂMERA OBJETIVA

A câmera *objetiva* filma de um ponto de vista *externo*. O público vê o fato através dos olhos de um observador oculto, como se estivesse espionando. Os fotógrafos e diretores às vezes se referem a esse tratamento de câmera indiscreta como o ponto de vista do *público*. Uma vez que não apresentam o fato do ponto de vista de alguém *dentro* da cena, os ângulos objetivos são impessoais. As pessoas fotografadas parecem não estar cientes da câmera e *nunca* olham

▸ Este plano de documentário – que representa a construção de uma via expressa – é filmado de um ângulo objetivo.

---

5. No Brasil, os planos são numerados (1, 2, 3 etc.), e os roteiros atuais são divididos em cenas e/ou sequências. [N. R. T.]

direto para ela. Se um ator olhar inadvertidamente para a câmera, mesmo que de relance, a cena deve ser refilmada – caso a intenção seja manter o ângulo objetivo. A maior parte das cenas de filmes cinematográficos é filmada por câmeras *objetivas*.

CÂMERA SUBJETIVA

A câmera *subjetiva* filma de um ponto de vista *pessoal*. O público participa da ação na tela como se fosse uma experiência própria. O espectador é colocado *dentro do filme*, seja como participante ativo, seja trocando de lugar com alguém no filme e vendo o fato através de seus olhos. O espectador também é envolvido no filme quando alguém na cena olha diretamente para a câmera – estabelecendo, assim, uma relação olho no olho entre ator e espectador.

A câmera subjetiva pode filmar o acontecimento das seguintes maneiras:

A câmera age como se fosse o olho do público, a fim de posicionar o espectador em cena. Por meio da câmera, o público pode ser levado a uma visita a um museu de arte, onde verá as pinturas em exposição. Ou a câmera pode deslizar lentamente ao lado de uma linha de montagem de automóveis, permitindo que o espectador observe o processo de perto. O envolvimento é maior quando o espectador é surpreendido ou chocado. Um exemplo clássico de câmera subjetiva é a montanha-russa no Cinerama. A reação pessoal é uma consequência não só da projeção em tela widescreen e do som estereofônico, mas principalmente do fato de que o espectador *vivencia* o acontecimento como se estivesse realmente ocorrendo com ele. Efeito semelhante é obtido quando se usa uma câmera subjetiva em um trenó veloz, um avião, um teleférico, um funicular ou veículo semelhante; principalmente se a visão apresentada for perigosa, como a de uma estrada sinuosa nas montanhas.

A câmera pode ser derrubada das alturas – num cabo elástico – para simular a perspectiva de al-

▸ A câmera pode agir como se fosse o olho do público para posicionar o espectador a bordo de um avião. Se o plano for precedido pelo close de alguém olhando pela janela, o espectador compreenderá que está vendo o que o ator em cena vê.

guém caindo. Pode ser acoplada a uma bola de futebol americano e dar voltas no ar até chegar às mãos do jogador que a recebe.

Uma câmera pode voar no assento do piloto de um grande avião comercial durante uma aterrissagem. Pode descer a corredeira na proa de um barco, realizar um salto de esqui, pular cercas durante uma corrida de obstáculos, mergulhar na água, disputar uma posição numa corrida de cavalos, cair de uma montanha ou passear tranquilamente pelo parque.

Em todos esses exemplos, a câmera age como se fosse os *olhos* do espectador. Cada integrante do público tem a impressão de que está *dentro* da cena – e não simplesmente vendo os fatos como um observador oculto. A câmera o posiciona no meio da cena, como se *ele* estivesse dirigindo o trenó, pilotando o avião ou saltando os obstáculos. Planos subjetivos, como esses, agregam impacto dramático à narrativa.

Ao ser inseridos de modo abrupto num filme em que predominam tomadas objetivas, os planos subjetivos aumentam o interesse e o envolvimento do público.

A câmera troca de lugar com alguém no filme. O espectador pode ver o acontecimento pelos olhos de alguém em particular com quem ele se identifica. Quando os planos subjetivos descritos previamente são precedidos pelo close de alguém olhando para fora da tela, o espectador compreenderá que está vendo o que o ator na tela vê. O plano pode ser filmado precisamente da mesma forma, mas o espectador já não é ele mesmo – trocou de lugar com o ator em cena para ver o acontecimento do modo como ele o vê.

Se um piloto de avião, um jóquei ou um alpinista aparecer na tela, o plano subjetivo subsequente será o que *aquela pessoa vê*. O espectador pode experimentar as mesmas sensações, porque está vendo a cena através dos olhos do ator em cena.

Nos exemplos a seguir, os planos subjetivos serão iguais – considerando-se que o espectador está olhando para objetos inanimados, cenários vazios ou acontecimentos nos quais as pessoas no filme *não* interagem diretamente com a câmera. Um relógio na parede, uma sala desocupada, uma cena de ação ou pessoas no parque – todos parecerão iguais independentemente de o espectador ver a cena

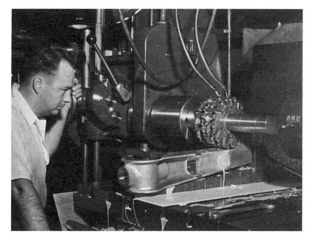

▸ O espectador pode trocar de lugar com a pessoa no filme se o plano acima for seguido pelo plano ponto de vista da operação. Planos ponto de vista são melhores para filmes de treinamento porque colocam os espectadores na posição dos trabalhadores.

◤ A cena seguinte à de um indivíduo olhando para fora da tela será interpretada pelo público como o que a pessoa vê. O homem acima está olhando para o alto – para um prédio filmado de seu ponto de vista. Pontos acima ou abaixo da vista de um ator podem ser simulados por ângulos de câmera similares. ◢

com seus olhos ou através dos olhos de alguém no filme. Um passeio com a câmera em movimento frenético é *sempre* subjetivo[6], mas planos filmados com câmera fixa podem ser objetivos *ou* subjetivos, de acordo com a forma como são editados.

Poucos problemas de filmagem ou de edição são encontrados quando se insere um plano subjetivo numa sequência objetiva – quer se mostre, quer não, alguém com quem o público possa se identificar.

6. Atualmente, com a liberdade de movimentos de uma câmera pequena ou steadycam, movimentos frenéticos com câmeras são usados subjetiva e/ou objetivamente. [N. R. T.]

Entretanto, surgem dificuldades quando a câmera ocupa o lugar de um ator que deve *interagir com outros atores* em cena. Sempre que olharem nos olhos do ator subjetivo, os demais atores em cena deverão *olhar diretamente para a câmera*.

A aparição inesperada de um ator olhando diretamente para a lente surpreende os espectadores, pois eles, de súbito, se tornam cientes da presença da câmera. É como se as pessoas sendo filmadas detectassem a câmera espiando. Tal tratamento pode distrair a atenção e interromper a narrativa.

O público se choca quando é alternado abruptamente de um observador oculto *fora* do filme (olhando para atores que parecem não perceber a presença da câmera) para um participante do filme (interagindo diretamente com os atores). O espectador pode querer *envolver-se emocionalmente* com a história, mas ter uma surpresa desagradável se for incitado a *envolver-se de maneira ativa* com os atores.

Num filme dramático, uma *mudança* repentina de um plano objetivo para um subjetivo em que um ator olha para a câmera é surpreendente porque o público não está preparado para esse tratamento. Os espectadores não conseguem ajustar-se de imediato à participação ativa no acontecimento. Quando a câmera retorna à filmagem objetiva, o público mais uma vez terá de se reorientar. O tratamento subjetivo quase nunca é bem-sucedido quando o público é bruscamente incitado a trocar de lugar com um ator com todos os outros atores em cena olhando diretamente para ele.

Se uma sequência ou um filme inteiro são filmados de modo subjetivo, surgem outras dificuldades. Uma vez que a câmera ocupa o lugar do ator, ela deve *comportar-se* como o ator, e ver o que ele enxerga, através de seus olhos, *o tempo todo*. Isso requer a filmagem *contínua* com uma câmera *móvel*, que observa ao redor conforme o ator se desloca, senta, levanta ou olha para outro ator.

OS CINCO Cs DA CINEMATOGRAFIA

▶ *A dama do lago* usou câmera subjetiva, que trocava de lugar com o detetive herói. Este era visto pelo público apenas quando foi apresentado e quando se refletia em espelhos. ◢

Não é possível usar técnicas de edição convencionais, pois não se pode interromper a filmagem.

O ator subjetivo pode ser apresentado ao espectador num plano objetivo; mas, quando a câmera toma seu lugar, o público deve ver *tudo* subjetivamente, como *ele* vê. Embora a pessoa do ator subjetivo já não seja vista, seu reflexo pode estar visível num espelho, numa janela ou numa poça d'água. A câmera deve se mover para simular os movimentos do ator conforme ele se locomove. O ator (câmera) pode entrar numa sala, olhar a sua volta, sentar, conversar com outro ator, olhar para a própria mão acendendo um cigarro, olhar para baixo e avistar um cinzeiro, voltar a cabeça para um telefone que toca, levantar-se e sair. O ou-

23

▼ Todo o elenco tinha de olhar para a câmera sempre que interagia com o herói. O público não via as reações do herói. Apenas ouvia sua voz. ◢

tro ator (ou atores) em cena deve(m) olhar diretamente *para a câmera* quando estiver(em) olhando nos olhos do ator subjetivo durante diálogos, ou quando estiver(em) interagindo com ele de algum outro modo.

A consequência desse tratamento de filmagem contínuo é uma grande quantidade de material inútil *entre* ações significativas – que não pode ser eliminada na edição, pois a continuidade seria interrompida. A técnica do ator subjetivo usada do começo ao fim num filme de ficção normalmente resulta em efeito monótono, porque elimina o rosto do ator e não mostra *as reações dele* às falas ou ações de outro ator. O público se incomoda porque, de fato, vê apenas *metade* da interação con-

OS CINCO Cs DA CINEMATOGRAFIA

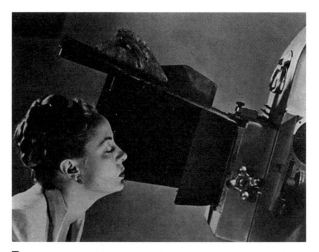

▼ Quando a heroína fez amor com o herói, teve de contracenar com a câmera!

vencional entre os atores. Embora o tratamento subjetivo possa ser interessante no início, torna-se entediante se usado por um tempo prolongado.

Há algumas exceções à regra de não edição. Elas permitem a edição ortodoxa de uma sequência subjetiva sempre que o ator subjetivo *se lembrar* de um fato em flashback. Flashbacks subjetivos podem ser apresentados de modo *fragmentado*, porque alguém que conta uma história só precisa enumerar os acontecimentos *significativos*, e não cada uma das ações. Uma sequência subjetiva também pode ser editada sempre que um ator for *mentalmente desequilibrado* – devido a enfermidades ou ao uso de álcool ou drogas. Nesses casos, o público entenderá que o ator tem *impressões* do que está acontecendo, em vez de uma imagem clara e contínua. O ator subjetivo pode, portanto, *ver* os fatos através de seu *olhar interior*, como se fossem uma série de imagens individuais.

Nessas circunstâncias, é possível empregar a edição convencional, em vez da filmagem com uma câmera contínua, normalmente necessária. Pode-se fazer um corte seco para um telefone tocando, em vez de uma panorâmica para simular uma cabeça virando. Uma série de imagens relacionadas ou não, nítidas ou distorcidas, podem ser exibidas como planos subjetivos *individuais*, no lugar de uma cena sem interrupções.

Em filmes gravados com câmera objetiva, é possível inserir com sucesso sequências subjetivas (que podem ser editadas), desde que isso seja feito da maneira adequada, para que o público compreenda o que está acontecendo. Essas cenas funcionam melhor com objetos inanimados, cenários vazios ou outras cenas que não envolvam atores. Uma história contada em flashback pode

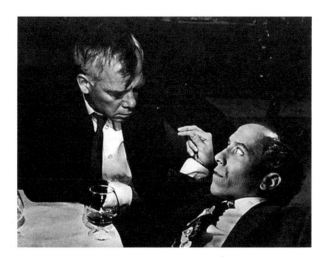

▼ Em longas-metragens dramáticos de ficção, a câmera subjetiva é empregada em raras ocasiões. Em *Ships of fools* [A nau dos insensatos], o ator-narrador (acima, à direita) interage com um colega; e diretamente com o público (ao lado), para comentar a história.

25

mostrar uma casa velha, a subida de uma escada, a entrada num quarto e a descoberta de um corpo. Isso seria excelente se filmado com uma câmera subjetiva, porque não mostra outros atores que teriam de olhar para a lente a fim de interagir com o ator subjetivo. A filmagem subjetiva em que o ator olha diretamente para a câmera deve ser reservada para sequências de desequilíbrio mental, a fim de envolver profundamente o espectador com a situação do ator subjetivo. Estas serão mais eficazes se distorcidas, borradas ou tremidas. Uma sequência de luta poderia funcionar bem, porque, em certo sentido, o público receberia golpes, seria derrubado e olharia para as luzes etc.

A câmera age como se fosse o olho do observador oculto. Alguém na tela olha para a lente a fim de estabelecer uma relação olho no olho entre ator e espectador. Um exemplo típico é o apresentador de televisão que fala para a câmera. O contato visual cria uma relação pessoal entre o apresentador e o espectador, porque cada um deles está olhando diretamente para o outro. Esse tratamento surgiu com a transmissão radiofônica, em que o locutor fala de maneira direta com o ouvinte.

Em um filme dramático, pode-se estabelecer uma relação pessoal quando o narrador, ou um ator, dá um passo à frente, olha para a câmera e apresenta o fato, os atores ou o cenário; ou, ainda, explica ou interpreta o que está acontecendo. Isso geralmente funciona melhor no início e no final do filme. Também se pode interromper a história de tempos em tempos para sintetizar o ocorrido ou introduzir um novo elemento narrativo.

Em um comercial de TV, o garoto-propaganda fala para a câmera a fim de chamar a atenção e atrair o espectador pessoalmente. Em um documentário ou filme para TV, o narrador pode aparecer em primeiro plano, enquanto o fato ocorre atrás dele, para explicar o que está acontecendo. Ele pode entrevistar pessoas ou simplesmente sair de cena e permitir que os fatos prossigam. Nesse caso, os atores atuam como se o narrador não estivesse presente – a não ser que sejam convocados para uma entrevista. Um refinamento dessa técnica apresenta os atores "congelados" em suas posições – talvez em silhueta – quando a cena começa. Eles mantêm a atitude enquanto o narrador apresenta a história. Quando este se retira, os atores ganham vida. Eles podem voltar a ser congelados no final, para a apresentação de um epílogo. Pode-se usar uma variação em que um dos atores vem à frente para apresentar a história. Ele também pode vir à frente de tempos em tempos para recapitular o que está acontecendo, e então juntar-se novamente aos outros atores e dar continuidade à atuação.

Esse tratamento subjetivo também pode ser usado em filmes de mistério, documentários históricos, narrativas jornalísticas e temas industriais ou militares. Os acontecimentos estranhos

▸ A câmera pode agir como se fosse o olho de um público oculto. O âncora olha diretamente para a câmera a fim de estabelecer uma relação olho no olho entre ele e o espectador. Cada espectador sente que a pessoa no filme ou na tela de TV está falando diretamente com ele. Esse tratamento subjetivo é ideal para documentários sempre que for desejável uma relação pessoal entre o espectador e a pessoa em cena.

num velho castelo podem ser descritos pelo antigo porteiro, que então sai de cena quando os atores representam o drama. Podem-se entrevistar generais em batalhas. Acontecimentos atuais podem apresentar testemunhas oculares, que contam sua história diretamente para os telespectadores. Um engenheiro automobilístico pode relatar sua experiência ao desenvolver um novo carro. Um astronauta pode olhar para a câmera e descrever suas sensações ao orbitar a Terra numa cápsula espacial.

▛ Talvez seja mais fácil conseguir que se olhe para a câmera se o repórter e o entrevistado forem filmados sobre o ombro. Depois de apresentados, a câmera pode cortar – ou fechar o zoom – para o close de um indivíduo olhando para a câmera enquanto é entrevistado pelo repórter fora de cena. As considerações iniciais do repórter – quando ele e o entrevistado estão olhando um para o outro – podem ser filmadas mais tarde, num close ponto de vista, sem necessidade da presença do entrevistado. Isso economiza tempo ao filmar pessoas muito importantes. ◢

▛ Entrevistas televisivas devem evitar olhares oscilantes – ora em direção ao apresentador, ora em direção à câmera. O entrevistado tem de olhar para o repórter ou diretamente para a câmera assim que for apresentado. Olhares oscilantes causam muita distração. ◢

O narrador em off que conduz o público por uma típica visita a uma fábrica pode, logicamente, interromper um trabalhador na linha de montagem e lhe fazer perguntas em nome do público. O presidente de uma empresa, um cientista espacial, um piloto de teste, todos podem ser entrevistados durante o trabalho e falar diretamente com o público.

Ao filmar entrevistas jornalísticas, deve-se tomar cuidado para evitar o *olhar duplo*, em que a pessoa que está sendo entrevistada *alterna* o olhar do entrevistador para a câmera e vice-versa. Atenua-se o efeito subjetivo quando a atenção do público é dividida. O espectador se distrai sempre que o entrevistado muda a direção do olhar. *Antes* de a cena ser filmada, a pessoa deve ser instruída a falar diretamente para a câmera em *todas* as ocasiões. Em um filme dramático ou documentário, um ator obviamente estará bem preparado. É mais fácil conseguir que o entrevistado olhe para a câmera se ele e o repórter forem posicionados para um plano sobre o ombro. A câmera pode utilizar uma lente zoom, que fechará no entrevistado assim que ele for apresentado e começar a falar. O repórter também pode permanecer fora de cena, ao lado da câmera, e dirigir as perguntas de modo que a pessoa as responda para a câmera com mais facilidade. Two-shots em que o repórter e o entrevistado ficam de frente um para o outro e de perfil diante da câmera, olhando de relance para a lente de vez em quando, devem *sempre* ser evitados.

Uma síntese da câmera subjetiva:

Sua utilização do ponto de vista de um ator em particular, em que o espectador é incitando a trocar de lugar com ele e interagir com os demais atores, é questionável. Um plano ocasional desse tipo, inserido num filme gravado predominantemente com câmera objetiva, surpreende – porque os atores no filme estão de repente olhando para a câmera. Uma sequência ou um filme inteiro filmados dessa maneira podem ser muito irritantes para o público. Seu uso bem-sucedido num filme dramático deve ser limitado a flashbacks ou efeitos especiais. A câmera subjetiva é mais eficaz quando se pode empregar a edição ortodoxa em vez da filmagem contínua.

Planos subjetivos do ponto de vista dos espectadores, em que a câmera age como se fosse o olho

▼ O plano cênico pode ser objetivo ou subjetivo – de acordo com a forma pela qual a sequência é editada. Se apresentada sozinha, a cena será vista subjetivamente pelo espectador por meio da lente da câmera, que agirá como se fossem seus olhos. Quando a cena é precedida pelo close de um ator olhando para fora da tela, o espectador o receberá como um plano ponto de vista – e verá a cena objetivamente, do ponto de vista do ator.

coletivo do público, podem ser usados com sucesso de diversas maneiras, tanto em filmes de ficção como de não ficção. O tratamento subjetivo é excelente quando a câmera atua como participante de um acontecimento, posicionando o espectador dentro do filme. Esses planos podem ser inseridos em sequências filmadas com câmera objetiva, porque o espectador momentaneamente troca de lugar com o ator ou utiliza a lente da câmera como se fosse seu olho – e as pessoas no filme *não* olham para a câmera. Essa é a diferença fundamental que torna *aceitável* um plano do ponto de vista do público e *inaceitável* um plano do *ponto de vista de um ator em particular*, em que os outros atores olham para a câmera.

Embora os planos subjetivos em que a câmera toma o lugar de um público oculto tenham uso restrito em filmes de ficção, eles oferecem oportunidade para experimentação em filmes de não ficção e para a TV. Em notícias e documentários, o uso de planos subjetivos é bem-sucedido porque coloca as pessoas mais importantes em relação direta e individual com o espectador.

A câmera subjetiva deve ser utilizada com critério, ou pode chocar ou incomodar o público, destruindo sua ligação emocional com o tema. Se empregada corretamente, no entanto, essa técnica pode lograr um maior envolvimento do público, devido ao relacionamento pessoal que estabelece. Alternâncias entre a filmagem objetiva e a subjetiva devem ser feitas com uma boa dose de cuidado, em particular se a câmera tomar o lugar de um ator no filme. Não se encontrará nenhuma dificuldade com planos subjetivos se a relação for entre um apresentador e um entrevistado ou entre um ator e um espectador; ou nos casos em que a câmera atuar como se fosse o olho coletivo do público.

CÂMERA PONTO DE VISTA

A câmera *ponto de vista*, ou simplesmente pov (do inglês *point-of-view*), grava a cena da *perspectiva de um ator em particular*. O ponto de vista é um ângulo objetivo, mas, uma vez que fica entre o ângulo objetivo e o subjetivo, deve ser colocado numa categoria separada e tratado com especial consideração.

Um plano ponto de vista é o mais próximo que um plano objetivo pode chegar de um plano subjetivo – e ainda continuar sendo objetivo. A câmera é posicionada ao *lado* de um ator cujo ponto de vista está sendo representado, para que o público tenha a impressão de que está exatamente ao lado do ator fora de cena. O espectador *não* vê o fato pelos olhos do ator, como num plano subjetivo em que a câmera troca de lugar com o ator da tela. Ele vê o fato da *perspectiva* do ator, como se estivesse bem ao lado dele. Assim, o ângulo continua sendo objetivo, uma vez que se trata de um observador oculto não envolvido na ação. Um ator em cena,

▸ Um close sobre o ombro prepara o público para um close ponto de vista. O público vê cada ator da perspectiva do outro com quem contracena. ◂

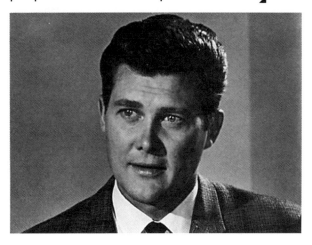

olhando para o ator cujo ponto de vista é representado, olha ligeiramente para o lado da câmera – e *não* para a lente.

Use planos ponto de vista sempre que for desejável envolver o espectador mais profundamente no acontecimento. O público "entra" no filme e vê os atores e o cenário do ponto de vista de um ator em particular – ficando a seu lado. Isso cria uma identidade mais forte com o ator envolvido na ação e permite ao espectador vislumbrar o acontecimento de maneira mais íntima.

Os planos ponto de vista normalmente são precedidos de planos sobre o ombro, quando dois atores estão frente a frente num diálogo. O plano sobre o ombro estabelece a relação entre os dois atores, e o plano ponto de vista posiciona o público ao lado do ator. Cada ator pode ser visto do ponto de vista daquele com quem contracena.

Qualquer plano pode se tornar um plano ponto de vista se for precedido por um plano em que um ator olha para fora da tela. O público aceitará o plano seguinte como sendo o ponto de vista do ator. Ele pode olhar para outro ator, um grupo de atores, um objeto, uma cena distante, um veículo etc. Desse modo, um plano objetivo, que é – essencialmente – o ponto de vista do próprio público, pode se tornar o ponto de vista de um ator em particular por meio da inserção de um close deste olhando para fora da tela. Qualquer pessoa na cena que olhe *para* o ator deve fazê-lo ligeiramente para um dos lados da câmera (o lado vai depender do eixo de ação traçado do ator fora de cena ao ator em cena).

É mais fácil para o público identificar-se com o herói num filme dramático, ou com o repórter/narrador num documentário, se ele vir pessoas e objetos como o ator na tela os vê, em vez de vê-los como observadores externos. Em planos ponto de

▶ O espectador pode interpretar a cena acima – de um avião-tanque fazendo conexão para um reabastecimento aéreo – tanto como um plano subjetivo quanto como um plano ponto de vista. Trata-se de um plano subjetivo porque o espectador é levado a sentir que está na posição do operador que realiza a tarefa. Seria um plano ponto de vista se precedido por um close do operador olhando para fora da tela. Os planos subjetivo e ponto de vista envolvem o público mais intimamente com o fato do que as cenas objetivas.

vista, mantém-se o tratamento de câmera objetiva, de modo que o público nunca é surpreendido – como em planos subjetivos, em que os outros atores olham diretamente para a câmera. Além disso, o fato é apresentado de maneira intimista, porque é visto do ponto de vista de um ator em particular. Não há discordância em alternar ângulos objetivo e ponto de vista porque ambos são, de fato, objetivos.

É importante observar duas coisas que *não devem ser feitas* ao filmar planos ponto de vista:

Não se deve mostrar um ator olhando para fora da tela e, em seguida, cortar para o que ele vê – e filmar uma panorâmica terminando no ator. Isso vai desconcertar o público, porque uma pessoa *não pode ver a si mesma quando olha ao redor.* O que começa como um plano ponto de vista torna-se um plano objetivo quando o ator é incluído.

Não se deve filmar um ator apontando para fora da cena – para um relógio na parede, por exemplo – e em seguida andando na mesma direção. O ator fora de cena sempre deve caminhar numa direção diferente da apontada, a não ser que exista uma relação direta entre o movimento do ator e o objeto.

TAMANHO DO OBJETO, ÂNGULO DO OBJETO E ALTURA DA CÂMERA

O **ângulo da câmera** é definido como a *área* e o *ponto de vista* gravados pela lente. O posicionamento da câmera decide quanto da área[7] será incluído e a perspectiva da qual o *público* observará o fato. É importante lembrar a relação entre o ângulo da câmera e o público. Toda vez que se muda a posição da câmera, o público é reposicionado e passa a observar o fato de um novo ponto de vista. Três fatores determinam o ângulo da câmera: tamanho do objeto, ângulo do objeto e altura da câmera.

TAMANHO DO OBJETO

O *tamanho da imagem*, o tamanho do objeto em relação ao quadro total, determina o *tipo* de plano fotografado. O tamanho da imagem no filme é determinado pela distância entre a câmera e o objeto, além da distância focal da lente usada para filmar o plano. Quanto mais próxima a câmera, maior a imagem. Quanto mais comprida a lente,

▸ O tamanho da imagem pode variar durante um plano. Esses atores podem andar em direção à câmera conforme a cena se desenrola. A câmera também pode se aproximar deles – ou filmá-los com uma lente zoom. Um plano geral passa, assim, gradativamente para um close em uma única tomada. ◂

---

7. A área coberta também depende da distância focal da lente.

⌐ Grandes planos gerais podem retratar vastas áreas a grandes distâncias, para impressionar o público com a grandeza ou o alcance da cena. Esses planos apresentam a geografia do cenário. Um plano grande-angular com câmera fixa é o melhor, mas também é possível usar um plano panorâmico se o interesse aumentar conforme a câmera avança.

maior a imagem. O inverso também é verdadeiro: quanto mais distante a câmera ou quanto mais curta a lente, menor a imagem.[8]

O tamanho da imagem pode variar *durante* o plano quando se movimenta a câmera ou os atores, ou ainda quando se emprega uma lente zoom. A câmera pode realizar um movimento dolly (deslizar sobre trilhos ou rodízios) ou panorâmico para

aproximar ou afastar o objeto da lente. Os atores podem se movimentar em direção à câmera ou afastar-se dela. A distância focal da lente zoom pode variar conforme a cena se desenrola. Assim, um plano geral pode se transformar gradualmente num close ou um close pode se tornar um plano geral, num único plano.

Muitos fotógrafos e diretores pensam apenas em plano geral, plano médio e close, numa progressão linear. Esse pensamento elementar desconsidera os muitos tipos de plano que podem ser filmados. Termos relativos têm significados di-

---

8. O fato de a lente ser comprida ou curta indica a focal da lente: uma lente 18 mm em câmeras 35 mm é comprida, pois é uma grande-angular; já uma lente 100 mm é uma teleobjetiva, portanto uma lente curta. [N. R. T.]

ferentes para pessoas diferentes. O que um fotógrafo consideraria um plano médio talvez seja um plano próximo para outro. A distância entre a câmera e o objeto, ou a distância focal da lente, *não* determina o tipo de plano filmado. A distância da câmera e a área fotografada variam enormemente quando se filma o close de um bebê e o de um filhote de elefante. O plano deve ser definido em relação ao *objeto a ser filmado*, e *o tamanho de sua imagem, em relação à área total da imagem exibida na tela*. O close de uma *cabeça*, desse modo, representaria uma *cabeça* – seja de um bebê ou de um filhote de elefante – que ocupa toda a tela.

As definições de plano a seguir não devem ser consideradas de forma absoluta, mas sim usadas para descrever peculiaridades em linhas gerais.

Grande plano geral (GPG)

Um grande plano geral representa uma área extensa vista de muito longe. Pode-se usá-lo sempre que se quiser impressionar o público com a gigantesca extensão do cenário ou do acontecimento. Em geral, um plano filmado com câmera fixa, com um ângulo extremamente aberto, se adapta melhor a planos gerais do que um movimento de câmera panorâmico. A panorâmica deve ser empregada apenas quando aumentar o interesse, ou revelar mais do cenário ou ação, conforme prossegue. A câmera fixa deve ser

Um grande plano geral de uma base de teste em construção pode servir para abrir uma sequência ou iniciar um filme. Essas cenas apresentam o cenário e abrem o filme em grande escala.

usada sempre que for desejável um plano que apresente a geografia do local. Grandes planos gerais são mais bem filmados do alto, posicionando-se a câmera numa plataforma alta, no topo de um edifício, no cume de uma colina ou no pico de uma montanha, ou ainda num avião ou helicóptero. Um grande rancho, uma fazenda, um horizonte urbano, um complexo industrial, uma jazida de petróleo, uma cadeia montanhosa, uma base militar ou um movimento de massas – como a condução de gado, um comboio de navios ou um exército – podem ser muito impressionantes como planos de abertura para introduzir uma sequência ou iniciar um filme. Tais planos enormes preparam a cena para o que vem a seguir, colocando os espectadores no espírito adequado e fornecendo a eles uma visão geral antes de apresentar os personagens e determinar a trama. Sempre que possível, devem-se filmar grandes planos gerais para abrir o filme em grande escala e prender a atenção do público desde o início.

Plano geral (PG)

Um plano geral compreende toda a área de ação. O lugar, as pessoas e os objetos em cena são mostrados num plano geral a fim de familiarizar o público. O PG pode ter uma rua, uma casa ou um aposento, ou qualquer lugar onde o fato ocorra, e deve ser utilizado para determinar todos os elementos em cena. Desse modo, os espectadores saberão quem são as pessoas envolvidas e onde estão situadas conforme se movimentam e são vistas em planos mais fechados no decorrer da cena. Sempre que a localização dos atores no cenário for significativa para a história, devem-se mostrar suas entradas, saídas e seus movimentos em planos gerais. Acompanhar os movimentos dos atores em planos fechados pode confundir o público, que não é capaz de saber

Planos gerais determinam a área de ação e a posição dos atores. Devem-se filmar entradas, saídas e movimentos dos atores em planos gerais sempre que sua localização no cenário for significativa para o enredo.

O plano geral retrata o tamanho dos objetos – como este jato – e diminui os atores, que serão destacados em planos médios e closes posteriores.

onde eles se encontram em relação ao cenário e aos demais atores. Portanto, convém restabelecer a cena num plano geral sempre que um ator se locomover de maneira considerável.

Normalmente, os planos gerais são compostos com folga, para que os atores tenham espaço suficiente para se mover, e podem mostrar o cenário completo. Embora isso dê a impressão de diminuir os atores, o plano geral é exibido por um breve período, e a imagem dos atores será favorecida quando eles forem mostrados individualmente nos planos seguintes. Planos gerais aumentam o campo de ação de um filme, pois valorizam o tamanho do cenário. Mesmo uma sequência que acontece *dentro* de casa deve começar com um plano geral exterior para determinar sua localização. Isso é particularmente importante quando o filme inteiro se passa num lugar fechado, numa série de aposentos. Caso contrário, um filme como esse parecerá claustrofóbico e sem amplitude. Planos gerais exteriores trarão abertura ao filme de tempos em tempos, permitindo-lhe "respirar".

Em filmes televisivos, os planos gerais são mantidos a um mínimo indispensável, devido à quantidade limitada de tubos de raios catódicos e à incapacidade de transmitir uma grande quantidade de detalhes. Nesse caso, pode-se optar por *planos de conjunto*, que incluem os atores por inteiro, mas não representam todo o cenário. Essas cenas são às vezes chamadas planos *abertos*.

Plano médio (PM)

Um plano médio[9] pode ser mais bem definido como um plano *intermediário*, porque fica entre um plano geral e um close. Os atores são filmados acima dos joelhos ou logo abaixo da cintura. Embora muitos atores possam ser agrupados num plano médio, a câmera fechará o suficiente para filmar gestos, expressões faciais e movimentos com clareza. Planos médios são excelentes para a filmagem televisiva, porque apresentam toda a ação numa área restrita. Geralmente constituem a maior parte dos filmes de ficção, porque

9. O autor utiliza o termo "medium shot" (MS) tanto para se referir ao enquadramento logo acima dos joelhos quanto para aquele um pouco abaixo da cintura. Em português, alguns autores se referem ao primeiro como "plano americano" e ao segundo como "plano médio". Na prática atual, no entanto, ambos costumam ser chamados "plano médio". [N. T.]

▶ Planos médios são muito usados em filmes de ficção e em telefilmes, pois posicionam o público a uma distância média. Isso é excelente para apresentar fatos depois que um plano geral preparou a cena.

colocam o público a uma distância média, excelente para apresentar fatos depois que o plano geral preparou a cena. Uma vez que pode ser usado de diversas maneiras para contar uma história, muita coisa pode ser representada num plano médio. Pode-se seguir um ou mais atores, com um movimento panorâmico ou dolly, para que seja exibida uma parte suficiente do cenário, mantendo os espectadores constantemente orientados. A história pode passar a planos médios depois do plano geral – ou retornar a um plano médio depois de closes, para situar de novo os atores.

O plano médio mais interessante é o two-shot, originado em Hollywood, em que dramaticamente dois atores ficam frente a frente e dialogam. Um famoso diretor declarou: "Independentemente da grandeza do filme – se ostenta um elenco com milhares de integrantes ou com um número modesto –, a ação sempre termina num two-shot contemplando um homem e uma mulher, um herói e um vilão ou um herói e seu amigo".

Há muitas variações do two-shot. A mais usada, mas nem sempre a visualmente mais interes-

▼ O autor discute com o produtor-diretor Irvin Berwick sobre um two-shot para *Street is my beat*.

sante, é aquela em que os dois atores estão frente a frente, sentados ou em pé, de perfil para a câmera. Pessoas jovens, com traços bem definidos e colo bonito costumam ser fotogênicas. Pessoas mais velhas, com papo, rosto inchado ou queixo duplo raramente devem ser filmadas de perfil. O principal problema com o plano médio de perfil é que, se ambos os atores forem igualmente bem iluminados, nenhum deles predominará na composição. A predominância é alcançada por meio do diálogo, da ação ou de iluminação favorável, que prende a atenção do público à custa do ator menos favorecido. Os atores podem se movimentar, ou mesmo mudar de posição, conforme a cena progride; e o interesse dramático pode alternar de um ator para outro, se necessário.

Two-shots podem ser inclinados e executados em profundidade. O ator mais próximo fica ligeiramente virado para fora da câmera, e o ator mais distante é posicionado de modo que seja filmado num ângulo de 45º. Ou, um ator aparece de perfil, enquanto o outro é exibido num ângulo de 45º ou de frente para a câmera. Na televisão, utiliza-se uma variação pouco comum do plano médio, na qual *ambos* os atores olham para a câmera: o ator mais próximo olha para fora da câmera, enquanto o ator mais distante olha para as costas do ator mais próximo. Isso permite que os dois atores se-

▚ Estagiário da equipe de filmagem da produtora Unusual Films, da Universidade Bob Jones, prepara two-shot para *Wine of the morning*.

jam filmados olhando para a câmera num único plano. Embora economize configuração de câmera, essa variação é dramaticamente falha, porque os atores não interagem de fato um com o outro. Um olha vagamente um lado, enquanto o outro parece estar tentando ganhar sua atenção.

Os two-shots podem evoluir ou progredir de planos médios ou gerais. Um ator pode sair de um grupo e juntar-se a outro ator; ou dois atores podem sair e passar para um two-shot. O movimento do ator e/ou da câmera deve ser usado sempre que possível para que os dois atores sejam trazidos a um two-shot de maneira *casual*. Não se devem filmar two-shots com os atores posicionados cara a cara, a não ser que o roteiro demande esse tratamento. Isso pode ocorrer num confronto dramático entre herói e vilão, em que nenhum dos dois cederá.

Vejamos a seguir os two-shots típicos.

▼ Encenação sem igual de um two-shot por meio do uso de um espelho. A atriz domina a cena graças a: imagem maior, melhor posicionamento, ângulo a 45° e iluminação. O ator no espelho atrai o interesse do público por causa da imagem refletida, do posicionamento atípico e do olhar em direção à atriz em primeiro plano.

▼ Típico two-shot de homem e mulher sentados de perfil. Nenhum dos atores domina a cena do ponto de vista da composição ou da iluminação. Um ator domina por vez, quando ele ou ela fala ou realiza uma ação que chama a atenção do público. Um plano de perfil tem menor apelo visual. ◢

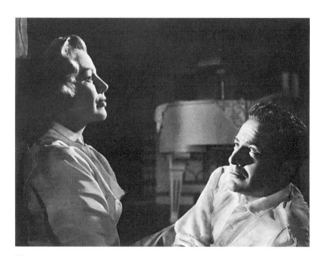

▼ Embora a altura e o posicionamento dos atores varie neste plano, eles formam uma composição equilibrada. A atriz de perfil à esquerda é mais alta e mais bem iluminada. O ator à direita compensa sua posição mais baixa inclinando-se em direção à câmera, para que se vejam ambos os olhos, a frente e a lateral de seu rosto.

▰ Plano two-shot de perfil com um ator sentado e o outro em pé. O ator em pé domina a cena porque sua composição é mais marcada – do lado direito do quadro e mais alto.

▰ A atriz à direita é favorecida neste two-shot graças ao melhor posicionamento e à iluminação.

▰ Embora ocupe uma posição mais baixa no quadro, o ator à esquerda domina este two-shot porque o ângulo da câmera o favorece, e seus traços são nitidamente esculpidos com luz e sombras. Um rosto posicionado a 45° em relação à lente mostra a frente, a lateral e ambos os olhos, e tem mais plasticidade do que um rosto exibido de perfil.

▰ A atriz à direita domina a cena devido ao posicionamento e à iluminação mais favoráveis.

O ator à esquerda domina a cena porque está ligeiramente inclinado em relação à câmera, além de receber iluminação mais dramática. A atriz à direita está virada para o lado oposto ao da câmera e, portanto, é menos interessante na composição. ▰

▼ Two-shots podem ser utilizados em documentários – tais como este plano em que engenheiros estudam um projeto de construção.

Closes

O close de alguém é geralmente determinado no roteiro de acordo com o tamanho da imagem. Um *plano próximo*[10] filma o ator do meio do tronco até acima da cabeça; um *close de cabeça e ombros*, de logo abaixo dos ombros até acima da cabeça; um *close do rosto* enquadra apenas o rosto; um *superclose* enquadra a região logo abaixo dos lábios a imediatamente acima dos olhos. Muitos fotógrafos e diretores têm ideias próprias sobre que região deve ser filmada num close. No entanto, quando um close em particular não está especificado, em geral recomenda-se filmar um *close de cabeça e ombros*. (NOTA: O close é tão importante que será abordado em detalhe num capítulo separado.)

Inserts

Closes de cartas, telegramas, fotografias, jornais, placas, pôsteres ou outro material escrito ou impresso, que ocupam a tela inteira, são chamados inserts. Por motivo de economia, inserts são normalmente filmados depois de concluída a filmagem. Quando um objeto vertical não preencher a tela na horizontal, deixando à mostra partes do cenário ou do segundo plano, talvez seja melhor fazer o insert durante a filmagem. Geralmente, inserts são filmados a fim de ultrapassar um pouco o enquadramento, eliminando, assim, o segundo plano. Posições de mãos, ou dedos, que podem aparecer no insert, devem corresponder às posições do plano precedente. A projeção em telas no formato widescreen pode eliminar partes importantes do insert ou torná-los ilegíveis. É importante ter isso em mente sempre que se for fazer um filme 35 mm em formato widescreen. O insert, nesses casos, tem de ser fotografado com sobra, de modo que não fique nada importante perto das bordas do enquadramento.

Planos descritivos

Durante a preparação do roteiro e a filmagem, os profissionais de produção utilizam muitos termos descritivos para identificar melhor o tipo e/ou conteúdo de um plano. Um plano com câmera mó-

▼ Câmera acoplada à grua para acompanhar atores por uma ponte. Uma câmera acoplada a um dolly ou a uma grua também pode variar em altura ou ser aproximada/afastada do objeto conforme a cena se desenvolve.

---

10. O autor utiliza o termo "medium close-up" (MCU) – close médio – para definir o enquadramento que vai da metade do tronco até o topo da cabeça. Na prática, entretanto, esse tipo de enquadramento é chamado de "plano próximo" e não é considerado um close propriamente dito. [N. T.]

▸ O plano panorâmico é usado quando a câmera gira em torno de seu eixo vertical para acompanhar uma ação no eixo horizontal, tal como um avião aterrissando.

▸ A câmera filma tracking shot sempre que se move para acompanhar a ação de atores que se movimentam.

vel pode ser designado como *plano panorâmico* se a câmera gira sobre um eixo vertical para acompanhar a ação; ou como *plano com dolly (carrinho), crane (grua)* ou *boom (pedestal)* sempre que a câmera é acoplada a alguma dessas plataformas para filmar o acontecimento. Um plano com câmera móvel também pode ser definido pelo tipo de plano no início e no fim do movimento, tal como dolly, de um plano médio para um close. Um plano em que a câmera segue os atores é chamado tracking shot.

▸ O número de atores fotografados – como este three-shot – também define o tipo de plano.

Plano plongê é aquele em que o ângulo da câmera é posicionado para filmar o objeto de cima para baixo, ao passo que contraplongê é o seu oposto, com a câmera olhando para cima. Um *contraplano* é uma cena feita na direção oposta à de um plano anterior.

Plano cut-in é aquele que corta diretamente para uma parte da cena anterior, em geral um cut-in de uma pessoa ou de um objeto. Plano cut-away é um acontecimento secundário que ocorre em outro lugar – a alguns metros, tal como no caso de um cut-away de alguém fora da câmera; ou a quilômetros de distância, se a história muda para outro local. Plano de reação[11] é um plano silencioso, nor-

11. O autor estabelece uma distinção entre "reaction shot" (literalmente, plano de reação) e "reverse shot" (contraplano): no típico padrão de edição "shot/reverse shot" (plano/contraplano), dois atores localizados em extremidades diferentes do eixo de ação alternam-se na tela exibidos em ângulos opostos – por exemplo, o close de um ator olhando para a direita (plano) é seguido do close do ator com quem ele contracena olhando para a esquerda (contraplano) –, comunicando ao espectador que eles estão interagindo. O "reaction shot", por sua vez, é definido como plano que mostra a reação de um ator ao que ocorreu no plano anterior e não tem, necessariamente, ângulo oposto ao do plano anterior (como é o caso do "reverse shot", ou contraplano). Por exemplo, pode-se mostrar um plano de uma bomba explodindo numa tela de cinema, seguido de vários closes com as reações dos espectadores que assistem ao filme, todos eles olhando na mesma direção. Na prática cinematográfica brasileira, o termo "reaction shot" não é usado, e esse tipo de plano não recebe nenhuma denominação específica. [N. T.]

malmente um close, de um ator reagindo ao que o outro está dizendo ou fazendo. Quando ligados apenas à observação, os planos de reação são filmados como cenas separadas. Quando dois ou mais atores se alternam para falar e ouvir, eles são cortados de partes de uma sequência de diálogo.

Pode-se mencionar a lente usada para determinado tipo de plano, tal como grande-angular, teleobjetiva ou zoom. O número de atores numa cena também pode definir o plano, tal como um two-shot, com dois atores, um three-shot, com três atores, ou, às vezes, um group-shot, com um grupo de atores, quando todos são incluídos em um único plano.

Esses termos descritivos costumam ser utilizados junto com o tipo de plano que está sendo filmado, a fim de ajudar a identificar o que é solicitado. Um tracking shot de vários atores pode ser descrito como um plano contraplongê grande-angular com dolly. As definições variam. O importante é que seu significado seja o mesmo dentro do grupo de produção do filme, para que todos compreendam totalmente a solicitação.

ÂNGULO DO OBJETO

Todo objeto a ser filmado tem três dimensões. Mesmo objetos planos, como papéis, têm espessura. Pessoas, móveis, aposentos, prédios, ruas, todos têm altura, largura e profundidade. Todos são sólidos, quer tenham superfície arredondada ou plana, ou uma combinação de ambas. Sua solidez é mais pronunciada quando pelo menos duas de suas superfícies são vistas. Sempre que um objeto apresenta *somente uma superfície* ao olho da câmera, é considerado *plano* – porque sua profundidade não está visível. Um prédio visto de frente revela apenas sua altura e largura, não sua profundidade. Tem a aparência de uma frente falsa, ou de um papelão recortado. O mesmo prédio mostrado de um ângulo, de modo que se pos-

▼ A solidez tridimensional é mais pronunciada quando se fotografam duas ou mais superfícies. Inclinar a câmera em relação ao objeto para que os dois lados e o topo – ou a base – fiquem visíveis resulta numa representação mais realista.

▼ A representação facial é melhor quando o ator é inclinado a 45° da câmera. A frente e a lateral do rosto, se iluminados corretamente, aparecerão preenchidos, e os olhos serão totalmente exibidos.

sa ver um de seus lados, ganha uma aparência tridimensional. Uma pessoa vista de perfil não tem *volume*. É melhor filmar rostos e corpos de um ângulo que apresente a frente e a lateral *ao mesmo tempo*.

O fotógrafo deve filmar um mundo tridimensional numa superfície bidimensional. A solução geralmente consiste em inclinar a câmera em rela-

▼ Incline a câmera para que as linhas paralelas diminuam e convirjam – de preferência para a direita; assim, os olhos do espectador são levados para longe. Filmados de um ângulo frontal, estes vagões adquirem uma aparência plana em que falta solidez e profundidade.

▼ A inclinação dinâmica deste caça produz efeitos mais dramáticos do que os que seriam obtidos com uma tomada em ângulo plano.

ção ao objeto a fim de obter um *efeito* de profundidade. Há muitas formas de obter profundidade num filme: com iluminação; movimento de câmera e de ator; sobreposição do objeto a ser filmado; perspectiva linear e atmosférica; uso de lentes de curta distância focal etc. No entanto, o método mais eficaz para filmar a profundidade é a escolha de ângulos adequados. Os ângulos são o fator mais importante para produzir a ilusão de profundidade numa cena.

A não ser que o visual plano seja necessário em função do enredo, o fotógrafo deve sempre se esforçar por posicionar a câmera num certo ângulo, de preferência a 45º do objeto. Esse ângulo filmará pessoas com volume, objetos sólidos com duas ou mais superfícies e linhas convergentes que produzem perspectiva – sugerindo três dimensões. Deve-se evitar a filmagem frontal, em que aparece *apenas* a frente *ou* a lateral de pessoas e objetos.

Movimente a câmera para um lado; movimente móveis, veículos e objetos, para que seja possível vê-los com o maior número de superfícies possível. Incline a câmera a fim de filmar uma rua com suas linhas convergindo a distância. Filme uma sala ou um cenário de modo que se possam ver duas ou mais paredes. Há algumas exceções a essa regra, em que pode ser preferível um tratamento plano e frontal do objeto, tal como um prédio público, um palco, um tribunal ou o interior de uma igreja. Na maioria das vezes, no en-

▼ A câmera inclinada em relação ao objeto apresenta esta cena de guerra com maior conflito, devido à disposição diagonal de cavaleiros, soldados em primeiro plano, armas e espadas. A posição da câmera em relação aos objetos e ao cenário influencia enormemente a composição da cena.

tanto, recomenda-se inclinar a câmera em relação ao objeto para obter um efeito de volume e de três dimensões.

ALTURA DA CÂMERA

Embora a *altura* da câmera seja tão importante quanto sua distância e o ângulo do objeto, é frequentemente negligenciada. Em geral, os fotógrafos de filmes de ficção são muito cuidadosos com a altura da lente *em relação* ao objeto a ser filmado. Os de não ficção, ao contrário, simplesmente ajustam o tripé de modo que a câmera esteja numa altura conveniente para olhar pelo visor, ignorando por completo as peculiaridades do próprio objeto.

Ao ajustar a altura da câmera em relação ao objeto, podem-se agregar à narrativa nuanças artísticas, dramáticas e psicológicas. Ao se optar por uma cena vista do mesmo nível, de cima ou de baixo, é possível influenciar o envolvimento do público e sua reação ao fato representado.

Ângulo plano

Uma câmera em ângulo *plano* filma da *altura dos olhos* de um *observador de estatura mediana*, ou da *altura dos olhos do sujeito sendo filmado*. Uma câmera plana vê um lugar ou objeto de modo que suas linhas verticais *não* convirjam.

Os planos filmados com câmera plana são geralmente menos interessantes do que aqueles filmados de um ângulo superior ou inferior. Entretanto, a câmera plana é necessária sempre que se filmam perspectivas da altura dos olhos, ou quando as linhas verticais devem permanecer verticais e paralelas umas às outras. A câmera plana não distorce as linhas verticais; desse modo, as paredes e laterais de prédios ou objetos permanecem verdadeiras.

Planos objetivos, que apresentam a perspectiva de um observador, devem ser filmados da *altura*

▼ Os planos objetivos – que apresentam o cenário e os atores conforme são vistos por um observador externo – devem ser filmados da altura de uma pessoa de estatura mediana (cerca de 1,67 m).

dos olhos de uma pessoa de estatura mediana – cerca de 1,67 m. No entanto, é importante que os closes sejam filmados da altura dos olhos *do sujeito*, esteja ele em pé ou sentado, para que o público veja a pessoa olho no olho. Assim, ao passar de um plano geral ou médio a um close, é necessário ajustar a altura da câmera para a pessoa que está sendo filmada.

Muitos fotógrafos de filmes de não ficção ignoram a altura mais baixa da pessoa sentada e continuam a filmar closes da altura dos olhos de uma pessoa em pé. Um paradoxo em relação à altura da câmera é que o fotógrafo inexperiente tende a filmar da altura de *seus* olhos, em vez de filmar da altura dos olhos do sujeito. Isso funciona bem para planos de pessoas em pé, mas resulta numa inclinação *para baixo* ao filmar pessoas sentadas. Os olhos de um sujeito e a relação intimista desejada entre o espectador e o ator em cena se perdem completamente quando se utiliza um ângulo alto, que grava o topo da cabeça, as pálpebras semicerradas e uma visão distorcida do ator. Da mesma forma que um indivíduo pode ser julgado pelo "modo como olha nos olhos", grande parte do carisma de um ator num filme dramático, ou de alguém num documentário, é expressado pelos olhos. É imperativo que o fotógrafo entenda essa importância e se esforce por posicionar a lente *na altura dos olhos do sujeito* ao filmar closes objetivos.

Quando os atores que estão interagindo são aproximadamente da mesma altura, os closes ponto de vista (pov) são filmados levando em conta a altura dos olhos do sujeito. Quando há diferença entre a altura de um e de outro, cada um deles é filmado da altura do ator com quem contracena. O mesmo acontece quando um ator está sentado e o outro em pé, ou quando um adulto interage com uma criança. Nesses casos, a câmera deve ser inclinada para cima e para baixo numa série de closes pov alternados. Essa inclinação não precisa tomar por base exatamente a posição dos olhos da pessoa oposta. O ângulo pode ser adulterado para evitar distorção, mas deve *simular* o olhar para cima e para baixo que ocorre nessas circunstâncias.

Closes subjetivos, nos quais o sujeito olha diretamente para a câmera, são sempre filmados da altura dos olhos da pessoa fotografada. Uma câmera mais alta ou mais baixa fará que a pessoa olhe para cima ou para baixo a fim de mirar a lente, criando assim uma relação estranha com o espectador. A pessoa apresentada de modo subjetivo deve sempre ser vista olho no olho, como se o espectador estivesse sentado ou em pé no mesmo nível que ela.

Nunca é demais enfatizar a importância de filmar closes da altura dos olhos do sujeito, uma vez que tantos fotógrafos se esquecem de *abaixar* a câmera, especialmente quando há alguém sentado. Os estudantes podem observar a maneira cuidadosa pela qual os closes são posicionados em filmes de ficção, tomando sempre por base a altura dos olhos; pequenas variações ocorrem somente quando há necessidade de corrigir imperfeições faciais, como um nariz arrebitado, que pode ficar melhor de um ângulo ligeiramente mais alto, ou um queixo desfavorecido, que pode ser aperfeiçoado com um ângulo um pouco mais baixo. Os homens podem parecer mais viris quando filmados de ângulos um pouco mais baixos, com a câmera apontando para cima. Papadas ou narinas muito abertas podem ser corrigidos visualmente com um ângulo um pouco mais alto, com a câmera apontando para baixo. Todas essas

▼ Uma pessoa sentada, filmada da altura dos olhos do fotógrafo em pé, resulta numa tomada em ângulo alto apontado para baixo em que aparecem o topo da cabeça, as pálpebras semicerradas e uma visão distorcida do sujeito. Obtém-se um plano muito melhor se filmada da altura dos olhos do sujeito. ▲

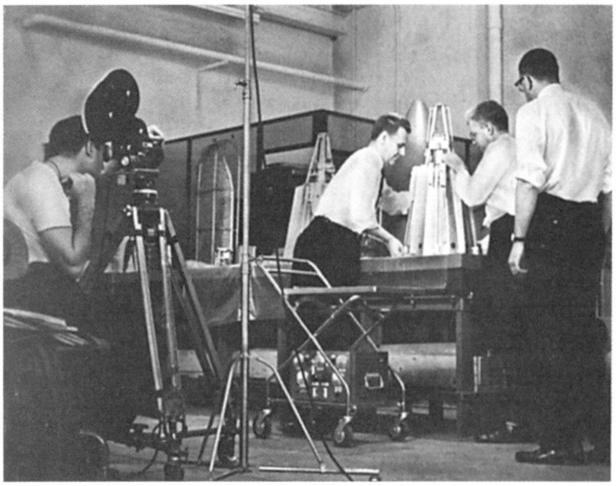

Filmes técnicos – como este, de uma sonda de medição de densidade de elétrons, que será lançada no espaço para estudar a ionosfera – requerem câmera plana e tratamento fotográfico o mais simples possível.

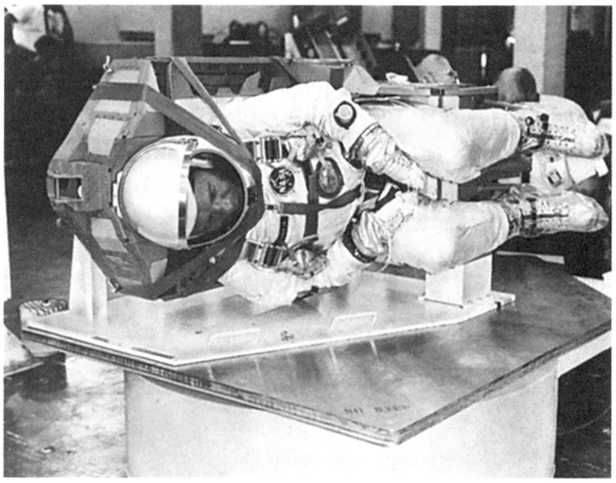

Um plano técnico – como esta cena de um astronauta no assento de ejeção do programa Gemini – deve ser filmado em ângulo plano e frontal para estudos de engenharia.

variações, no entanto, são muito sutis e, em geral, passam despercebidas.

Embora os ângulos planos não sejam visualmente tão interessantes quanto ângulos mais altos ou mais baixos, eles são melhores para closes de pessoas e para filmar cenas gerais que devem ser apresentadas da altura dos olhos. Os planos filmados da altura dos olhos proporcionam enquadramentos de referência. Eles apresentam um ponto de vista facilmente identificável, porque os espectadores veem o acontecimento como se fizessem parte da cena.

Há situações em que as tomadas planas são mais dramáticas que as inclinadas. Planos de um carro, trem ou outro veículo indo rapidamente de encontro à câmera dão ao espectador uma impressão subjetiva similar à de um ator que olha direto para a lente. A velocidade, o aumento do tamanho da imagem e o tratamento subjetivo podem ser extremamente dramáticos.

Em filmes técnicos, pode ser necessário ou preferível apresentar uma perspectiva plana e não distorcida de uma ferramenta, máquina ou de um painel de controle.

Ângulo plongê

Na tomada em ângulo alto, ou plongê, a câmera é direcionada *para baixo* para ver o objeto a ser filmado. Um ângulo plongê não necessariamente infere que a câmera seja posicionada a uma grande altura. De fato, a câmera pode ser posicionada *abaixo* da altura dos olhos do fotógrafo para filmar um objeto pequeno ainda mais abaixo. Ainda assim, o objeto está sendo filmado de um ângulo alto.

Todos os ângulos são relativos e devem ser considerados em relação à altura do *objeto* que está sendo filmado. Pode-se posicionar a câmera para filmar uma cena da altura dos olhos de uma pessoa olhando pela janela de um prédio alto. Toda inclinação de câmera para baixo deve ser considerada uma tomada em ângulo plongê, independentemente de a câmera ser inclinada de maneira sutil para fotografar a parte de cima de um embrulho ou quase verticalmente para baixo a fim de representar o ponto de vista de alguém escalando uma montanha.

O plano plongê pode ser escolhido por motivos estéticos, técnicos ou psicológicos. Posicionar a

OS CINCO Cs DA CINEMATOGRAFIA

câmera acima do objeto e apontá-la para baixo pode resultar numa imagem mais artística, melhorar o foco de uma ação que esteja ocorrendo em profundidade ou influenciar a reação do público.

Quando o objeto a ser filmado forma desenhos no chão, pode ficar melhor se filmado de um ângulo alto, como é o caso de um vasto jardim com flores, caminhos sinuosos e cercas vivas, uma pista de corrida, um aeroporto, uma base militar, um complexo industrial, um pátio, um campo de golfe ou uma construção. Planos plongê ajudam a familiarizar o público com a geografia do lugar. A câmera apontada para baixo proporciona um leiaute similar ao de um mapa, permitindo que o espectador se oriente.

Ações que ocorrem em profundidade, tais como um jogo de futebol, uma formação militar, uma linha de produção ou a migração de animais, podem ser vistas em sua totalidade de um ângulo alto. Uma tomada em ângulo plano ou baixo filmará apenas a ação em primeiro plano. Somente de um ângulo plongê a câmera consegue filmar toda a área de ação, da frente ao fundo. Posicionar a câmera numa altura mais elevada e filmar apontando para baixo também é útil sem-

▰ O assentamento dos trilhos de uma ferrovia é mais bem visualizado de cima. Planos plongê com inclinação horizontal de 45° – que fazem que a área de construção diminua a distância – resultam numa composição com maior profundidade. ▰

▰ Um filme sobre um complexo industrial pode abrir com um grande plano geral em ângulo alto para situar a história.

pre que a redução da profundidade de campo da lente auxiliar na manutenção de um foco nítido por toda a área filmada. Uma tomada plana pode demandar a filmagem de objetos próximos e distantes numa área maior do que aquela em que seria possível manter a nitidez do foco. Um ângulo alto pode cobrir a mesma área da frente ao fundo, com menos diferenças entre o foco próximo e o distante.

Planos plongê reduzem a altura de um ator ou objeto. Num plano ponto de vista, um ator olha-

47

▼ Paisagens que formam desenhos no solo – como essa via expressa em construção – podem ser vistas em profundidade de ângulos altos, à maneira de mapas geográficos.

▼ Deve-se usar o ângulo contraplongê ao apresentar um símbolo de lei ou autoridade. Essas cenas são mais bem filmadas quando se posiciona o ator oposto em posição inferior.

▼ Um navio entrando no porto – filmado em plongê – pode abrir um filme turístico. Grandes planos gerais como este familiarizam o espectador com a geografia da região.

▼ A aparência derrotada do suspeito é intensificada pelo tratamento em ângulo plongê. Ângulos de câmera altos e baixos são extremamente úteis para apresentar os atores como dominantes ou degenerados.

ria para baixo em direção a uma criança ou outra pessoa mais baixa. A câmera subjetiva também pode posicionar o público numa altura maior, fazendo-a olhar para baixo em direção a um ator para se sentir superior a ele e alcançar certa transcendência divina, tanto sobre o ator quanto sobre sua situação. Essa inclinação é excelente quando um ator deve ser diminuído pelo cenário ou por suas ações. Um personagem importante que perde prestígio ou honra pode, assim, ser representado como derrotado pelas circunstâncias, ou por elementos naturais, simplesmente posicionando-se a câmera numa altura superior, utilizando uma lente grande-angular para olhá-lo de cima e reduzindo sua imagem a algo insignificante em relação ao cenário.

De um avião no ar, um prédio alto, uma ponte ou um pico montanhoso, a câmera subjetiva, agin-

OS CINCO Cs DA CINEMATOGRAFIA

▸ A cena acima, de um avião-tanque reabastecendo caças durante o voo, é filmada de um ponto de vista objetivo (lateral). Este plano pode ser comparado com a cena na página 30, que representa o avião-tanque do ponto de vista do operador. Planos subjetivos ou pov envolvem o público mais intimamente no que está sendo mostrado na tela do que um plano objetivo filmado de um ponto de vista impessoal. Sempre que possível, fotógrafos de documentários devem usar ângulos de câmera subjetivos, em vez de ângulos de câmera objetivos e distantes.

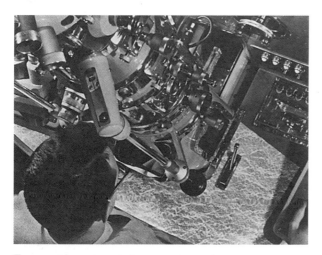

▸ Esse plano plongê de um microscópio eletrônico seria uma má escolha para a cena de abertura do filme, porque não é imediatamente identificável. Pode ser usado mais tarde, quando o espectador estiver mais familiarizado com o instrumento. Em filmes técnicos, planos com ângulos estranhos podem desconcertar ou confundir o espectador.

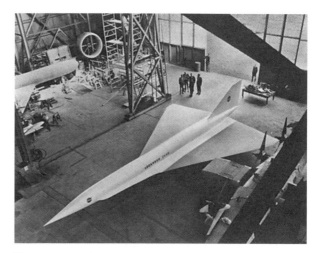

▸ A configuração de uma aeronave é mais bem representada de um ângulo alto.

▸ Pode-se filmar um plano plongê para tirar vantagem de determinado enquadramento – como este plano sobre o ombro da estátua de Abraham Lincoln.

do como se fosse o olho coletivo do público, pode olhar para baixo para ver o terreno, o tráfego urbano, o deque superior de um transatlântico ou uma grande fenda rochosa.

Um ângulo alto, direcionado para baixo, deve ser usado com critério em ações de movimentos rápidos – como uma corrida de cavalos, de automóveis ou, ainda, uma perseguição –, porque estes serão desacelerados. O efeito lento é maior conforme o objeto se aproxima ou se afasta da câ-

▼ Equipe de filmagem do exército dos Estados Unidos — filmando na Groelândia — usa um trator para neve como carro de câmera para filmar plano plongê.

▼ Ângulos de câmera plongê desaceleram o movimento do objeto filmado. O efeito lento é maior quando o objeto se aproxima ou se afasta da câmera, e menos aparente quando o objeto atravessa a tela.

mera, e menos aparente quando atravessa a tela. Essas cenas não podem corresponder a planos similares filmados da altura dos olhos, a não ser que sejam submetidas a um efeito de câmera rápida.[12]

12. Filmadas a menos de 24 quadros por segundo, de modo que parecerão mais rápidas quando projetadas.

Ângulo contraplongê

A tomada em ângulo baixo, ou contraplongê, é aquela em que a câmera é inclinada *para cima* para captar o objeto. Um ângulo contraplongê não necessariamente significa que o cenário ou a ação são vistos "da perspectiva de uma minhoca". Tampouco implica que a câmera seja posicionada *abaixo* da altura dos olhos do fotógrafo. É possível fazer tomadas em ângulo baixo de um inseto, prédio ou bebê. Em alguns casos, pode ser necessário posicionar um ator ou objeto num pedestal, a fim de que fique mais alto do que a câmera. A câmera também pode ser colocada num buraco, ou abaixo de um piso falso, para obter a altura de lente necessária em relação ao objeto. Ângulos baixos devem ser usados quando se deseja provocar assombro ou entusiasmo, aumentar a altura ou a velocidade do objeto, distinguir atores ou objetos, eliminar primeiros planos indesejados, eliminar o segundo plano e o horizonte, distorcer linhas de composição e criar uma perspectiva mais convincente, posicionar atores ou objetos contra o céu e aumentar o impacto dramático.

▼ O plano contraplongê de soldados em polígono de tiro produz uma perspectiva reduzida e linhas convergentes, além de eliminar o horizonte. Tudo isso contribui para um plano não convencional.

OS CINCO Cs DA CINEMATOGRAFIA

Planos contraplongê de objetos religiosos ou arquitetura sacra, tais como um crucifixo ou o interior de uma igreja, podem causar assombro, pois o espectador é colocado numa posição inferior, da qual deve olhar para *cima* em direção ao símbolo do todo-poderoso. O mesmo efeito é útil ao se filmarem personalidades importantes, como um presidente, um juiz ou o executivo de uma empresa.

Esses planos também são úteis quando um ator precisa olhar para cima em direção a outro ator que domina a história nesse momento. Isso funciona particularmente bem com planos ponto de vista, porque o público se identificará com o ator subordinado, envolvendo-se emocionalmente com sua causa. Um personagem derrotado numa luta deve levantar-se diante de um juiz para receber uma sentença. Se, de alguma maneira, ele for um degenerado, olhará para cima em direção a seu oponente ou ao símbolo de autoridade.

O protagonista ou personagem dominante numa cena pode se destacar de um grupo se for posicionado ligeiramente à frente dos demais e filmado de um ângulo baixo. Isso fará que se sobressaia em relação aos atores atrás de si. Esse truque simples

◤ O plano contraplongê de um soldado avançando aumenta seu tamanho e faz que ele fique mais alto no quadro ao se aproximar da câmera. O uso de lente grande-angular amplia esse efeito.

confere proeminência ao ator, permitindo-lhe dominar a cena. Em certas ocasiões, o efeito é mais dramático se o ator der um passo à frente *durante* a cena, para coincidir com a intensificação da ação dramática ou de um diálogo importante.

O ângulo baixo é excelente para simular um close filmado contra o céu, ou outro segundo pla-

◤ O plano contraplongê deste aviador ferido permite que a câmera olhe para seu rosto, além de proporcionar maior estatura ao fazer que as figuras assomem no quadro.

◤ O plano contraplongê da formação da Marinha, com inclinação horizontal a 45° promove a separação entre colunas de homens – a coluna da frente parece mais alta que a do fundo.

51

no indistinto. Eliminar o horizonte do enquadramento retira toda a identidade do segundo plano e torna possível filmar tais closes praticamente em qualquer lugar, a qualquer momento. Cortes bruscos ou outros problemas de edição detectados durante a montagem posterior do filme podem ser facilmente resolvidos inserindo-se closes em ângulo baixo, sem a necessidade de uma locação em estúdio correspondente ou de retornar a uma locação externa em particular.

Planos contraplongê fazem que pessoas, objetos e estruturas *assomem* no filme, porque são gravados com uma base ampla e uma perspectiva que os diminui. O uso de lente grande-angular também enfatiza o efeito ótico. Entretanto, deve-se tomar cuidado ao filmar atores de um ângulo baixo com uma grande-angular, ou o resultado será uma caricatura.

Filmando de um ângulo baixo, é possível aumentar a altura e a predominância de estruturas naturais e construídas pelo homem. Arranha-céus, campanários de igrejas, montanhas – todos podem se beneficiar desse tratamento. A distorção inerente a esse tipo de filmagem é aceitável porque os espectadores foram condicionados a ver perspectivas fotográficas inclinadas e compreendem que as linhas convergentes são paralelas. Na realidade, uma pessoa situada perto da base de uma estrutura alta tem, ao olhar para cima, uma impressão similar à produzida pela câmera.

Em filmes de ficção, raramente filmam-se interiores de estúdio em ângulos baixos, porque os sets são geralmente construídos sem forro para possibilitar o uso de iluminação de teto. No entanto, locações internas de prédios reais podem utilizar tetos se estes agregarem efeitos dramáticos ao cenário ou à história. Planos contraplongê de atores contra o teto trabalhado de uma igreja, o teto em vigas de madeira de um hotel colonial ou a abóbada de vidro de uma livraria os apresentariam sobre segundos planos pitorescos e incomuns, ligando-os ao cenário.

Um plano contraplongê com câmera fixa de um grupo de atores se aproximando pode proporcionar uma apresentação dramática se eles entra-

▼ O plano contraplongê desta locação interna permite a filmagem de teto pouco convencional. Observe como a autoridade sacerdotal, em primeiro plano, à esquerda, está posicionada muito acima do ator no centro – e como o ator no fundo completa de maneira sutil a composição triangular.

▼ Filmados de um ângulo baixo, estes trabalhadores escalando a rocha são posicionados contra o céu, o que promove uma separação maior em relação ao segundo plano do que se fossem filmados com uma câmera plana contra o penhasco.

OS CINCO Cs DA CINEMATOGRAFIA

O plano contraplongê deste trator em atividade torna-o maior e mais alto no quadro, conforme avança em direção à câmera.

Informe de progressos de engenharia utiliza plano contraplongê de equipe de bonecos preparada para testar o lançamento de um assento de ejeção de uma aeronave experimental – para retratar claramente a construção e o posicionamento dos componentes.

O ângulo baixo posiciona o ator contra o céu e produz a inclinação das linhas verticais. Combinado com o movimento do trem, esse tratamento confere perigo ao plano.

rem em cena pela parte de *baixo* do quadro. Um exército pode, desse modo, parecer se erguer contra o céu nublado conforme avança, e crescer em estatura e número ao atravessar a tela em colunas. Um ator pode ser tratado dessa maneira ao ser apresentado, ou durante uma sequência em que ele deve se aproximar de outro ator de modo dominante. O mesmo é válido para carros, caminhões e outros veículos. Esse tratamento em ângulo baixo é mais eficaz se filmado conforme descrito nos parágrafos a seguir.

Dupla inclinação

Uma *tomada em dupla inclinação* é filmada com uma câmera *oblíqua em relação ao objeto*, e *dirigida para cima ou para baixo.* Essa dupla inclinação filmará o maior número possível de facetas do objeto, resultando na representação mais perfeita, proporcionando a perspectiva linear mais convincente e produzindo um efeito tridimensional. A tomada em dupla inclinação elimina a aparência bidimensional obtida por meio do posicionamento direto da câmera, bem como a monotonia de uma filmagem com câmera plana. A câmera não só representa a frente e a lateral do objeto, como também olha *para cima* ou *para baixo* para filmar a *base* ou o *topo* do objeto. Desse modo, as formas tridimensionais e as linhas de composição convergentes apresentam o objeto – seja uma pessoa, um edifício ou uma máquina – de maneira sólida e realista.

A câmera não precisa estar muito inclinada para cima nem para baixo, nem estar posicionada

53

▼ A visão frontal do edifício é plana, porque capta apenas altura e largura.

▼ A perspectiva aérea do edifício também capta o topo. O efeito tridimensional é maior quando a câmera é inclinada para que se vejam a frente, a lateral e o topo – ou a base – do objeto.

▼ Ao apresentar a frente e a lateral do edifício, o ângulo de 45° capta altura, largura e profundidade.

exatamente a 45°. O truque é evitar a todo custo uma imagem achatada, por meio de uma inclinação sutil para agregar diagonais às linhas do cenário e do segundo plano e conferir plasticidade aos atores. Posicionando a câmera a um ângulo que capte tanto a frente quanto a lateral dos objetos em cena e, ao mesmo tempo, inclinando-a verticalmente a fim de revelar o topo ou a base dos objetos, os atores e objetos serão destacados de modo mais proeminente, e a distinção entre os atores e o cenário será maior.

Ângulos muito altos e muito baixos terão efeito mais drástico e devem ser utilizados apenas quando se deseja obter resultados de grande teor dramático. Normalmente, devem-se utilizar inclinações mais sutis em todo tipo de plano possível. Lentes grande-angulares aumentarão o efeito angular ao filmar de uma perspectiva mais convincente. Os atores devem ser posicionados de modo que a câmera possa captar três quartos de sua silhueta, e locomover-se em linhas diagonais sempre que possível. Se necessário, deve-se mudar a posição de móveis e outros objetos de cena para que estejam voltados para a lente a um ângulo determinado. O segundo plano precisa ser filmado a certo ângulo, e não de frente, para produzir linhas de composição convergentes.

A perspectiva linear é maior, e apresenta a série mais interessante de linhas convergentes, quando a câmera é posicionada numa grande altura e inclinada para baixo a fim de filmar ruas, estradas, complexos industriais, de preferência com lente grande-angular. Uma tomada em ângulo baixo a 45° é excelente para filmar uma coluna de soldados em movimento, uma longa fila de veículos ou um trem. Esse movimento deve se aproximar da câmera, a fim de que se torne maior conforme avança. Ângulos laterais a 45º, combinados com a perspectiva de baixo para cima, produzirão linhas convergentes, que ficam mais interessantes com o ator ou veículo em movimento.

Um ângulo baixo a 45º, utilizando uma lente grande-angular, agrega a ilusão de muitíssima velocidade e potência a veículos em movimento. De um mero pontinho a distância, um automóvel, ao aproximar-se rapidamente, ganha longas linhas bem definidas e se torna maior e mais alto no quadro. Essa inclinação requer um

O segundo plano deve ser inclinado para produzir linhas de composição convergentes. Os atores precisam se movimentar em linha diagonal, e não em linha reta, pela tela. É necessário evitar ângulos frontais, que apresentam o movimento do sujeito e o segundo plano em linha reta em relação à lente.

Câmera duplamente inclinada, posicionada em ângulo baixo e com inclinação horizontal de 45º. O soldado assoma no quadro e o segundo plano cai para trás, o que promove maior distinção entre eles.

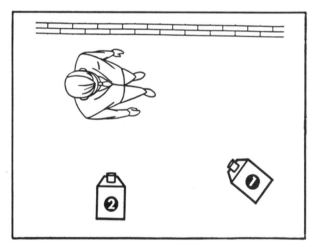

A câmera nº 1 filma o segundo plano com linhas cada vez menores, e o ator correndo com uma imagem cada vez maior. A câmera nº 2 filma o segundo plano de frente e sem perspectiva, e o ator com o mesmo tamanho de imagem.

Objetos que se movimentam rapidamente, filmados de um ângulo contraplongê a 45º, ganham ilusão de velocidade e potência. A imagem do trem se torna maior e mais alta conforme se aproxima da câmera.

▸ A filmagem com dupla inclinação apresenta linhas de composição interessantes. O plano plongê destas fitas magnéticas grava os equipamentos na lateral e no fundo da sala, além da mesa de controle.

posicionamento cuidadoso, para que a maior parte do horizonte fique próxima da parte inferior do quadro, formando uma base sólida para o movimento. Tal tratamento também pode ser aplicado a uma longa fila de veículos em movimento. Os veículos em primeiro plano preencherão o quadro de cima a baixo, enquanto o restante gradualmente diminuirá e convergirá a distância.

Aposentos com tetos ornamentados ou pisos estampados podem ser filmados com uma câmera ligeiramente mais alta ou mais baixa; isso demanda incliná-las para cima ou para baixo – além de posicioná-las a 45º, com o objetivo de filmar duas paredes. Dessa maneira, a dupla inclinação apresentará o maior número de facetas à câmera, e a maior convergência possível de linhas – em especial se for utilizada uma lente grande-angular.

Tracking shots, filmados com a câmera ligeiramente inclinada para cima, farão que o segundo plano se "descole" dos atores. Isto é excelente para cenas de perseguição frenética em que os atores são apresentados de maneira caótica. Prédios e árvores, em vez de simplesmente passar deslizando pelos atores como numa tomada plana, despencam para trás.

Deve-se considerar a filmagem com dupla inclinação de câmera sempre que se desejar obter o máximo efeito tridimensional e a máxima convergência de linhas.

Ângulo oblíquo

No linguajar dos estúdios de Hollywood, um ângulo oblíquo (ou holandês) é um ângulo de câmera inclinado drasticamente, em que o eixo vertical da câmera está inclinado em relação ao eixo vertical do objeto. Isso resulta na inclinação vertical da imagem na tela, que é apresentada na diagonal, em desequilíbrio. Tais imagens transversais devem ser usadas com critério, ou podem prejudicar a narrativa. Devem ser reservadas a sequências que demandam efeitos estranhos, violentos, instáveis, subjetivos ou inovadores. Um personagem que perdeu o equilíbrio, está bêbado, delirando ou alterado, pode ficar mais interessante se for mostrado num plano oblíquo, ou numa série de planos oblíquos – talvez em pares

▸ É possível utilizar o ângulo oblíquo para filmar um personagem profundamente angustiado. Para obter um efeito maior, uma série de cenas como esta pode empregar inclinações opostas.

de inclinações opostas. Assim o público perceberá que ele está agindo de modo irracional. Esses planos podem ser combinados com aqueles subjetivos, em que o ator transtornado vê outros atores ou acontecimentos numa série de planos oblíquos e desequilibrados.

Uma catástrofe natural ou causada pelo homem – um acidente, um incêndio, uma rebelião, uma luta, um naufrágio ou um terremoto – pode empregar ângulos oblíquos para comunicar ao público violência ou efeitos confusos e excepcionais. Se precedidas de planos calmos, estáticos e pacíficos, que levam o público a acreditar que tudo está bem, essas cenas serão muito mais eficazes. Uma sequência tranquila, filmada com a câmera fixa ou a um ritmo lento, num museu de arte, por exemplo, pode rapidamente ser lançada num pandemônio descontrolado por meio da inserção repentina de um plano oblíquo em que um homem corre por uma porta e grita "Fogo!" O restante da sequência pode utilizar uma série de planos oblíquos para retratar o pânico dos visitantes presos no museu. A edição é aprimorada utilizando-se ângulos oblíquos da direita para a esquerda e vice-versa, aos pares, e movimentos de atores em direções opostas.

O ângulo oblíquo do edifício produz uma perspectiva subjetivista, tratamento atípico adequado para sequência de montagem. A cena deve ser filmada com inclinações opostas, para que o editor possa escolher. Isso é importante quando planos inclinados em uma série se opõem.

Planos oblíquos também podem ser utilizados em sequências de montagem, para criar uma impressão geral de passagem no tempo ou no espaço. Planos breves de relógios, calendários, pés caminhando, rodas girando, navios soltando vapor etc. também podem ser inclinados obliquamente. Uma série de planos oblíquos pode ser usada em documentários de pesquisa, industriais, publicitários, de engenharia e similares em que exista a necessidade de retratar de maneira dinâmica uma grande parte da ação em pequenos fragmentos, os quais permitem vislumbrar os acontecimentos. Desse modo, a montagem de um automóvel, a fabricação e a embalagem de um novo produto ou os vários experimentos envolvidos no desenvolvimento de um fio sintético podem ser apresentados com um tratamento atípico. Filmados em ângulos oblíquos, vários desses planos, senão todos eles, retratarão a situação de maneira eficaz. Pares de ângulos oblíquos opostos devem empregar o mesmo grau de inclinação na direção oposta.

Jamais deve-se inclinar a câmera *de maneira sutil*, pois uma imagem ligeiramente inclinada pareceria acidental. A inclinação deve ser deli-

▶ Uma série progressiva de imagens pode apresentar um plano de conjunto do grupo, um plano médio de dois atores e um close de ator dominante.

berada, com ângulo suficiente para tirar a imagem do equilíbrio, mas não íngreme a ponto de parecer filmá-la da lateral. O ângulo real varia de acordo com o objeto e a ação a serem filmados. A câmera não precisa estar inclinada durante todo o plano. Pode começar plana e então se inclinar abruptamente para representar uma mudança misteriosa nos acontecimentos, ou para apresentar um desequilíbrio repentino do ator. Além disso, uma tomada oblíqua pode retornar à plana quando os fatos voltam ao normal. Em raras ocasiões, a câmera pode balançar para trás e para a frente durante o plano, inclinando de um lado a outro.

O ângulo de inclinação é o fator mais importante. Uma imagem que inclina para a direita é ativa, vigorosa, enquanto uma que inclina para a esquerda é fraca, estática. Um horizonte em diagonal que vai da parte inferior esquerda à parte superior direita sugere ascensão; enquanto um que vai da parte superior esquerda à parte inferior direita sugere declínio. O ângulo do horizonte é importante em planos de atores viajando, objetos em movimento ou veículos; especialmente se eles avançam de um ponto distante em direção à câmera ou se afastam da lente. *Eles devem ir para cima quando vêm em direção à lente, e ir para baixo quando se afastam.*

Os ângulos oblíquos funcionam melhor quando filmados com a câmera configurada, ao mesmo tempo, num ângulo baixo, que joga as imagens para trás numa inclinação radical. Uma lente grande-angular em contraplongê, combinada com uma câmera posicionada a 45°, é mais forte, porque tal filmagem com dupla inclinação com uma lente de curta distância focal grava a inclinação de modo mais violento, promovendo uma separação mais nítida entre sujeito e segundo plano e fornecendo uma perspectiva mais eficaz. O efeito é aumentado quando se filma uma ação em movimento, porque a lente grande-angular aumenta ou diminui o ator, objeto ou veículo conforme este se aproxima ou se afasta da câmera.

UTILIZANDO ÂNGULOS DE CÂMERA

A *área* fotografada, ou o tipo de plano, e o *ponto de vista*, ou ângulo da câmera em relação ao objeto, podem ser utilizados em várias combinações para produzir um filme com variedade visual, interesse dramático e continuidade cinematográfica.

Área

A área fotografada determina o *tamanho da imagem* do objeto no filme. A câmera pode filmar planos gerais, com imagens minúsculas, ou closes, com imagens grandes. Os tamanhos de imagem podem ser utilizados numa série de planos para apresentar o fato de forma *progressiva* (ou *regressiva*), *contrastante* ou *repetitiva*.

Planos *progressivos* (ou regressivos) utilizam uma *série de imagens que aumentam* (ou diminuem) *de tamanho*. As sequências passam de um plano geral a um plano médio e, então, a um close, ou o con-

▼ Planos contrastantes usam pares de imagens de tamanhos diferentes em oposição, como um plano geral (acima) e um close cut-away (abaixo). ◢

▼ Planos repetitivos usam imagens do mesmo tamanho, como estes closes. É possível utilizar planos gerais – ou qualquer enquadramento –, desde que as imagens tenham tamanhos similares. ◢

trário. A sequência pode começar e terminar com qualquer tipo de plano. O mais importante é a mudança progressiva no tamanho da imagem, de um plano para outro.

Planos *contrastantes* utilizam *pares de imagens de tamanhos diferentes em oposição*. Um plano geral pode ser contrastado com um close, ou vice-versa. Cada par de planos deve apresentar diferença suficiente no tamanho das imagens para proporcionar um contraste adequado. Para obter um efeito maior, pode-se usar uma série de pares contrastantes.

Planos *repetitivos* utilizam uma *série de imagens do mesmo tamanho*. Uma série de closes pode representar reações da multidão a um orador. Uma série de planos gerais pode mostrar várias plantas industriais. É possível usar qualquer série de imagens de tamanhos similares que apresentem uma associação narrativa.

Não é necessário usar pares ou séries de planos similares do início ao fim da sequência. Esta pode começar progressivamente, passando de um plano geral a um close. Então, pode passar a uma série repetitiva de closes – tais como planos retratando reações individuais – e terminar com uma série de planos contrastantes. Cineastas sem imaginação às vezes recorrem ao padrão monótono de uma série progressiva de plano geral, plano médio e close. A integração de séries de planos progressivos, contrastantes e repetitivos em sequências no decorrer do filme resultaria numa representação mais eficaz.

Ponto de vista

O ponto de vista determina o ângulo da imagem do objeto, ou o ângulo da câmera do qual o público vê o objeto. O ponto de vista pode ser *progressivo* (ou *regressivo*), *contrastante* ou *repetitivo*.

Numa série *progressiva* (ou regressiva), *cada ângulo é maior* (ou menor) que o ângulo prece-

Séries de planos e contraplanos devem empregar ângulos opostos. A distância e os ângulos da câmera têm de ser similares, a fim de produzir uma aparência uniforme.

dente. Os ângulos também podem progredir em altura, passando de um ângulo baixo a um ângulo plano e, finalmente, a um ângulo alto (ou regredir de maneira inversa). Ou podem progredir em relação ao objeto que está sendo filmado, passando, por exemplo, de um ângulo frontal a um lateral e, então, a um traseiro. Toda série de ângulos que progride (ou regride) de maneira ordenada – para a frente ou para trás, para cima ou para baixo, ou ao redor do objeto – é governada por esse princípio.

Ângulos *contrastantes* são *pares de planos* que utilizam ângulos de câmera em direção *oposta um ao outro*. Um ângulo alto pode ser seguido de um ângulo baixo; um ângulo baixo, de um ângulo alto; um ângulo frontal, de um ângulo reverso; um reverso, de um frontal. Para ser mais bem-sucedidos, os ângulos selecionados têm de apresentar pontos de vista drasticamente opostos.

Ângulos *repetitivos* são *séries de ângulos similares* aplicadas a um objeto. Uma série de planos pode ser filmada do mesmo ângulo de tempos em tempos, para mostrar várias etapas de um processo de fabricação. Além disso, ângulos similares podem ser empregados para filmar pessoas, objetos ou ações diferentes. O ponto de vista permanece o mesmo, e muda o objeto que está sendo filmado conforme progridem os acontecimentos; ou objetos diferentes são retratados de ângulos similares.

Não é necessário utilizar séries similares de ângulos durante toda uma sequência. Eles podem ser variados, da mesma forma que o tamanho das imagens. O tratamento de ângulos e imagens deve ser integrado e usado de maneira combinada para proporcionar variedade visual: assim, o público é trazido cada vez mais perto, em ângulos mais fechados; é movimentado para a frente e para trás a fim de ver imagens contrastantes; permanece à mesma distância de várias pessoas – ou se move para cima, para baixo e ao redor, numa série de movimentos de câmera que coloca os espectadores na melhor posição para ver a ação ocorrendo *naquele* momento da narrativa. Sem planejamento, não se pode filmar com sucesso a série de imagens desejada dos ângulos de câmera certos. É preciso um planejamento cuidadoso, tendo em mente padrões editoriais bem definidos.

Como escolher a área e o ponto de vista

Em geral, é difícil determinar onde um plano termina e outro começa. *No entanto, é necessário que ocorra uma mudança definitiva, tanto no tamanho da imagem quanto no ângulo de câmera, sempre que são empregados de maneira progressiva ou regressiva*. Uma mudança de ângulo sutil com o mesmo tamanho de imagem dará a impressão de que as figuras mudaram de posição de modo abrupto. Uma mudança de imagem sutil vista do mesmo ângulo dará a impressão de que a imagem subitamente aumentou ou diminuiu.

O mesmo procedimento se aplica a imagens e ângulos de câmera contrastantes. Os contrastes de um extremo a outro devem ser marcados. Mudanças intermediárias no tamanho da imagem, entre um ângulo de câmera e outro, apresentam apenas mudanças sutis, e não um contraste radical entre uma e outra.

Numa série de imagens ou de ângulos de câmera repetitivos: *não* varie as imagens; tente mantê-las do mesmo tamanho; *não* mude ligeiramente o ângulo da câmera, de modo que cada objeto seja visto de um ângulo diferente; mantenha a câmera à *mesma distância* de cada objeto; filme cada objeto do mesmo ângulo; use ângulos de câmera similares, ou ângulos opostos correspondentes, tais como numa série de planos alternados sobre o ombro, ou uma série de closes objetivos ou ponto de vista.

O tamanho da imagem e o ângulo da câmera devem ser integrados. A progressão no tamanho da imagem também deve usar ângulos de câmera que se movem ao redor do objeto e o filmam de um ângulo lateral conforme a câmera se aproxima. Para que sejam mais eficientes, pares de planos contrastantes podem utilizar contraste *tanto* no tamanho da imagem *quanto* no ângulo da câmera. Séries de planos repetitivos devem repetir imagens de tamanhos similares *e também* posicionamentos de câmera com ângulos similares – ou repetir imagens com tamanhos similares usando ângulos de câmera opostos e correspondentes.

JOSEPH V. MASCELLI

▼ O mesmo ângulo de câmera com uma pequena mudança no tamanho da imagem – como o que se vê entre os closes acima e abaixo – dará a impressão de uma ligeira expansão, em vez de uma mudança definitiva. ◢

▼ Este close representa uma nítida mudança no tamanho da imagem em relação ao apresentado ao lado.

Retratando a ação

O ângulo de câmera escolhido para cada plano é determinado pela forma como os personagens e a ação devem ser representados naquele *momento particular* da narrativa. A progressão simples de um plano geral a um close nem sempre resulta no melhor tipo de sequência. Por exemplo, o tema ou conteúdo dramático da história pode demandar que a câmera grave primeiro um close, a fim de isolar, enfatizar ou apresentar um objeto pequeno. Um grande plano geral pode ser necessário para retratar alcance, grandeza, complexida-

de; para que o público aprecie em sua totalidade a vastidão, a beleza ou o conflito da história. Deve-se, antes da filmagem, dividir a ação geral de cada sequência e determinar, de antemão, o tipo de plano necessário para cada parte da ação.

Para mostrar o cenário, use um plano geral, ou – na presença de natureza abundante – um grande plano geral. Passe a um plano médio para apresentar os atores como um grupo, e use closes para planos individuais que preencham a tela. Empregue planos gerais para mostrar os atores em relação ao segundo plano, e forneça-lhes espaço para se movimentar de um lugar a outro conforme a ação evolui. Use planos médios, particularmente two-shots, para mostrar interações importantes entre os atores. Utilize closes para enfatizar uma ação em particular ou para isolar um ator ou uma ação, eliminando todo o restante de cena. Use planos detalhe para exibir objetos ou ações muito pequenos em tela cheia. Aproxime a câmera conforme a ação se desenvolve. Recue a câmera para situar novamente a cena geral, representar novos desdobramentos, apresentar um novo ator ou permitir que os atores se movimentem. Como exemplo, contraste um grande plano

OS CINCO CS DA CINEMATOGRAFIA

Em certas ocasiões, o efeito dramático é ampliado ao se abrir a sequência com um close – e então recuar para revelar o conteúdo de uma cena geral.

O fotógrafo deve se perguntar: "*Quanto* deve ser incluído neste plano? *Onde* a câmera deve ser posicionada para ver esta parte da ação?"

Considere a área e o ponto de vista com base nas peculiaridades estéticas e dramáticas. As dificuldades encontradas por pioneiros ao atravessar uma região inóspita podem ser comunicadas ao público de maneira mais expressiva por meio de um grande plano geral, que diminui a pessoa contra o terreno acidentado. Por outro lado, para exibir os problemas técnicos envolvidos num processo de soldagem, pode ser

O plano de uma única gota de solda sendo aplicada a um circuito eletrônico pode ser tão dramático quanto um plano geral de um grupo de pioneiros atravessando um terreno acidentado.

geral de um míssil sendo lançado com um plano detalhe do botão de disparar. Pense no impacto dramático sobre o público e na variedade visual. Use uma série repetitiva de closes com a reação de várias pessoas ao lançamento do míssil; ou uma série repetitiva de planos médios dos funcionários nas estações de rastreio.

Não tente contar toda a história num único plano. Lembre-se de que uma sequência é uma *série* de planos, e que cada plano deve representar uma parte da história da melhor forma possível. Pense *primeiro* na área necessária para o plano em particular, e *depois* no melhor ponto de vista.

63

mais adequado utilizar o close de uma única gota de solda.

Pense primeiro na *impressão* que o plano deve causar nos espectadores. Suas emoções devem ser influenciadas pelos acontecimentos na tela, ou eles têm de se manter distantes dos acontecimentos para avaliá-los sem preconceitos? Uma comparação de protótipos de aeronave pode ser mais bem apresentada objetivamente, sem tentar fazer a cabeça dos espectadores. Os acontecimentos precisam ser avaliados de maneira individual e filmados conforme o caso.

Para fazer a inclusão ou remoção de pessoas, objetos ou ações, é necessário levar em conta se eles são ou não essenciais à narrativa. Em cada plano, devem ser retratadas somente as porções significativas do cenário, dos atores e dos acontecimentos. A cada momento, o que é representado deve contribuir para a narrativa como um todo.

Embora, em geral, o ponto da ação em que um plano deve terminar e outro deve começar seja uma decisão editorial, quando não indicada no roteiro – ou quando se está filmando de improviso –, tal decisão cabe ao fotógrafo ou diretor. Não se deve prolongar um plano por mais tempo do que o necessário para que ele cumpra seu propósito. Uma vez que se tenham determinado o cenário e os atores, e a câmera tenha se aproximado, deve-se continuar a maior parte da sequência numa variedade de planos médios, planos próximos e closes. Entretanto, é preciso situar novamente a cena geral sempre que for necessária uma tomada mais aberta para possibilitar que os atores se movimentem, que um novo ator seja apresentado ou que os atores saiam de cena.

Enfatize e isole atores, ações ou diálogos importantes com closes. Mude a câmera em movimentos que possam ser sobrepostos de um plano a outro. Desloque os atores para fora e para dentro das cenas. Grave closes cut-in e cut-away sempre que possível. Se estiver em dúvida com relação a ângulos de câmera incomuns, panorâmicas ou dollies, ou sobre qualquer plano que possa causar problemas na edição, grave planos adicionais para contar com material extra de cobertura. Não se atenha a um padrão de filmagem linear. Aborde cada sequência com uma nova atitude, e se esforce por tratar a ação de maneira individual. Utilize a progressão como técnica de operação padrão, mas sempre busque um contraste dramático – ou um tratamento diferente por meio de oposições – capaz de fazer que a sequência se sobressaia na prática cinematográfica. Muitos fotógrafos caem no lugar-comum por força do hábito, falta de imaginação ou preguiça. Utilize um tratamento repetitivo sempre que um par ou uma série de planos similares – tal como uma série de closes – tiver de apresentar o mesmo tamanho de imagem de pontos de vista similares ou opostos.

Mude o ângulo da câmera, a lente ou ambos
Mude o ângulo da câmera, a lente, ou, de preferência, *ambos*, toda vez que a filmagem for interrompida durante uma série de planos contínuos.

▰ A câmera pode se aproximar frontalmente para filmar o close de um indivíduo na multidão.

Adote essa técnica como procedimento-padrão sempre que estiver filmando ações contínuas que devem ser apresentadas sem interrupção, sem cortar para outra coisa ou sem recursos óticos. Usar *o mesmo ângulo de câmera* e *a mesma lente* em planos consecutivos resultará num desagradável corte brusco, devido a mudanças nas posições dos atores. Isso equivale a interromper a câmera no *meio* de um plano, uma vez que não se altera nada que está sendo fotografado, mas falta o movimento do ator que ocorreu durante a interrupção. Deve haver uma *mudança* definitiva no *tamanho da imagem* e no *ângulo de visão* entre *um plano* e *outro*. Tal mudança é obtida movimentando-se a câmera, mudando a lente ou fazendo as duas coisas, para atender aos requisitos de uma nova configuração. Mover a câmera com a mesma lente é melhor do que mudar a lente

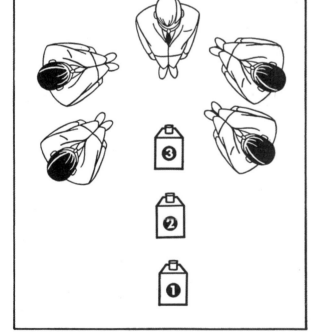

▶ O efeito ampliado é similar a um zoom intermitente – sem uso de zoom real – porque a câmera é aproximada frontalmente para planos mais fechados. Pode-se usar esse tratamento quando um ator está centralizado e se relaciona com outros atores posicionados de um lado e de outro. A câmera nº 1 filma um plano geral, a nº 2, um plano médio e a nº 3, um close.

mantendo a mesma posição de câmera. Os resultados mais satisfatórios são obtidos quando se reposiciona a câmera no melhor ângulo possível para cada plano e se escolhe a lente com a melhor distância focal para atender aos aspectos técnicos e dramáticos da cena.

Alguns cineastas inexperientes, pouco imaginativos ou preguiçosos trocam de lente e continuam a filmar da mesma posição. Assim, tudo que precisam fazer é girar o anel da lente com nova distância focal para ajustá-la à nova filmagem. Quando se utiliza uma lente mais comprida, o efeito na tela é o de um *aumento ótico*, pois uma parte do plano anterior é subitamente *ampliada* para preencher a tela.

Há casos em que o aumento ótico deve ser utilizado, trocando para uma lente com maior distância focal ou, de preferência, aproximando a câmera em linha reta. Pode-se usar esse tratamento ao filmar uma única pessoa num plano geral, como um mestre de cerimônias no palco. Um plano geral do fundo do teatro pode ser seguido de um close que passa direto ao ator. Um plano em que um sujeito é visto a distância, como alguém na multidão, pode ser seguido de um plano mais próximo, filmado de um ponto de vista similar. Uma pessoa posicionada no centro de um grupo, a fim de relacionar-se com outras de um lado ou de outro, pode ser fil-

A câmera deve se deslocar para a frente e para o lado sempre que duas ou mais pessoas se relacionam com outras ao longo da tela.

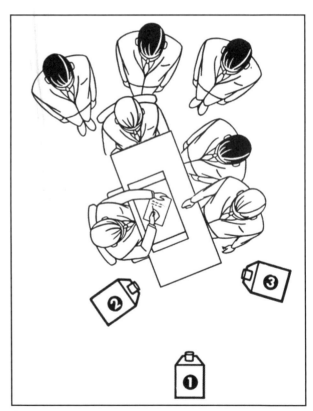

A câmera nº 1 filma um plano geral. A câmera nº 2 é movimentada para a frente e para o lado a fim de filmar um close do protagonista. A câmera nº 3 filma o ator oposto do ângulo oposto. Esse tratamento é recomendado sempre que o ator se relacionar com atores do outro lado da tela.

OS CINCO Cs DA CINEMATOGRAFIA

mada num plano mais fechado por meio de uma aproximação da câmera em linha reta.

Um plano sobre o ombro seguido de um close ponto de vista é outro caso em que a câmera se aproxima em linha reta. A razão de se filmar sobre o ombro de um ator em primeiro plano é preparar o público para o close que vem a seguir – que retrata o ponto de vista daquele ator.

Num longa-metragem de ficção, o diretor de fotografia raramente filmaria um close com uma len-

▰ Mover a câmera para a frente e para o lado, para filmar de um ângulo mais fechado, ajudará a cobrir pequenos desencontros nas posições dos atores. Um grande desencontro, como o mostrado aqui, demandaria a inserção de um plano cut-away de outro indivíduo na cena. ◢

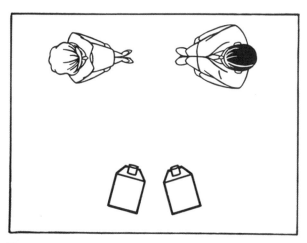

▰ Manter o mesmo tamanho de imagem em planos consecutivos com pequenas mudanças no ângulo da câmera resulta em cortes bruscos, porque, na edição do filme, os atores parecerão se deslocar ou se movimentar de maneira abrupta.

67

te teleobjetiva partindo da posição de câmera de um plano geral. Ele aproximaria a câmera, utilizaria uma lente de distância focal mediana e escolheria o ângulo e a altura de câmera que retratariam o ator da melhor maneira. Para planos mais fechados, a câmera é *aproximada*, movida *para o lado* e *elevada* ou *abaixada*. Isso resulta em mudanças nítidas no tamanho da imagem, bem como no ângulo e na altura da câmera. Embora existam algumas exceções a essa regra, ela deve ser aplicada sempre que as condições de filmagem permitirem.

A lente zoom não se presta a esse tipo de tratamento. A não ser que a câmera seja posicionada num tripé com haste, não é possível abaixá-la conforme o zoom da lente aumenta. O zoom só é útil nas situações em que a câmera é aproximada em linha reta para um close subsequente – quando um ator está centralizado e se relaciona com os demais atores posicionados de um lado e de outro. Quando os atores interagem com atores do outro lado da tela, demandando que a câmera seja deslocada para o lado, o zoom não proporciona o melhor close.

Geralmente, a câmera é mais alta para planos gerais que para closes – portanto, costuma ser necessário abaixar a câmera ao aproximá-la. No entanto, há casos em que a câmera é posicionada na altura dos olhos para um plano geral ou médio, bastando apenas aproximá-la ou posicioná-la na lateral, ou, em certos casos, aproximá-la em linha reta, para filmar um close. Quando a distância focal da lente não precisa ser alterada, a *aproximação* da câmera é suficiente para modificar o tamanho da imagem. Durante a filmagem de documentários ou cinejornais, há também ocasiões em que a câmera deve filmar de uma plataforma fixa ou de outra posição estática; nesses casos, trocar de lente e manter a mesma configuração de câmera é a única forma de filmar imagens de tamanhos diferentes. No entanto, os efeitos visuais mais impressionantes ocorrem quando a câmera *é movida* para uma nova perspectiva, sua *altura é ajustada* para se adequar ao objeto a ser filmado e *a distância focal da lente é escolhida* para atender ao plano em particular.

Embora não seja absolutamente necessário alterar a lente para cada plano, recomenda-se mudar para uma distância focal mais bem adaptada para a cena em particular que está sendo filmada. Em geral, isso exige uma mudança, já que pode-se precisar de uma lente grande-angular para um plano geral, uma lente convencional para um plano médio e uma semiteleobjetiva ou teleobjetiva para um close ou plano detalhe. Se a câmera tiver espaço suficiente para se movimentar para todo tipo de plano, uma lente com distância focal convencional pode ser usada no filme inteiro. Tais situações são improváveis na produção cinematográfica profissional, em que estão disponíveis uma variedade de lentes com distâncias focais diferentes para filmar a área e a perspectiva necessárias.

Mover a câmera *para a frente e ao redor* ao posicioná-la num novo ângulo ajuda a cobrir desencontros inadvertidos nas posições dos atores. Um desencontro é muito mais visível se a câmera se aproxima em linha reta, uma vez que a única mudança que ocorre é sua ampliação. Assim, uma posição de cabeça ligeiramente diferente, ou mudanças no movimento de mãos e de braços, podem ser aparentes até mesmo para o espectador pouco atento. Ao deslocar a câmera para a frente e para o lado, é possível manipular a cena de maneira considerável, pois o público vê os atores de um ângulo completamente distinto. Deve-se esforçar ao máximo para que a posição dos atores no novo plano corresponda à do plano anterior, mas mudar a câmera para uma nova perspectiva, em vez de simplesmente aproximá-la, torna menos aparentes as discrepâncias causadas por pequenos desencontros entre os planos.

Em planos consecutivos do mesmo objeto sendo filmado com o mesmo tamanho de imagem, *não* se deve mudar *sutilmente* o ângulo da câmera. Se filmado com configurações de câmera equivalentes com *pequenas* variações para privilegiar um ou outro ator, um two-shot de atores de frente um para o outro apresentará um corte brusco. Uma vez que o par de imagens tem o mesmo tamanho, e o ângulo é apenas levemente modificado, os atores – e não o ângulo da câmera – parecerão mudar. Uma mudança *definitiva* no ângulo da câmera garantirá um fluxo de imagens mais suave.

REQUISITOS DE CENA

Cada cena deve ser considerada parte de uma sequência ou série de planos, mas precisa receber atenção individual com base na especificidade da história. Além dos fatores estéticos, técnicos e psicológicos que determinam os ângulos de câmera, há aspectos dramáticos, editoriais, naturais e físicos a serem levados em conta. Esses fatores não precisam ser considerados individualmente para cada plano ou sequência. Muitos são tratados por cineastas experientes de forma intuitiva. Mas todos esses elementos devem ser incluídos no planejamento geral de uma sequência, a fim de que cada série de planos represente sua parte da melhor maneira possível.

Fatores estéticos

Muitos fatores estéticos devem ser considerados na escolha do ângulo de câmera adequado. Todos os elementos de composição – atores, objetos, móveis, cenário, segundo plano, veículos etc. – devem ser estudados tendo-se em mente os movimentos dos atores e a ação geral da cena. A disposição dos objetos deve facilitar a encenação e proporcionar uma fotografia agradável. Para obter o efeito desejado, talvez seja necessário agregar ou eliminar alguns itens. Os longas-metragens de ficção apresentam

▸ Em alguns documentários, é preciso abrir mão de certos ângulos de câmera devido a fatores incontroláveis.

poucos problemas estéticos, pois os sets de filmagem são projetados e construídos com base nos requisitos de cena. Documentários, gravados em locações reais, normalmente demandam muita improvisação para encenar a ação, em particular no interior de estruturas reais. Pode ser necessário fazer concessões ao escolher ângulos de câmera.

Ao filmar exteriores, é preciso considerar as vantagens das molduras em primeiro plano, como ramos de árvores e arcos. Sempre que possível, devem-se escolher perspectivas com dupla inclinação de câmera para filmar a melhor representação, com o maior número de planos e efeitos sólidos tridimensionais. As formas da composição têm de se adequar ao tema e ajudar a criar uma boa atmosfera e um bom estado de ânimo.

A relação entre os atores e o segundo plano também exige planejamento. Se o segundo plano for importante para a história – tal como uma jazida de petróleo, uma linha de montagem, a orla –, os atores devem ser posicionados de modo que este seja ligado à ação que está ocorrendo em primeiro plano. Movimentos, formas e linhas de composição devem ser explorados para auxiliar a construção narrativa. (*Veja o capítulo 5 – "Composição".*)

Fatores técnicos

Poucas restrições técnicas são impostas aos cineastas de ficção, seja em estúdio ou em locações. Por sua vez, devido a limitações de orçamento, equipe, transporte e outras, a maioria dos fotógrafos de documentário tem menos equipamentos de câmera, iluminação e objetos de cena. Escassez de pessoal treinado, instalações elétricas ruins, tempo insuficiente, custo e dificuldades de transportar equipamentos pesados de estúdio – principalmente de avião –, todos esses fatores contribuem para os problemas técnicos enfrentados por fotógrafos de não ficção que filmam em locações reais. A ausência de dollies para câmera restringe a filmagem a tripés fixos. A área que pode ser iluminada adequadamente é determinada pelas instalações elétricas disponíveis. Em geral, a quantidade de equipamento que pode ser carregada à locação exclui muitos acessórios de câmera e iluminação normalmente disponíveis em estúdio. Todos esses fatores técnicos combinados impõem restrições à forma como o fotógrafo lida com o tema a ser filmado. Desse modo, devem-se fazer concessões em relação ao movimento de câmera e de ator, ao posicionamento da câmera, à área a ser filmada e ao tratamento geral da câmera, adaptando a filmagem aos equipamentos e às condições disponíveis.

Fatores psicológicos

Conforme foi explicado no tópico sobre a altura da câmera, o público pode ser afetado emocionalmente pelo ponto de vista da câmera. Um ângulo alto, baixo, oblíquo ou objetivo coloca o espectador numa posição diferente daquela que costuma apresentar uma perspectiva objetiva da altura dos olhos, e influencia enormemente sua reação emocional aos acontecimentos representados na tela. Esses pontos de vista pouco comuns podem fazer que o espectador se sinta mais identificado com o filme e com os atores na tela. Se o efeito desejado é o desinteresse, ou se a cena é demasiado violenta para ser vista num close, planos gerais e médios posicionarão o público a certa distância do acontecimento. Planos mais fechados de fato ajudam a envolver o espectador na ação. Ângulos subjetivos tendem a retratar a cena conforme o ator na tela a vê, e envolver o espectador ainda mais intimamente na história.

Por meio de um tratamento de câmera subjetivo e distorcido, o espectador pode realmente experimentar a atitude embriagada, frenética ou insana do ator através de cujos olhos ele está vendo. Assim, a reação psicológica do espectador se baseia, em grande medida, nos ângulos de câmera e no tratamento editorial. O principal propósito psicológico de um filme é levar o público a reagir de determinada maneira. Quer o propósito de um filme seja vender, educar ou entreter, seu sucesso depende de quanto o espectador se interessa por sua história ou mensagem.

▶ As equipes de filmagem de documentários deparam com muitas restrições técnicas ao filmar em locações. É preciso abrir mão dos melhores ângulos de câmera e da melhor encenação por causa dos limites impostos pelas instalações de iluminação e pela disponibilidade de equipamentos.

OS CINCO Cs DA CINEMATOGRAFIA

▼ Em filmes de mistério, um assassino pode impressionar o público ao ser subitamente revelado.

A escolha do ângulo da câmera pode ser feita analisando-se o *propósito* do plano e o *efeito* desejado sobre o espectador. O público deve *chocar-se* com as condições da favela representada no filme... *convencer-se de comprar* um novo produto... *enfurecer-se* com a corrupção política... *assombrar-se* com a exibição de armas atômicas... *olhar com desdém* para um personagem desprezível... *inspirar-se* com uma mensagem religiosa... *ver* o mundo da mesma forma que um doente mental? Todas essas situações sugerem posições de câmera específicas e técnicas fotográficas projetadas para fazer que os espectadores *se importem* com o assunto. O público é impressionado não só por aquilo que *aparece* na tela, mas também por atores, objetos ou ações *parcial ou totalmente ocultos, revelados de maneira súbita ou chocante*, ou *que nem são mostrados*.

A câmera não precisa fazer todo o trabalho. O espectador deve ser instigado a usar a imaginação para entender o que está acontecendo. A câmera pode criar suspense ao ser inclinada para baixo em direção ao assassino, mostrando uma faca na mão dele – mas sem revelar sua identidade. Um contraplano pode mostrar vilões de costas enquanto eles conspiram. A câmera pode fazer um movimento panorâmico, inclinado, zoom ou se mover para revelar subitamente um ator, objeto ou ação. Uma vez que estabelece uma relação direta com as emoções dos espectadores, a inclinação de câmera para efeitos psicológicos é uma das armas mais poderosas de que dispõe o fotógrafo para contar uma história.

Fatores dramáticos

Se a história pede um tratamento emocionante da ação, é necessário analisar os fatores dramáticos. Em geral, a câmera não deve interferir na narrativa. Um assunto inerentemente dramático – uma vez que é capaz de interessar o espectador apenas por seu conteúdo – demanda pouco ou nenhum tratamento especial de câmera. Por exemplo, um discurso dramático não deve ser filmado com iluminação e ângulos elaborados ou ações em segundo plano que causem distração, se toda a atenção do público está voltada ao locutor.

No entanto, o uso criativo da câmera dá vida a objetos estáticos, prosaicos ou banais. Quando o fotógrafo depara com material monótono, precisa acordar o público. Em outras ocasiões, pode-

▼ O tratamento frontal da câmera geralmente é melhor para cenas com grande teor dramático.

-se aprimorar ainda mais o material dramático por meio de um tratamento de câmera criativo. Um grande plano geral impressionaria o público com a grandeza majestosa do cenário? Supercloses dos principais atores, objetos ou ações conseguiriam mais atenção do público? Uma tomada em ângulo baixo aumentaria a tensão, distorceria as linhas de composição ou exageraria a ação? Uma tomada em ângulo alto agregaria importância aos atores, ao cenário ou à ação? Uma câmera subjetiva ajudaria o público a se identificar com o protagonista?

O fotógrafo deve utilizar ângulos oblíquos? Planos com dolly? Iluminação dramática? Lentes grande-angulares extremas? Movimentos agitados? Ou deve-se contar a história num estilo direto de documentário, destituído de truques de câmera e efeitos de iluminação, ou ainda de inclinações de câmera extravagantes que possam prejudicar a narrativa? Um tratamento de câmera pouco ortodoxo *não* deve ser usado quando distrair o público ou fizer que note a presença da câmera. Por outro lado, pode-se elevar ao máximo sua emoção se o assunto for apresentado de maneira única e dramática. O fotógrafo deve estudar o fato a ser filmado, juntamente com o roteiro, e decidir se a *participação* efetiva da câmera trará vantagens à narrativa ou se a câmera deve funcionar meramente como observador *imparcial*.

Fatores editoriais

As peculiaridades editoriais costumam determinar os ângulos de câmera preferidos para uma série de planos. Normalmente, os roteiros de filmagem detalhados especificam o tipo de plano ou o tratamento de câmera. Muitos deles, no entanto, são escritos no formato cena máster, em que o tratamento da filmagem é deixado para o diretor e o fotógrafo. Se este estiver gravando um documen-

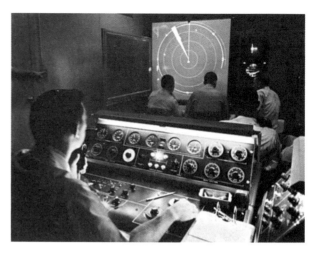

▎Os documentários filmados sem roteiro precisam ser filmados tendo-se em mente um padrão editorial bem definido. O acontecimento como um todo deve ser dividido em tipos de planos específicos para cada parte da ação.

tário sem roteiro, tem de filmar de acordo com as especificidades editoriais. Embora se possam tratar separadamente algumas cenas importantes do filme, todas as cenas devem ser consideradas em relação às demais numa sequência. O fotógrafo precisa planejar o acontecimento como um todo, e decidir sobre sua divisão em planos individuais. Ele tem de decidir quanto do cenário deve ser incluído no plano geral, que partes da ação demandam planos médios e quando dar ênfase por meio de closes.

Progressões convencionais de planos gerais a closes geralmente são seguras, mas nem sempre a melhor técnica. Se a sequência se desenrola numa série de closes de vários atores, deve-se passar de ângulos de câmera progressivos a repetitivos. Se estiverem envolvidos grande parte do movimento dos atores ou a apresentação de novos elementos, pode ser necessário retornar ao plano geral para reorientar o público. O fotógrafo precisa analisar continuamente os acontecimentos através dos olhos do espectador. O público deve ver o ator, o objeto ou a ação em que está mais interessado naquele momento. Isso é de vital importância quando o interesse narrativo é dividido. A câmera tem de se concentrar no mais interessante dos dois elementos da narrativa. Deve-se fornecer ao editor do filme todo tipo de plano possível de acordo com as limitações de tempo e orçamentos impostas à produção.

Fatores naturais

Ao filmar em locações externas, a posição do sol, o clima e o terreno influenciam a escolha dos ângulos de câmera. A filmagem ao ar livre – particularmente em cores – depende do ângulo do sol. Com exceção dos efeitos especiais, como é o caso das cenas em contraluz, o ângulo do sol é melhor quando a cena é iluminada da lateral ou a um ângulo de 45°. Mesmo com o planejamento cuidadoso para tirar o máximo proveito do sol em diferentes momentos do dia ou da estação, isso restringe a escolha dos ângulos de câmera. A frente de estruturas com a face voltada para o norte, por exemplo, raramente recebe iluminação direta do sol no hemisfério norte.

O clima pode ser um fator, embora a luz difusa permita filmar com igual facilidade de praticamente qualquer ângulo. Pode ser necessário filmar numa direção que evite céus sem nuvens. O terreno, em particular em segundo plano, pode forçar o fotógrafo a escolher ângulos de câmera que incluam ou eliminem árvores, estradas, montanhas ou outros elementos naturais. Na construção de cenários, levam-se em consideração o ângulo do sol, o clima e a topografia; mas, em locações naturais, elementos incontroláveis geralmente impõem obstáculos ao fotógrafo, e por isso ele precisa ceder a ângulos de câmera que se adaptem às condições prevalecentes. Quando for preciso filmar ao ar livre durante um período prolongado em locações pouco familiares, devem-se estudar mapas meteorológicos nas estações correspondentes dos anos anteriores.

Fatores físicos

Fatores físicos raramente interferem na escolha dos ângulos de câmera do cineasta que filma em estúdio. O fotógrafo de documentários, ao contrário, tem de trabalhar dentro das limitações físicas impostas pelo tamanho e pela forma dos aposentos, pelas dimensões fixas do cenário (sem o auxílio de "wild walls" – paredes que podem ser deslocadas conforme desejado), pela presença de tetos (principalmente os baixos), máquinas, estruturas e objetos reais (que não podem ser "desmontados" para a filmagem), paredes mal pintadas (especialmente as pintadas com cores claras na filmagem em cores) e muitos outros fatores físicos que estão fora de seu controle. Uma sala muito pequena, por exemplo, pode ser difícil de iluminar e impossível de filmar sem uma lente grande-angular extrema, que distorce os atores. O interior de cabines de avião, automóveis, salas de controle, trailers com instrumentos de engenharia, fortes e cenários similares podem deixar pouco espaço para o posicionamento da câmera e das luzes. Em muitos documentários filmados em interiores, a escolha do ângulo da câmera depende

▰ Em certas ocasiões, cineastas de filmes de ficção em estúdio precisam filmar em locais entulhados – como este "submarino".

mais frequentemente de *onde* a câmera e os pontos de luz podem ser "enfiados" do que do melhor ângulo para contar a história.

ÂNGULOS DE CÂMERA EM PLACAS E MATERIAL IMPRESSO

Símbolos, placas, etiquetas e identificações similares devem ser filmadas de frente – como títulos – ou de um ângulo de 45º, de modo que a letra diminua de tamanho ao distanciar-se da esquerda para a direita. Isso é particularmente importante se a placa for bem grande, como é o caso de um letreiro que cobre a fachada de um edifício largo. Tem menos importância se ocupar uma pequena área – como uma placa em uma porta – e puder ser lida num piscar de olhos. O nome na entrada de um tribunal, correio, escola ou outra estrutura pode ser lido mais rapidamente se inclinado de maneira que diminua da esquerda para a direita.

Uma placa comprida, filmada com um movimento de câmera panorâmico ou dolly, deve necessariamente ser gravada de modo que a letra entre na tela pela direita e deslize pela imagem *da direita para a esquerda*. Deve-se tomar cuidado para inclinar a câmera da maneira descrita ao filmar planos com câmera fixa. Ângulos de câmera frontais podem causar um efeito saltitante – em que as letras se separam ao atravessar a tela.

Placas, pôsteres, manchetes de jornal, rótulos ou qualquer material impresso, como cartas e relatórios, devem ser posicionados no quadro com uma inclinação *para cima* – isto é, *do canto inferior esquerdo ao canto superior direito*. Esse tratamento é essencial quando duas ou mais linhas têm de ser lidas, porque o olho tende a *ir para baixo* a fim de ler a linha seguinte. Se o material impresso for inclinado para baixo (do canto superior esquerdo ao canto inferior direito), o olho será forçado a *ir para cima* para ler a linha seguinte. Esse movimento de olho não natural incomoda o espectador. Essas questões podem parecer detalhes irrelevantes, mas são baseadas em hábitos de leitura estabelecidos. Não é recomendável fazer que o espectador reaja com desagrado ou tenha de se esforçar para ler materiais apresentados em ângulos impróprios. (*Veja o capítulo 5 – "Composição", seção "Movimento do olho", na p. 252.*)

ÂNGULOS DE CÂMERA PROBLEMÁTICOS

Inclinar a câmera a fim de obter determinado efeito pode apresentar problemas fotográficos imprevistos. Por exemplo, um plano geral filmado com uma lente grande-angular pode incluir a largura desejada, mas enquadrar elementos em excesso do primeiro plano. Abaixar a câmera eliminará parte do primeiro plano sem perturbar a composição. Uma solução a ser também considerada é levantar a câmera, de modo que o cenário seja visto de um ângulo plongê.

Se for preciso usar uma lente grande-angular para filmar uma área apertada, *não* se deve inclinar drasticamente a câmera para aumentar a distorção perspectiva. Quanto maior a amplitude da lente da câmera, maior a convergência linear. Nesse caso, o

▼ Longos letreiros em edifícios são mais bem filmados se a letra diminuir de tamanho ao afastar-se da esquerda para a direita.

OS CINCO Cs DA CINEMATOGRAFIA

▸ Não se deve inclinar drasticamente a câmera em interiores apertados filmados com lente grande-angular. É preciso manter o mínimo de distorção e de convergência linear por meio de uma inclinação sutil da câmera ou de uma filmagem frontal.

▸ Planos de interiores apertados – tais como esta cena numa cápsula de míssil – dão pouco espaço para o posicionamento da câmera e dos pontos de luz. Em muitas cenas de documentário, a escolha do ângulo de câmera é extremamente limitada.

ângulo da câmera deve ser tão frontal quanto possível para evitar uma imagem estranha de dimensões reduzidas. As pessoas em cena não devem se dirigir à câmera para pegar objetos – por exemplo, um mecânico alcançando uma ferramenta em primeiro plano – porque a mão pode parecer gorda demais. Em tais situações, tente manter os atores equidistantes da câmera, senão o ator mais próximo parecerá excessivamente grande em comparação com um ator posicionado um pouco mais para trás.

Lentes grande-angulares extremas gravam a área do cenário da frente para o fundo, fazendo-a parecer mais comprida do que na realidade é. Movimentos de atores ou veículos aproximando-se ou afastando-se da câmera farão que o objeto fique cada vez maior ou menor – e, em consequência, o objeto parecerá percorrer uma distância maior do que a existente. Devem-se evitar esses movimentos, a não ser que se busque um efeito especial.

Ao posicionar a câmera, geralmente surgem problemas devido a limitações físicas. Aposentos pequenos e baixos, áreas confinadas – como o interior de uma cápsula espacial – podem impedir que a câmera seja posicionada na distância desejada. Em vez de usar uma lente grande-angular extrema – que parece ser a solução mais simples –, é possível dividir a sequência em planos adicionais e filmar vários planos de ângulos normais, em vez de um único plano grande-angular. Ou talvez seja melhor fazer uma panorâmica com lente convencional para cobrir a área, em vez de usar uma câmera fixa para filmar toda a largura num único plano com uma lente grande-angular extrema. Isso é particularmente importante em filmes industriais, científicos e de pesquisa – em que a distorção de ferramentas e equipamentos é inadmissível.

Os ângulos de câmera estão relacionados com os ângulos do objeto. Um objeto inclinado pode ser filmado com uma câmera igualmente inclinada para aparecer plano na tela. Normalmente, é possível inclinar linhas verticais ou endireitar verticais inclinadas conforme desejado, posicionando a câmera a um ângulo determinado. Por exemplo, um contraplongê a 45° de um tribunal repleto de colunas pode ficar melhor se filmado com uma

↗ Este plano contraplongê com ângulo horizontal de 45° apresenta o míssil da força aérea americana com um percurso ascendente que vai do canto inferior esquerdo ao canto superior direito.

câmera ligeiramente desnivelada, para que o lado do prédio mais próximo da câmera pareça quase paralelo à lateral da tela. Desse modo, obtém-se uma imagem melhor do que se ambos os lados do prédio convergissem em direção ao céu. O importante não é como se deve inclinar a câmera, mas sim como o objeto aparecerá na tela. Estudar a imagem no visor com várias inclinações ajudará a escolher a melhor solução.

Não há soluções-padrão para cada problema de ângulo de câmera. Se for necessário que o objeto mantenha a aparência que tem na vida real, deve-se apresentá-lo de uma forma aceitável para o espectador. Quando se deseja um efeito especial, vale tudo. Efeitos distorcidos, violentos e artificiosos são facilmente alcançados porque é mais fácil quebrar as regras do que filmar o objeto de forma natural. Os resultados mais naturais são alcançados quando o objeto é filmado sem distorção, com efeitos normais de perspectiva. Para tanto, devem-se evitar lentes com ângulos extremamente abertos, ângulos de câmera estranhos e movimento pouco convencional de atores ou veículos. Isso não significa que tudo deva ser filmado da altura dos olhos com uma lente de distância focal convencional. A variedade visual – e não a estranheza – manterá o espectador interessado na narrativa.

CONCLUSÃO

Os ângulos de câmera certos podem ser o fator decisivo para conseguir a aprovação ou a indiferença do público. O tamanho da imagem e o tamanho do ângulo determinam quanto do assunto o espectador verá, e de que ponto de vista. Sempre que a câmera se move, o público é transportado a um novo ponto de vista. Uma vez que os espectadores não devem ser deslocados sem necessidade, toda mudança no ângulo da câmera precisa ser considerada com critério.

Seja trabalhando com um roteiro ou sem planejamento prévio, o fotógrafo tem de filmar os acontecimentos com um padrão de edição bem definido em mente. A série de planos que formam uma sequência deve ser filmada com tratamento progressivo, regressivo, repetitivo ou contrastante – de modo singular ou em combinação –, e *não* com uma confusão de planos estranhamente sortidos.

Para alcançar verdadeiro sucesso, um filme deve surpreender visualmente o público apresentando novos pontos de vista, diferentes tipos de plano, imagens de tamanhos variado, num padrão imprevisível. Uma série de closes pode ser seguida por um grande plano geral; uma sequência pode abrir com um close em vez de um plano geral. A câmera deve ver os fatos ora por este ângulo, ora por aquele. As imagens precisam ser ampliadas num plano e reduzidas no seguinte. Os atores e/ou movimentos de câmera devem ser alterados, trocados, invertidos: não simplesmente repetidos num padrão similar. Os cenários devem ser vistos da lateral ou mesmo de cima, não sempre de frente. A variedade visual tem de dar o tom, para que o público se mantenha interessado no que está acontecendo e no que vai acontecer *depois*. Se os filmes forem compostos e realizados numa progressão linear – plano geral, médio e close –, o público, inconscientemente, esperará certo tipo de plano, certo ângulo, certa duração de cena. Desse modo, torna-se tedioso ver o filme. É preciso mostrar aos espectadores algo novo ou diferente a cada oportunidade.

Fotógrafos de filmes de não ficção devem considerar com maior frequência a adoção de ângulos de câmera acima do ombro e ponto de vista, a fim de envolver o público no assunto. A história não pode ser filmada com uma câmera objetiva distante. O espectador deve ser constantemente trazido para *dentro* do filme, posicionando-se ao lado dos atores e vendo os outros atores, o cenário e a ação de um ângulo *interior* – identificando-se, assim, mais prontamente com as pessoas no filme e envolvendo-se mais com a mensagem.

Ao contrário do fotógrafo de longas-metragens de ficção, o de documentário pode usar a câmera subjetiva de vez em quando e permitir que o sujeito olhe diretamente para a câmera. O engenheiro, comerciante ou executivo de uma empresa pode ser apresentado com o intuito de estabelecer uma relação olho no olho entre a pessoa em cena e o espectador, a fim de transmitir a mensagem do filme de modo mais convincente.

O ângulo mais difícil – e que vale a pena ser experimentado – é o tratamento subjetivo no qual a câmera substitui um ator que se relaciona com os demais atores no filme, tal como em *A dama do lago*. Use essa técnica sempre que for possível tratar de maneira nova um assunto atípico que pretenda chocar ou impressionar o espectador. Ou, sempre que o estado psicológico do personagem ou um fato contado em flashback sejam realçados com um tratamento um pouco diferente.

O uso cuidadoso de ângulos de câmera confere variedade e impacto à narrativa. Devem-se escolher ângulos de câmera planejados para captar, sustentar e apontar o caminho para o interesse contínuo do público.

2 CONTINUIDADE

INTRODUÇÃO

Um filme sonoro profissional deve apresentar um fluxo de imagens visuais *contínuo*, suave e lógico, complementado pelo som, representando o fato filmado de maneira coerente. É o caráter *contínuo* de um filme, sua *continuidade*, que determina o sucesso ou o fracasso da produção.

Prefere-se um filme com continuidade perfeita porque ele representa os acontecimentos de maneira real. Um filme com falhas de continuidade é inaceitável, pois *distrai* em vez de *atrair*. Isso não implica que a ação deva fluir suavemente durante toda a montagem do filme. Há ocasiões em que se deve retratar uma impressão ou um estado mental perturbado; assim, o público é emocionalmente suscitado por imagens incoerentes. Mas essas são exceções.

Um filme é o registro de um acontecimento, seja ele fato, ficção ou fantasia. As imagens têm de reproduzir a vida real ou um mundo verossímil. O som pode consistir de diálogos ou narrações, acompanhados de músicas e efeitos especiais. Os elementos visuais e sonoros de um filme devem ser integrados, para que complementem um ao outro em seu propósito de impressionar o público.

Todo filme deve basear-se num plano. O plano pode se constituir de algumas observações mentais, sugestões rabiscadas, um esboço, um storyboard ou um roteiro de filmagem detalhado. Quanto melhor o plano – ou *continuidade* –, maiores as chances de sucesso. Um roteiro de filmagem, ou de *continuidade*, é um filme preliminar no papel – um *plano contínuo* para fotografar e editar a produção. Diferentemente da simples gravação de uma notícia, um filme não pode representar um acontecimento numa única cena. Faz-se necessária uma série de cenas – uma sequência – para representar qualquer ação de maneira correta. Uma sequência sem intervalo de tempo deve apresentar o acontecimento de modo contínuo e realista.

As sequências de um filme podem ser comparadas aos capítulos de um livro. Um diretor que trabalha com um roteiro detalhado é forçado a pensar no filme como uma série de *planos* que constituem uma sequência; e uma série de *sequências* que formam o filme completo. Um fotógrafo que filma sem roteiro também deve pensar em sequências, e *não* em planos individuais. A ação fluirá suavemente de um plano a outro somente quando a ação geral de toda a sequência for dividida em ações particulares. Sem uma boa continuidade, um filme seria uma confusão de fotos instantâneas animadas sem relação entre si. Embora essas imagens possam ter movimento em cada plano individual, elas não são uma série de imagens fluidas e combinadas. Devido a suas imagens entrecortadas, discordantes e desencontradas, uma continuidade mal construída distrai a atenção do público. A boa continuidade estimula o espectador a se deixar levar pela narrativa, sem distrações incômodas. O principal objetivo de um filme, seja um longa-metragem de ficção ou um documentário, é prender a atenção do público – do plano de abertura ao fade-out final. Para conseguir isso, deve-se apresentar o filme em imagens visuais, convidando os espectadores a se envolver na história mostrada na tela. Se eles tiverem de adivinhar para onde a câmera subitamente se virou, ou o porquê de uma mudança sem explicação na ação de um ator, quebra-se o encanto.

Os filmes criam e sustentam ilusões. A ilusão é destruída sempre que o espectador perde a atenção ou o interesse. *A continuidade suave, fluida e realista contribui mais para o sucesso de um filme que qualquer outro dispositivo cinematográfico.*

TEMPO E ESPAÇO CINEMATOGRÁFICO

CONTINUIDADE TEMPORAL E ESPACIAL

Um filme pode criar o próprio tempo e espaço, para se adequar a qualquer situação particular de narrativa. O tempo pode ser comprimido ou expandido, acelerado ou retardado; permanecer no presente ou ir para o passado ou para o futuro; ou até mesmo

Um filme pode ir a qualquer parte, seja mostrando uma viagem real, seja por meio da edição, cortando de um lugar para outro.

ser congelado pelo período que se desejar. O espaço pode ser diminuído ou ampliado; deslocado para mais perto ou para mais longe; apresentado numa perspectiva verdadeira ou falsa; ou ser completamente recriado num lugar que só exista no filme. Tempo e espaço podem ser eliminados, recriados e apresentados de maneira que ajude o público a compreender o enredo.

Um filme pode ir a *qualquer lugar* no tempo e no espaço, a *qualquer momento*. Desse modo, uma história pode subitamente recuar no tempo ou deslocar-se pelo mundo; pode-se acelerar uma cena ou fazer que um cenário pareça menor. O tempo e o espaço podem ser reais ou imaginários, ampliados ou reduzidos, separados ou unidos. Pode-se apresentar um acontecimento em sua totalidade, como de fato aconteceu; ou fragmentado, para mostrar apenas alguns destaques ou impressões. Várias localizações separadas no espaço podem ser apresentadas isoladamente, ou combinadas no filme para que apareçam como sendo um único lugar. O uso correto do tempo e do espaço agregará valor audiovisual à história. Seu mau uso pode destruir a receptividade do público aos acontecimentos mostrados na tela.

Continuidade temporal

O tempo real só se movimenta para a frente, de maneira cronológica. A cronologia de um filme, entretanto, pode apresentar a história em tempo *ideal* – em vez de real. O tempo do filme é dividido em quatro categorias: presente, passado, futuro e condicional. A história pode utilizar um ou mais desses elementos, em separado ou em qualquer combinação. O filme pode retratar fatos como se estivessem acontecendo no presente, e então avançar ou recuar no tempo; ou comprimir, expandir ou congelar o tempo da maneira como for conveniente. Independentemente de como é retratado o tempo, ele deve ser facilmente compreendido pelo público.

Os únicos limites ao uso do tempo real e do tempo onírico são a imaginação e as habilidades técnicas daqueles que produzem o filme. Para qualquer fator de tempo utilizado, a história do filme – baseada na continuidade temporal – é contada com a passagem do tempo *real* ou *imaginário*.

A continuidade em tempo presente representa a ação como se ocorresse *agora*. Esse é o método mais popular e menos confuso de se apresentar o material. Os acontecimentos transcorrem de maneira lógica e direta; assim, independentemente dos desdobramentos, transições e lapsos de continuidade da história, o público sempre está vendo os acontecimentos no presente. Ao observar os fatos dessa maneira, o espectador tem a sensação de participar do que está sendo mostrado na tela. Nem ele nem os personagens sabem o que virá em seguida. Isso deixa o espectador *interessado* em acompanhar a história até sua conclusão.

Embora a maioria dos filmes de ficção faça uso da continuidade em tempo presente, outras técnicas de tempo e de transição também são usadas conforme necessário. Ao apresentar os fatos como se estivessem ocorrendo *agora*, a maioria dos documentários poderia se beneficiar da continuidade em tempo presente, o que daria vida ao material, agregaria impacto dramático e aumentaria a participação do público. Em vez de retratar um experimento em laboratório como um fato passado, um projeto de pesquisa ou a construção de uma base de lançamento de mísseis como um documento histórico, pode ser mais dramático mostrá-los como se estivessem ocorrendo *agora*,

▸ Um fato – tal como este indiano fazendo uma pintura com areia – pode ser apresentado em sua totalidade ou mostrando-se apenas as partes mais significativas.

▸ As narrativas que se baseiam na continuidade em tempo presente retratam os fatos como se eles estivessem acontecendo agora.

▼ Os documentários conseguem bons resultados ao apresentar os fatos como se estivessem acontecendo agora.

▼ Narrativas históricas podem ser apresentadas como acontecimentos passados ou como flashbacks.

diante dos olhos dos espectadores. Assim, o acontecimento é revivido como se fosse um fato do presente, e não do passado.

Um fato que acontece num único lugar, como um projeto de construção, um campeonato de atletismo, uma demonstração científica – qualquer acontecimento em que *não* se desloca de um lugar para outro –, pode ser filmado com continuidade em tempo presente.

▼ Uma construção pode ser filmada com continuidade temporal, pois os fatos retratados se passam num único lugar.

A continuidade em tempo passado pode ser dividida em dois tipos: fatos que ocorrem no passado e flashbacks, do presente para o passado.

Os fatos que ocorrem no passado – apresentados em sua totalidade ou como prólogo de uma história que transcorre no presente – são representados de maneira similar à continuidade em tempo presente. A diferença é que o público deve estar ciente do elemento tempo envolvido. Filmes históricos têm continuidade em tempo passado; mas, afora o fato de o público estar ciente de que os fatos apresentados já aconteceram, há poucas mudanças na apresentação. No entanto, o espectador deve ser levado a sentir que "isso é o que aconteceu *como* aconteceu de fato", em vez de "isso é o que *está acontecendo*". A melhor forma de contar esse tipo de história é transportar o público de volta ao período em questão, com uma técnica do tipo "você esteve lá".

Um problema ao apresentar fatos passados é que o público pode estar ciente do desfecho – quando se trata de uma narrativa histórica – ou sentir que o acontecimento está terminado e decidido. Esse não é o caso se a história começa no passado – a fim de situar o público –, sendo então trazida ao tempo presente. Embora o tratamento

▰ Fatos passados devem ser mostrados na tela com vivacidade, como se estivessem acontecendo no momento presente.

▰ O caça de hoje...

▰ ... pode cortar para o flashback de um avião a hélice da Segunda Guerra Mundial...

▰ ... ou para um flashforward de uma nave espacial do futuro.

"era uma vez" possa ser excelente para contos de fadas, essas fantasias fazem que o público se esforce mais para se envolver no fato apresentado na tela e se identifique com os atores. Por esse motivo, temas históricos muitas vezes não conseguem obter uma reação favorável. Histórias do passado só têm sucesso quando os atores, a narrativa e o cenário "ganham vida" na tela, de forma planejada para conquistar o interesse e a plena aceitação do público. Devem-se representar os acontecimentos como se eles estivessem acontecendo *agora*.

Um flashback pode representar um fato ocorrido *antes* de a história presente começar. Ou, então, retroceder no tempo para retratar *parte* de uma história mostrada anteriormente. Pode, ainda, repetir um acontecimento. Desse modo, o personagem conta uma história que aconteceu há anos ou explica um incidente na história presente que não tenha sido mostrado ao público. Vários personagens podem contar sua versão particular do que ocorreu.

Geralmente, usam-se flashbacks para explicar um aspecto da trama, mostrando o que de fato aconteceu numa história de mistério, ou o desenvolvimento de um processo mecânico. Além disso, eles podem contextualizar o enredo ao mostrar o que houve anos antes, levando à situação presente. Muitas vezes, uma história é contada em flashback do começo ao fim. Pode-se inclusive empregar um flashback dentro de outro flashback em que um personagem fala de outro personagem – que, por sua vez, também relata um incidente.

Não há limite para o modo de usar flashbacks num filme dramático – desde que a história sempre retorne ao presente e a edição seja cuidadosamente planejada, para não confundir o público. Isso é importante se vários personagens contam, cada um deles, uma parte da história, fora da ordem cronológica. Em filmes industriais, é possível usar flashbacks de maneira efetiva para comparar o velho e o novo. Pode-se, ainda, apresentar um projeto no início da história, contando depois, em flashback, como ele foi pesquisado, projetado e construído.

Os flashbacks têm essas *vantagens*. Eles permitem que vários personagens contem sua porção da história. Tornam possível que narradores regressem no tempo e apresentem material histórico ou de contexto. Por meio de flashbacks, podem-se apresentar diferentes aspectos fatuais ou fictícios de vários pontos de vista. A história pode representar um período anterior. A narrativa não é restrita ao presente, avançando ou recuando no tempo para descrever ou explicar fatos importantes para a história.

Os flashbacks, no entanto, têm algumas *desvantagens*. Eles tendem a romper a continuidade cronológica e confundir o espectador. Em geral, demandam mais atenção do público, especialmente quando se utilizam vários flashbacks. Num flashback longo, os espectadores podem ficar perdidos ou desorientados. A história recua no tempo em vez de avançar, o que impede que se construa a progressão convencional rumo a um clímax. Em certas ocasiões, o público sabe de antemão o desfecho da história, pois já viu o final. Isso pode ser resolvido iniciando-se a narrativa logo *antes do fim*, passando a um flashback para contar a história até o ponto em que o filme começou. Então, a história retorna ao presente, para seu desenlace.

Deve-se considerar com cuidado o uso de flashbacks e a opção por contar uma história inteira desse modo. *Não* os utilize a não ser que as vantagens proporcionadas à narrativa sejam superiores às desvantagens. No entanto, o uso de um flashback ocasional pode ser de extrema ajuda tanto em filmes de ficção como em documentários sempre que voltar no tempo fornecer-lhes um ingrediente que faltava, proporcionar material de contexto ou permitir que os acontecimentos sejam retratados de maneira original.

A *continuidade em tempo futuro* pode cair em duas categorias: fatos que ocorrem no futuro e flashforwards do presente para o futuro.

Os fatos que ocorrem no futuro podem ser previstos, planejados ou imaginados. Desse modo, uma história que se passe no futuro pode trazer uma previsão de ficção científica, uma projeção industrial, o epílogo de uma história atual ou fatos imaginados por um personagem na história presente. O espectador é transportado para o futuro, para que veja a história "como acontecerá ou poderá acontecer". O fato é apresentado com continuidade em tempo presente, como se estivesse acontecendo agora. É preciso manter os espectadores cientes do elemento temporal, para que eles não se confundam. A continuidade em tempo futuro pode ter navios espaciais a caminho da Lua, o crescimento estimado de uma empresa ou os acontecimentos de amanhã, imaginados por um personagem.

O flashforward é o oposto do flashback. Avança em direção ao futuro para descrever fatos que vão, poderão ou poderiam acontecer – e então retorna ao presente. Um cientista prevê como a poluição atual de rios e córregos afetará nosso fornecimento de água no futuro. Um soldado da força aérea

OS CINCO Cs DA CINEMATOGRAFIA

▸ Acontecimentos futuros – como um flashforward retratando a primeira aterrissagem na Lua – podem ser previstos. O público é transportado ao futuro, e vê o fato da forma como poderia acontecer.[13]

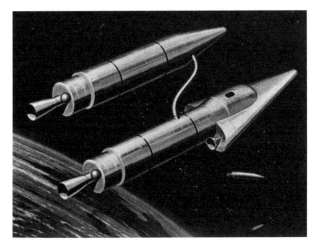

▸ Flashforwards – tais como esta representação de um reabastecimento no espaço – agregam dimensão futura aos documentários atuais sobre viagens espaciais.

descreve o que *poderá* acontecer numa futura guerra nuclear. Um cientista espacial explica como um satélite tripulado *poderia* chegar à Lua. A diferença entre um flashforward e uma história que acontece no futuro é que o primeiro é um salto para o futuro de caráter fragmentário – que retor-

---

13. Note-se que o livro foi escrito em 1965; antes, portanto, da primeira chegada do homem à Lua, ocorrida em 1969. [N. T.]

na ao presente –, ao passo que o segundo é uma história futurista propriamente dita.

O flashforward traz poucas das desvantagens do flashback. No entanto, se não for apresentado da maneira adequada, pode confundir o espectador. Ao lançar-se além da história presente, o flashforward pode agregar uma dimensão futura a um documentário. Essa técnica mostra o que poderia acontecer se a pesquisa, o desenvolvimento ou o projeto de um novo míssil, um cérebro eletrônico ou um aparelho de TV em cores seguisse um rumo diferente.

O flashforward pode ser filmado e editado numa continuidade ininterrupta, similar à continuidade em tempo presente. Também pode ser representado em fragmentos subjetivistas, como se fosse sonho ou imaginação.

A *continuidade em tempo condicional* não lida com o tempo real. É a representação do tempo condicionado por outros elementos, tais como a atitude mental do ator observando o fato; ou a memória, a imaginação ou os pensamentos de alguém que pode "ver" um acontecimento de maneira distorcida com os olhos da mente. Uma vez que o tempo condicional é irreal, não há limites para a maneira de representá-lo.

▸ O tempo condicional representa os acontecimentos como são percebidos pela atitude mental do ator, por meio de cujos olhos o público vê.

Isso não significa que o tempo condicional não precisa fazer sentido. O público deve compreender o que está acontecendo. A mudança para o tempo condicional deve ser determinada ou explicada com transições visuais e/ou efeitos sonoros adequados. Caso se utilizem cortes secos, é preciso fazer que os espectadores entendam por que o cenário subitamente mudou para uma cena que só existe na mente distorcida do personagem.

O tempo pode ser eliminado, fragmentado, comprimido, distorcido ou combinado de todas as formas possíveis, para que um ou mais acontecimentos possam ser apresentados de maneira contínua – impossível na vida real. Pode-se usar a continuidade em tempo condicional para expressar um pesadelo, delírio, embriaguez ou outro pensamento distorcido de um personagem. Ou, ainda, para retratar os fatos que um personagem esteja contemplando, recordando ou imaginando.

Pode-se usar o tempo condicional numa única cena, numa sequência ou em todo o filme. Essa técnica pode ser comparada com um fluxo de consciência, em que fatos reais e imaginários ou pensamentos claros e distorcidos, sem relação entre si – no presente, no passado ou no futuro –, são embaralhados numa continuidade caótica. É possível representar os acontecimentos numa câmera lenta angustiante, ou numa série de flashes, em que as imagens mudam em ritmo acelerado. Além disso, pode-se congelar uma imagem durante um longo intervalo.

O tempo condicional também pode ser usado para introduzir um flashback de alguém que está se afogando e vê sua vida inteira – representada numa continuidade progressiva que demanda várias bobinas – em alguns instantes. Se o tempo condicional for apresentado de maneira adequada, o público vai interpretar e aceitar a situação sob as condições retratadas.

Continuidade espacial

Contar a história conforme a ação se desloca de um lugar para outro demanda *continuidade espacial*. O documentário sobre uma expedição, um passeio de carro ou um filme turístico são exemplos típicos. Para que seja aceitável, deve-se mostrar um padrão lógico de deslocamento. Assim como na continuidade temporal, é possível avançar e recuar no espaço, acelerar ou desacelerar a viagem ou ser instantaneamente transportado para outro lugar – desde que o público compreenda a mudança abrupta na continuidade. Os espectadores precisam estar sempre cientes do *local* em que ocorre a ação, bem como da *direção* do movimento. Essa é a única forma pela qual o público saberá "*de onde vêm* e *para onde vão* os atores ou veículos".

Em filmes, o espaço raramente é representado como na vida real, a não ser quando se filma num único lugar; assim, pode-se condensá-lo ou expandi-lo com técnicas físicas, óticas e editoriais. É possível criar ilusões de espaço de diversas maneiras. O espaço pode ser aumentado ou diminuído usando transições óticas, como a simples omissão de áreas pouco importantes, a alteração de relações espaciais, uma edição engenhosa e um enredo criativo. Uma simples fusão pode cobrir centenas de quilômetros. Filmar somente as áreas de interesse especial, ou os diferentes tipos de terreno, dá ao público a impressão de estar vendo toda a viagem – embora apenas as partes mais importantes sejam mostradas. A escolha da distância focal da lente muda drasticamente a perspectiva, a distância entre os objetos ou a relação entre os atores e o segundo plano. Uma edição inteligente convence o público de que ele está vendo todo o percurso. A construção inventiva da história proporciona meios de deslocamento no espaço a fim de cobrir uma grande parte do território, enquanto o espectador não está

OS CINCO Cs DA CINEMATOGRAFIA

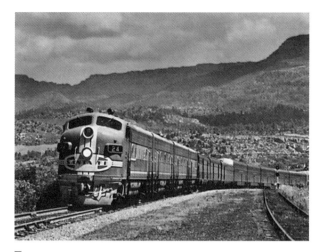

▼ A continuidade espacial é usada para contar uma história que se alterna de um lugar a outro. ◢

▼ Não é necessário mostrar o trajeto completo do personagem. Pode-se encurtar o espaço retratando apenas as partes mais importantes da viagem.

ciente de que longos trechos do trajeto foram, na verdade, omitidos.

Os espectadores foram condicionados a aceitar a remoção de viagens desnecessárias. Assim, um ator pode ser mostrado saindo de seu escritório no décimo andar e, imediatamente depois, passando pela porta da rua. Não há necessidade de mostrá-lo caminhando pelo corredor, tomando o elevador, saindo e atravessando o saguão etc. Também se pode *encompridar* o espaço subitamente, para que o público não perceba que parte do trajeto é repetida; por exemplo, sobrepondo vários planos de alguém descendo um lance curto de escadas para fazê-lo parecer mais longo na tela.

Continuidade temporal e espacial

Um filme que acontece num único lugar pode ser narrado apenas com continuidade *temporal*. Um filme em constante ação representando uma corrida, uma jornada ou uma perseguição pode ser narrado apenas com continuidade *espacial*. A maioria das histórias, no entanto, utiliza alternadamente as continuidades temporal *e* espacial. Um filme pode começar com continuidade espacial, transportando o público a um país estrangeiro, onde, então, se estabelece para contar a história em continuidade temporal. Até mesmo um filme sobre uma expedição pode parar nos vários locais e mudar para a continuidade temporal quando os exploradores acampam, estudam os hábitos nativos e realizam suas tarefas. Histórias marcadas por continuidade simples, progressiva e cronológica apresentam poucos problemas de filmagem. Um filme complexo, em que a história avança ou recua no tempo, deve ser planejado com cuidado a fim de não confundir os espectadores. O que é mais importante: o público jamais deve ficar em dúvida sobre *onde* o fato está acontecendo e *o que* está acontecendo. Somente as histórias de suspense são projetadas para confundir o público até que o mistério seja explicado no final.

JOSEPH V. MASCELLI

FILMANDO A AÇÃO

TIPOS DE AÇÃO

Existem dois tipos de ação: controlada e não controlada.

Ação controlada

A filmagem de qualquer acontecimento que o fotógrafo pode dirigir ou regular é conhecida como ação controlada. Nessa categoria, os melhores exemplos são os filmes de ficção. As sequências são planejadas, ensaiadas e encenadas diante da câmera. Cada cena é filmada de tantos ângulos e tantas vezes quanto necessário. Todos os elementos técnicos e estéticos envolvidos na filmagem estão sob o controle total do diretor e do fotógrafo.

Ação não controlada

Um acontecimento que não pode ser encenado para a câmera constitui uma *ação não controlada*. Um cinejornal de um desastre natural ou causado

▼ Algumas cenas em filmes de engenharia – como este teste estático de motor de foguete – não podem ser controladas. É preciso usar várias câmeras para garantir uma cobertura completa.

pelo homem, tal como um furacão ou um incêndio, é filmado enquanto acontece. Sem controle sobre o fato, o fotógrafo é meramente um observador com uma câmera de filmagem. Na pior das hipóteses, a filmagem não controlada é um único episódio. Na melhor, é a filmagem de fatos previamente anunciados, como passeatas, concursos de beleza e concertos ao vivo. O fotógrafo sabe o que acontecerá, mas tem pouco ou nenhum controle sobre a ação ou atuação.

Em filmes de não ficção, muitos planos e sequências não podem ser controlados, sendo melhor tratá-los com técnicas de cinejornal. Experimentos de engenharia, problemas *in loco*, exibições de voo, lançamentos de mísseis, manobras militares, desfiles históricos e ocorrências similares devem ser filmados enquanto acontecem. Ao filmar uma ação não controlada, o fotógrafo tem de adaptar seus esforços às condições impostas, para fazer a melhor cobertura possível. Para obter resultados excelentes, devem-se seguir, tanto quanto possível, procedimentos-padrão de filmagem. Em situações de filmagem absolutamente incontroláveis, o fotógrafo pode ser capaz de esco-

▼ Embora desfiles não possam ser controlados pelo fotógrafo, os ângulos de câmera devem ser cuidadosamente planejados de antemão. Todos os planos devem ser filmados do mesmo lado do eixo de ação, para que a marcha se mova numa direção constante.

lher não muito mais do que o ângulo da câmera e a distância focal da lente. A escolha também pode ser limitada por restrições de espaço e iluminação, além de perigos físicos.

TÉCNICAS DE FILMAGEM

TÉCNICA DA CENA MÁSTER

Uma cena máster é a *tomada contínua* de um *fato inteiro* que ocorre num único lugar. É um filme cronológico – silencioso ou sonoro – de toda a ação, do início ao fim.

Se filmada com uma *única câmera*, partes da ação são posteriormente *repetidas* para que se obtenham planos mais fechados, os quais serão intercalados na montagem.

Se realizada com *várias câmeras*, os planos mais fechados para a montagem intercalada são filmados *simultaneamente*.

Como usar a técnica da cena máster
Filmes de ficção: geralmente feitos com uma única câmera, uma vez que a ação é encenada e pode ser repetida quantas vezes forem necessárias para que se possam filmar planos médios, two-shots, planos sobre o ombro e closes individuais essenciais à montagem intercalada. Planos mais fechados são configurados e iluminados para retratar melhor os atores de determinado ângulo. A ação e o diálogo são sobrepostos para cada plano.

Filmes televisivos: os filmes de ficção para TV são geralmente filmados da mesma forma que os para cinema. Comédias de costumes e materiais similares encenados frontalmente – em que os atores atuam para o público como se estivessem no palco – são filmados com várias câmeras, para captar todos os ângulos ao mesmo tempo.

Filmes de não ficção: ações controladas, como cenas atuadas, podem ser filmadas à maneira dos

Longas-metragens dramáticos de ficção são geralmente filmados com uma câmera, a qual grava a cena máster da sequência total e, posteriormente, planos mais fechados – planos médios e closes cut-in individuais dos atores.

Filmes de não ficção – como este informe das atividades de inspeção do foguete Titan IIIC, fotografado por profissionais da RCA – podem ser feitos com uma única câmera se a equipe de filmagem tiver o controle da ação.

filmes de ficção, com o uso de uma única câmera e repetindo-se a ação para planos mais fechados. Ações não controladas, como testes de campo, podem ser filmadas com várias câmeras, para captar todos os ângulos simultaneamente.

▰ Filmes de não ficção que o fotógrafo não consegue controlar – tais como o lançamento de um míssil ou o voo de um protótipo de avião – devem utilizar várias câmeras, a fim de que se obtenham os diversos planos necessários à sequência.

▰ Em mesas-redondas, jogos de perguntas e respostas, programas de debate ou outras sequências sonoras similares devem ser utilizadas várias câmeras para filmar simultaneamente a cena total e closes dos indivíduos conforme eles falam.

Uma câmera versus *várias câmeras:* a escolha depende não só da natureza do material, como também das *pessoas* que estão sendo filmadas. Planos mais fechados demandam que a ação realizada e o diálogo falado na cena máster sejam repetidos com precisão. Atores profissionais são capazes de repetir a atuação quantas vezes forem necessárias para os vários planos requeridos. Atores amadores, funcionários de empresas ou pessoas que estejam atuando num documentário podem não ser capazes de repetir a ação ou o discurso. Portanto, é melhor usar várias câmeras sempre que a associação posterior das cenas na montagem intercalada puder ser um problema. Ao filmar acontecimentos únicos que não podem ser repetidos – o lançamento de um míssil, o teste de um motor de foguete estático ou um discurso improvisado –, o uso de várias câmeras é indiscutível, para garantir que todos os ângulos sejam cobertos. Num documentário com atores amadores, pode ser melhor filmar as sequências com várias câmeras, a fim de garantir uma edição precisa.

Em toda ação encenada que possa ser repetida com precisão para planos mais fechados deve-se usar uma única câmera. Use várias câmeras ao filmar notícias, programas de perguntas e respostas, debates, mesas-redondas, entrevistas, testes de engenharia ou sempre que as pessoas não sejam capazes de repetir de maneira exata a atuação. Diretores de longas-metragens de ficção normalmente usam mais de uma câmera para filmar sequências de ação complicadas, cenas com forte teor emocional ou cenas de ação que podem ser difíceis de repetir.

Vantagens da filmagem de cenas máster

A cena máster e os planos mais fechados intercalados fornecem ao editor do filme toda a ação e o diálogo de uma sequência em duplicidade – num plano geral e nos vários tipos de planos fechados filmados de diferentes ângulos. Assim, o editor tem mais opções ao editar as sequências, uma vez que ele pode "abrir" o filme e retornar ao plano geral sempre que desejar situar novamente o cenário ou os atores, ou deslocar os atores para novas posições. Ele pode, ainda, cortar para um plano mais fechado ou para outro ângulo quando desejar enfatizar a ação ou o discurso de um ator em particular ou a reação de outro ator. Pode também cortar durante a ação para apresentar os atores em planos mais fechados ou mais abertos. Uma vez que a ação é filmada em duplicidade de vários ângulos, isso facilita as decisões de edição. Se, por algum motivo, a sequência for insatisfatória, ela poderá ser reeditada de maneira totalmente distinta.

Se necessário, o editor pode até "melhorar" o desempenho de um ator inserindo um plano que mostre a reação de um ator oposto; ou pode passar a outro plano, caso parte do desempenho de determinado ator seja insatisfatória. Também é possível mudar a ênfase dramática para um ator diferente daquele indicado no roteiro. O editor encontra poucos problemas ao combinar a ação e o diálogo quando estes são desempenhados por atores profissionais, ou quando são usadas várias câmeras para filmar ações não controladas.

As equipes de produção de filmes de ficção preferem a técnica da cena máster porque ela garante a cobertura completa sem atrasos custosos no set de filmagem, os quais se fazem necessários enquanto são tomadas as decisões editoriais. Planos mais fechados da ação são facilmente repetidos. A cobertura com uma única câmera permite a filmagem de toda a ação num plano geral e de cada plano cut-in[14] com atenção *individual*. Filmar a mesma ação de dois ou mais ângulos diferentes possibilita uma nova iluminação para cada configuração de câmera, o que resulta em melhores resultados fotográficos.

Atores profissionais em geral preferem a técnica da cena máster com uma única câmera, pois ela permite que realizem uma encenação completa, sem interrupção. Particularmente em materiais de grande teor dramático, é difícil obter um desempenho satisfatório continuado durante uma filmagem com interrupções. Com a técnica da cena máster, mesmo repetindo-se depois a cena em partes menores para planos mais fechados, os atores têm a oportunidade de representar a cena completa. É muito mais fácil filmar uma atuação dessa maneira, já que os atores podem repetir partes da cena máster quando se obtém um plano geral satisfatório.

Se o fotógrafo ou o diretor fizerem uma alteração *depois de* a cena máster ter sido filmada, a repetição precisa da ação e/ou do diálogo em planos mais fechados nem sempre é necessária. Se o ator entrar ou sair da posição, e ambas as extremidades do plano mais fechado se encaixarem ao serem

▼ Cineastas de ficção usam várias câmeras para filmar cenas de ação complicadas – como esta queda simultânea de seis cavalos e cavaleiros – para que não seja necessário repetir o feito a fim de obter material extra. ◢

14. Plano de inserção entre outros planos. [N. R. T.]

▼ Atores profissionais preferem a técnica da cena máster porque ela lhes permite realizar a atuação completa, sem interrupção. Mais tarde, filmam-se closes cut-in (abaixo), repetindo as partes necessárias. A ação e o diálogo devem ser encaixados de maneira precisa na passagem da cena máster para os planos mais fechados.

▼ Devem-se usar várias câmeras para filmar planos gerais e médios, ou closes, de ações não controladas – tais como o voo-piloto de um protótipo de avião. Todas as câmeras precisam ser posicionadas do mesmo lado do eixo de ação.

montadas na cena máster, o centro do plano individual pode ser alterado. Isso é possível porque ou a cena máster *ou* o plano cut-in é usado – e não *os dois*. A ação e o diálogo devem ser sobrepostos *somente* onde as cenas são intercaladas. É importante que os movimentos do ator ao sair da cena máster e retornar a ela se encaixem na montagem. Isso permite mudar de ideia ao filmar planos mais fechados. Os editores devem ser informados de qualquer mudança no roteiro.

A cobertura em cena máster com várias câmeras garante a perfeita correspondência entre ação e diálogo, sem depender da capacidade dos atores de repetir as cenas com exatidão. Ações não controladas podem ser cobertas de todos os ângulos simultaneamente. A iluminação deve ser ajustada num meio-termo, e é mais vantajoso que as câmeras sejam posicionadas para filmar mais ou menos do mesmo ângulo com lentes de diferentes distâncias focais. Atores amadores ou funcionários de empresas não precisam se preocupar em repetir o desempenho, porque cada ângulo é filmado numa única encenação. Vendedores, palestrantes, executivos, engenheiros, todos podem ser filmados em menos tempo e com menos esforço. Além disso, obtém-se cobertura suficiente para fins editoriais.

Desvantagens da filmagem de cenas máster
As várias desvantagens de se filmar cenas máster com uma única câmera são totalmente superadas por seus benefícios editoriais.

Fazer filmes de ficção com uma única câmera demanda que os atores memorizem sequências inteiras e sejam capazes de dizer suas falas e movimentar-se, posicionando-se em suas marcas com precisão – e repetindo a atuação várias vezes para a filmagem de planos mais fechados. Sequências longas ou complexas devem ser desempenhadas apenas por atores profissionais, capazes de sustentar atuações exatas. Os movimentos dos atores e/ou de câmera devem ser planejados e seguidos com precisão. É necessário determinar cuidadosamente os planos mais fechados. Uma vez que as posições dos atores tenham sido captadas na cena máster, elas devem ser duplicadas em planos médios e closes. Os olhares devem ser corretos, e objetos de cena, tais como cigarros, chapéus e papéis, devem ser segurados ou posicionados da mesma forma em planos mais fechados. Conforme foi explicado anteriormente, certos truques são permitidos, mas em geral é melhor aderir à cena máster o máximo possível.

A técnica da cena máster com uma única câmera não se presta prontamente à improvisação no decorrer da filmagem, sob o risco de que as cenas mais fechadas não possam ser intercaladas com o plano geral. Mudanças radicais em posições, olhares e movimentos resultarão em cortes bruscos desconcertantes. Uma vez que cenas máster impecáveis demandam mais ensaios, suas tomadas precisam ser repetidas mais vezes do que as de cenas mais curtas e menos complicadas. No entanto, um erro pode ser desconsiderado se o editor usar um plano mais fechado para aquela parte da ação.

Em cenas máster, a proporção entre película exposta e película usada nos filmes acabados é maior do que quando se filma uma série de planos consecutivos individuais. Por exemplo, numa cena que dura vários minutos, o editor do filme pode usar apenas a abertura, restabelecer uma vez durante a sequência e retornar à cena máster para o encerramento.

Quando for possível determinar previamente as peculiaridades editoriais de uma filmagem, não há necessidade de realizar uma cena máster completa em cada sequência. Devem se filmar as partes essenciais e passar o restante da sequência prestando especial atenção a posições e movimentos ao entrar e sair de planos mais fechados. Se houver a certeza de que o centro de uma ação mais fechada não será utilizado, não é preciso filmar essas partes em planos gerais. Assim, é possível economizar muito tempo de filmagem, matéria-prima e processamento. Embora todos esses

▸ As posições, os movimentos e os olhares dos atores devem ser cuidadosamente planejados na cena máster, para que correspondam aos dos planos cut-in mais próximos, filmados depois. Os atores têm de entrar e sair de planos mais fechados.

▸ Quando existe a certeza de que a maior parte da cena será coberta com planos mais fechados no filme acabado, não há necessidade de filmar a cena máster do início ao fim. Uma sequência que mostra uma porta ou portão requer apenas a filmagem da entrada e da saída.

custos possam ser insignificantes em filmes de ficção, é importante considerá-los quando se filmam documentários com orçamento limitado.

A filmagem de ações encenadas com várias câmeras – como programas de televisão – requer muito planejamento e ensaio, para que tanto os atores quanto as equipes de filmagem acertem suas marcas em cada posição. É preciso planejar as configurações de câmera, a iluminação e os movimentos dos atores para permitir que várias câmeras gravem todos os planos necessários do começo ao fim. Câmeras que filmam planos cut-in devem usar lentes com grande distância focal a fim de permanecer fora do campo de visão da câmera com grande-angular usada no plano geral. Algumas câmeras têm de deslizar ou ser levadas a outras posições *durante* a filmagem. É preciso trocar as lentes, manter os cabos organizados, variar a iluminação e movimentar a câmera – *sem ruído*.

A iluminação deve ser ajustada para atender aos muitos ângulos de câmera e às várias posições dos atores. Uma ação totalmente iluminada pode ser mais bem filmada dessa maneira. Raramente é possível usar iluminação dramática com menos contraste, uma vez que ela precisaria ser adaptada para cada plano. A filmagem com várias câmeras é ideal para comédias, debates, jogos de perguntas e respostas ou programas similares. Em interiores iluminados de maneira artificial, as desvantagens de usar várias câmeras diminuem quando é possível operá-las aproximadamente do mesmo ângulo, com lentes de diferentes distâncias focais.

Ao filmar ações não controladas em locações externas – como testes de campo ou demonstrações de equipamentos –, além dos custos adicionais de filmagem e processamento, há poucas desvantagens em usar a técnica da cena máster com várias câmeras. Em geral, essa é a única forma de cobrir adequadamente tais acontecimentos, para proporcionar ao editor todos os planos necessários para a montagem de uma sequência satisfatória.

TÉCNICA DA AÇÃO JUSTAPOSTA

O método mais simples de obter continuidade plano a plano, particularmente quando se filma sem roteiro, é *sobrepor* a ação no *início* e no *fim* de cada plano. Nessa técnica de filmagem – comumente chamada *corte na câmera* –, o fotógrafo pensa em

▸ A técnica da ação justaposta exige que a ação que está ocorrendo no final do primeiro plano – como o ato de pegar uma ferramenta de corte – seja repetida no início do plano seguinte.

OS CINCO Cs DA CINEMATOGRAFIA

três planos consecutivos, independentemente do número de cenas que estão sendo gravadas.

A técnica da ação justaposta é muito simples. A ação no *fim* do *primeiro plano* é repetida no *início* do *segundo plano*, e a ação no *fim* do *segundo plano* é repetida no *início* do *terceiro plano*. O fotógrafo precisa se referir apenas ao final do plano anterior e repetir uma pequena parte daquela ação, a fim de que corresponda ao início do plano que está sendo filmado. Então, anota-se o final do plano atual, para que sua última ação seja levada ao início do plano seguinte.

▼ A ação continua num plano médio, com a ferramenta sendo trazida para dentro do quadro. A cena progride até que o maquinista começa a posicionar a extremidade cortante da ferramenta. A ação no final do plano médio é repetida no início do close. ◢

Esse processo de encadeamento produz uma série de imagens entrelaçadas, planejadas para comunicar a impressão de uma ação ininterrupta quando editadas. A sobreposição de ações garante a perfeita continuidade, porque as cenas podem ser encaixadas. A técnica da ação justaposta automaticamente preserva a continuidade cinematográfica, uma vez que força o fotógrafo a estar sempre atento à ação no *início* e no *fim* de *cada plano*, e elimina a possibilidade de cortes bruscos causados por ações faltando ou desencontradas *entre* um plano e outro.

Embora a porção central da cena seja muito importante para os propósitos da narrativa, são o início e o fim de cada plano os causadores da maioria dos problemas de edição. Portanto, *não* é o centro da ação *durante* o plano que deve ser cuidadosamente observado, mas os movimentos no *início* e no *fim* de cada um, os quais devem corresponder às cenas anterior e posterior.

Os filmes são apresentados em sequências, não em planos. Embora os planos individuais tenham valor próprio, cada um deles deve ser considerado parte de uma sequência, servindo apenas para levar a história adiante. Uma série de planos deve ser alinhavada numa sequência coerente, sem saltos ou interrupções que causariam distração. O público mal deve se dar conta das mudanças no ângulo da câmera ou no tamanho da imagem. As sequências devem aparecer como um *fluxo contínuo* de movimento, do início ao fim – como na vida real. Embora o tempo e o espaço sejam manipulados durante a filmagem, isso não deve ficar aparente para o público.

Como usar a técnica da ação justaposta

A técnica da ação justaposta pode ser usada *apenas* com *ações controláveis*, que o fotógrafo pode *iniciar* e *parar* quando quiser. Embora geralmente demande uma única câmera, em algumas ocasiões podem-se usar várias delas para filmar ações complexas, demoradas ou de ângulos adicionais; ou, ainda, cenas impossíveis de repetir. Tanto filmes de ficção quanto de não ficção podem ser realizados dessa maneira com a garantia de que todos os planos se encaixarão.

A técnica da ação justaposta demanda que se *pense em três planos* por vez. Conforme a filmagem progride, o fotógrafo pensa no *último* plano antes de filmar o plano *atual*, e pensa também no plano *seguinte*.

Primeiro, é preciso se familiarizar com a sequência, fazendo que os atores passem por toda a ação, do início ao fim, sem de fato desempenhar a tarefa envolvida. Se um mecânico montar o motor de um avião a jato, deve explicar o trabalho passo a passo para familiarizar o fotógrafo com a operação. A análise cuidadosa do trabalho e dos movimentos do mecânico sugerirá os *tipos* de planos necessários para as várias etapas; os *ângulos de câmera* capazes de retratar da melhor maneira cada parte da ação; e *onde cortar* a câmera e sobrepor a ação.

Normalmente, é melhor começar e terminar a sequência com um plano geral. Também é recomendável restabelecer o plano geral sempre que houver necessidade de situar o público outra vez, devido a uma mudança na posição do mecânico em relação ao motor, à introdução de novas ferramentas ou a outras razões narrativas. Se a câmera permanece num plano fechado, o público logo "se perde" e esquece onde o trabalho está sendo realizado. A câmera deve começar afastada para um plano de conjunto, de um ângulo superior. Em seguida, deve ser aproximada, abaixada e movida para o lado, para filmar planos médios e closes.

Utilizando planos gerais para estabelecer e restabelecer a cena, planos médios para mostrar o centro da ação e closes para enfatizar as partes importantes, consegue-se uma boa continuidade. Planos mais fechados se mostrarão necessários sempre que a ação se concentrar numa área menor. Aproximar a câmera satisfaz a curiosidade do público por uma perspectiva mais intimista.

É natural ver a cena de longe primeiro e depois se aproximar do objeto conforme aumenta o inte-

▼ Planos gerais devem ser usados para determinar a geografia do cenário. Recomenda-se voltar ao plano geral sempre que houver necessidade de situar novamente o público devido a grandes mudanças na posição dos atores.

▼ O movimento no final do plano anterior deve ser repetido no início do plano seguinte. É preciso que haja uma correspondência precisa entre eles para que o editor do filme possa cortar durante a ação.

resse. Isso é válido tanto para *pessoas*, como para *lugares* ou *objetos*. *Atores* são mostrados inicialmente em planos gerais, em relação com o cenário; depois, em planos mais fechados e, por fim, em closes, conforme interagem uns com os outros, dialogam ou executam uma ação. *Cidades* são vistas, a princípio, a distância, e então exploradas em cada rua e em cada edifício. *Objetos* são vistos primeiro em relação com seus arredores, ou como partes de um grupo maior, e então, talvez, de maneira individual.

Obviamente, é melhor cortar *depois* de concluído um movimento – tal como abrir a porta, sentar-se na cadeira, pegar uma ferramenta, assumir uma nova posição etc. O movimento completo é, então, *repetido* no *início* do plano seguinte, de um novo ângulo de câmera. Desse modo, o editor do filme tem uma opção ao combinar os planos, uma vez que ele pode cortar *antes* ou *depois* do movimento, ou cortar *durante a ação*. Certos movimentos não devem ser interrompidos pelo corte, porque isso poderia perturbar o fluxo natural da ação. No entanto, um corte entre planos pode ser realizado durante o movimento para um efeito visual mais suave. O movimento torna o corte menos evidente, uma vez que o espectador está assistindo à ação e não prestará tanta atenção a uma mudança no tamanho da imagem e/ou no ângulo da câmera.

O fotógrafo deve sobrepor todos os movimentos, em vez de tentar decidir sobre a edição durante a filmagem. Tais decisões são mais acertadas se tomadas mais tarde, na ilha de edição, onde podem-se estudar várias possibilidades para a obtenção de efeitos visuais melhores. O fotógrafo deve sobrepor movimentos completos no *fim* e no *início* de planos *consecutivos*.

Se, por exemplo, um indivíduo senta-se no *fim* de um plano médio, ele deve sentar-se novamente no *início* do plano seguinte, mesmo que se trate de um close estático; se um trabalhador pega uma

▼ Deve-se sobrepor a ação – de um plano ao seguinte – precisamente da mesma forma, para garantir um corte contínuo.

ferramenta num plano geral, deve pegá-la novamente no plano médio seguinte.

O fotógrafo deve ter certeza de que a ação é executada exatamente da *mesma* forma a cada vez: sentar-se de maneira igual, pegar com a mesma mão, virar-se da mesma forma, olhar na mesma direção. Se as partes sobrepostas da ação não forem repetidas com precisão, elas não servem de nada. O editor não pode fazer a junção de uma ação *desencontrada*. Atores profissionais entendem perfeitamente esse problema, e podem ser incumbidos de repetir suas ações de maneira exata a cada vez. Atores amadores, funcionários de fábricas, técnicos de laboratório ou engenheiros – e outros recrutados para atuar num documentário – devem ser instruídos a repetir suas ações exatamente da mesma forma, e supervisionados de perto para ter certeza de que o estão fazendo.

Quando não há movimentos perceptíveis entre as pessoas envolvidas no plano, ou quando um indivíduo está realizando uma tarefa solitária, é melhor "congelá-lo" na posição de tempos em tempos e deslocar a câmera para um ângulo previamente determinado antes de continuar a filmagem. Tal congelamento/descongelamento deve ser realizado com destreza, uma vez que interrompe o fluxo de ação natural, podendo parecer entrecortado após a edição. Isso será resolvido se o fotógrafo e os atores passarem toda a ação, para que sejam determinados de antemão os inícios e interrupções de câmera e planejados os ângulos de câmera para as várias partes da sequência. *Não se devem fazer interrupções de câmera de maneira impulsiva, nem decidir os deslocamentos de câmera depois* de a cena ter começado, ou o resultado será uma confusão. Os atores podem ter de manter posições congeladas durante um período extremamente longo enquanto aguardam decisões sobre o movimento seguinte.

A técnica da ação justaposta requer a máxima concentração do fotógrafo, se estiver filmando sozinho, ou do diretor designado para a tarefa. O fotógrafo, ou diretor, deve tentar desenvolver um processo de reflexão na forma de "fluxo de consciência", que, *antes* de filmar, projeta em sua "tela mental" a sequência acabada em planos individuais. Somente assim será possível visualizar a sequência completa e planejar adequadamente as posições dos atores e de câmera.

Embora a técnica da ação justaposta seja basicamente um método de filmagem com uma única câmera, há ocasiões em que se pode usar com sucesso uma segunda câmera para filmar um ângulo adicional ou um close. É possível utilizar duas – ou mais – câmeras para filmar determinada *parte* de uma sequência, a fim de captar todos os planos necessários simultaneamente. A montagem de uma peça complicada de um equipamento pode demandar uma operação complexa e demorada; uma demonstração detalhada pode ter de prosseguir sem interrupção; um motor de foguete pode ser acionado uma única vez. Em tais condições, só se obtém cobertura adicional usando mais uma ou duas câmeras para filmar planos extra.

Vantagens da técnica da ação justaposta

A técnica da ação justaposta permite maior liberdade durante a filmagem, porque a ação pode ser dividida em partes menores e improvisada se necessário, conforme avança a filmagem. Somente os inícios e finais de cada plano precisam se encaixar; assim, evita-se a duplicação da sequência inteira. O desperdício de filme é reduzido ao mínimo, e se obtém uma maior proporção entre película exposta e película utilizada. A filmagem improvisada de assuntos difíceis ou demorados é realizada com mais facilidade, pois o fotógrafo só precisa se preocupar com três planos por vez. Se todas as ações forem combinadas e todos os planos forem sobrepostos adequadamente, os problemas de edição serão minimizados.

Se o ator comete um erro, o fotógrafo para de filmar, muda de ângulo e sobrepõe a ação que estava transcorrendo *logo antes* de o erro ter acontecido. Não há necessidade de repetir a tomada para todo o plano, pois é possível usar o material até o ponto em que ocorreu o erro, descartando-se apenas a ação falha. Somente as partes da ação *encenadas equivocadamente* precisam ser cobertas por uma nova tomada.

A técnica da ação justaposta torna possível filmar a sequência em continuidade conforme a ação progride. Operações industriais, testes militares, filmes de treinamento prático de montagem, relatórios de progresso e documentários similares apresentarão poucos problemas se filmados dessa maneira. Uma máquina complexa *não* precisa ser montada, desmontada e montada novamente para a filmagem dos closes. Um teste, demonstração ou experimento químico, eletrônico ou mecânico não precisa ser repetido em sua totalidade para planos gerais e planos correspondentes mais fechados: pode ser filmado sob o controle do fotógrafo, em ordem cronológica, conforme é realizado, desde que o trabalho possa ser interrompido a qualquer momento e o técnico o execute de acor-

OS CINCO Cs DA CINEMATOGRAFIA

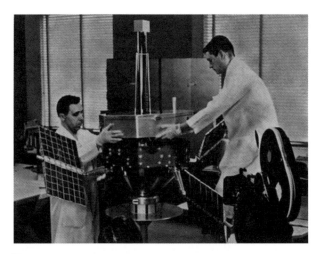

A montagem de uma unidade complexa — como um satélite espacial Explorer XII — pode ser filmada com a técnica da ação justaposta.

do com as instruções, sobrepondo suas ações para vários planos e ângulos.

Por meio da técnica da ação justaposta, o fotógrafo tem a chance de aproximar a câmera e movê-la para um novo ângulo a fim de filmar as sequências necessárias da maneira menos inconveniente para as pessoas sendo filmadas. A filmagem em continuidade preserva o fluxo natural e o ritmo de um acontecimento, sendo normalmente mais simples para pessoas que não estão familiarizadas com os procedimentos de produção de filmes profissionais.

Desvantagens da técnica da ação justaposta

Embora a técnica da ação justaposta permita filmar planos perfeitamente encaixados, pode sair do controle numa filmagem improvisada. Isso resulta numa confusão de ângulos de câmera estranhos, planos de tamanhos variados, cortes desencontrados, planos médios e closes mal escolhidos e outros procedimentos insatisfatórios baseados em decisões tomadas no calor do momento. Cortar na câmera e sustentar mentalmente a ação e o tratamento de câmera demandam concentração e planejamento.

A filmagem impulsiva pode criar armadilhas. Se a sequência não for bem planejada e a câmera for sempre deslocada com o único intuito de mudar de ângulo, o plano terminará sempre que um erro ocorrer, e a duração de cada plano dependerá do tempo que os atores serão capazes de encenar antes de cometer um erro.

Se o fotógrafo se concentrar em sobrepor os movimentos de uma cena a outra, a ação mais importante da cena pode não receber tanta atenção quanto deveria. O resultado é um material com continuidade perfeita e um personagem sem vida.

É mais fácil lidar com mudanças constantes nos ângulos de câmera e no tamanho da imagem quando se filma ao ar livre, onde os problemas de iluminação natural são mínimos. Entretanto, pode ser muito difícil manter a continuidade da iluminação em interiores, especialmente em documentários filmados em locações, pois pode ser necessário mudar a iluminação para cada plano. Sempre que a câmera se movimenta para trás ou para a frente a fim de filmar planos gerais e planos mais fechados da mesma área, é preciso ajustar a iluminação.

Se houver suficientes pontos de luz disponíveis, não se deve alterar a iluminação do plano geral. Planos mais fechados devem ser iluminados com outros pontos de luz, para que seja possível restabelecer o plano com a iluminação original sempre que necessário. Caso seja preciso mover os pontos de luz, sua posição anterior deve ser marcada no solo com giz ou fita-crepe, para que eles possam ser dispostos novamente para a iluminação do plano geral.

O fotógrafo ou diretor que filma ações improvisadas sem um roteiro, deve dominar as técnicas de filmagem e de edição. Ele tem de entender completamente a arte de manipular, tanto do ponto de vista da filmagem quanto da edição, para que saiba, de maneira intuitiva, até onde pode chegar ao mudar ações, ângulos, posições de atores, objetos e outros elementos cinematográficos. Ele deve filmar cenas que se encaixem quando editadas.

Técnica da cena máster *versus* ação justaposta
Deve-se usar a *técnica da cena máster com uma única câmera* quando: uma sequência é filmada com base num roteiro; são utilizados atores profissionais; todos os elementos de produção estão completamente sob controle; há tempo e película suficientes; o diretor deseja uma gama mais ampla de opções ao editar a sequência; e toda a ação deve ser filmada em plano geral.

À primeira vista, as desvantagens de filmar cenas máster podem parecer superar as vantagens, mas quando executada corretamente, com cobertura completa em planos mais fechados correspondentes, ela fornece ao editor do filme a maior variedade possível ao montar as sequências. O método da cena máster é verdadeiramente profissional e deve ser usado sempre que a filmagem for feita com base em roteiros detalhados.

Deve-se usar a *técnica da cena máster com várias câmeras* quando: o fotógrafo *não* tem controle sobre a ação; o acontecimento não pode ser interrompido; é desejável encenar uma sequência em sua totalidade apenas uma vez; são filmados atores amadores ou trabalhadores incapazes de repetir suas ações; um plano geral e planos mais fechados devem ser filmados simultaneamente.

Deve-se usar a *técnica da ação justaposta com uma única câmera* quando: é vantajoso filmar um fato com interrupções; pessoas inexperientes desempenham uma série de ações que são mais bem filmadas individualmente; é importante considerar os custos do filme; filma-se sem roteiro, de maneira improvisada; o fotógrafo pode *controlar* o acontecimento, começar, parar e repetir qualquer parte conforme desejar; é difícil iluminar, encenar ou filmar o acontecimento inteiro num plano geral; e o fotógrafo e/ou diretor tem capacidade editorial suficiente para editar o filme na própria câmera.

A técnica da ação justaposta também pode usar várias câmeras para qualquer *parte* da ação; assim, esta poderá ser encenada em sua totalidade num plano geral – tal como o início e o fim de uma sequência –, e a ação entre elas será mais bem filmada de maneira sobreposta. Isso significa filmar

▼ Cenas máster filmadas corretamente, com a perfeita correspondência entre planos médios e closes, proporcionam ao editor do filme mais possibilidades ao montar a sequência.

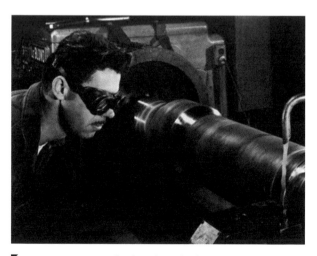

▼ Deve-se usar a técnica da ação justaposta ao filmar operações industriais, que precisam ser iniciadas, interrompidas e repetidas – a fim de sobrepor a ação de um plano a outro.

cenas máster parciais, ou certas partes da ação do plano geral com uma única câmera. O restante deve ser filmado com base na técnica da ação justaposta. Isso economizará uma quantidade considerável de película.

Uma cena máster também pode continuar até que os atores esqueçam suas falas ou percam uma deixa. Então, muda-se para a filmagem sobreposta com base na técnica da ação justaposta – possivelmente retornando à cena máster para restabelecer o cenário ou para uma saída ao final da sequência. Existem muitas combinações possíveis para atender às condições impostas. Quando em dúvida, pode-se tentar uma cena máster, com a garantia de que é possível passar à técnica da ação justaposta se necessário. O fotógrafo não precisa se sentir preso a um método ou a outro durante toda a filmagem. O contexto deve ser analisado em sua totalidade. Todos os fatores envolvidos – pessoas, tipos de ação, duração e complexidade do fato, iluminação, peculiaridades editoriais, tempo disponível, orçamento etc. – precisam ser considerados. O tamanho da equipe de filmagem e a disponibilidade de equipamentos de câmera também são importantes se várias câmeras forem necessárias.

Uma vez que o fotógrafo que usa a técnica da ação justaposta já cortou a sequência na câmera, ao editor do filme não resta quase nenhuma escolha. Este pode usar um plano ou descartá-lo, ou pode utilizar uma fusão para cobrir um corte brusco causado pela eliminação de material não desejado. Outras opções são o uso de planos de cobertura que o fotógrafo possa ter considerado adequado filmar.

A técnica da cena máster oferece ao editor inúmeras opções para cortar a sequência de diversas maneiras, pois cada parte da ação é coberta tanto num plano geral quanto em planos médios, closes e planos adicionais de ângulos diferentes. Em qualquer dos casos, o fotógrafo deve fornecer ao editor do filme um grande número de closes cut--in e cut-away[15], suficientes para ajudá-lo a encurtar a sequência ou cobrir falhas de continuidade.

Na análise final, a técnica da ação justaposta fornece mais flexibilidade durante a filmagem, mas a da cena máster proporciona maior liberdade de edição.

CONTINUIDADE DIRECIONAL: A IMPORTÂNCIA DE DETERMINAR A DIREÇÃO

A *direção* em que uma pessoa ou veículo se *move*, ou a direção em que uma pessoa *olha*, podem causar os problemas mais desconcertantes na continuidade de um filme. Se fosse possível fotografar uma produção completa num único plano, não haveria problemas de continuidade direcional.

Um filme é composto de muitos planos, filmados de ângulos de câmera diferentes e agrupados numa sequência – uma série de planos –, que se torna um capítulo na história. Várias sequências, por sua vez, são combinadas para formar a narrativa completa. Se um movimento ou olhar em determinada direção for alterado inexplicavelmente em planos consecutivos, a continuidade do filme será interrompida, fazendo que o público se distraia ou até mesmo se confunda.

Uma mudança não explicada na direção da imagem pode resultar num grave desencontro, em que os atores subitamente olham *para o outro lado*, em vez de olhar um *em direção* ao outro; e os veículos *invertem* o movimento na tela de maneira brusca e parecem estar indo para a *direção oposta*.

Normalmente, até mesmo diretores veteranos que trabalham com um roteiro detalhado confiam a direção da imagem ao diretor de fotografia, para garantir que atores e veículos olhem e se movimen-

---

15. Termo de edição que descreve quando se corta de um plano para outro para retornar ao primeiro plano num ponto posterior da ação. [N. R. T.]

tem na direção correta. Um fotógrafo que precisa filmar sem roteiro prévio pode ter sérios problemas de continuidade direcional se não ficar atento a essa questão de grande importância. Se for compreendida em sua totalidade e receber a devida atenção, a continuidade direcional pode ser facilmente controlada. Não há melhor forma de um fotógrafo ganhar o respeito de um editor de filmes do que entregar um material que poderá ser "encaixado" sem necessidade de inversões óticas ou outros truques de edição – usados para recuperar materiais filmados de maneira negligente.

Um filme vive no próprio mundo. Há apenas um ponto de vista: o da *lente da câmera*. O importante é como a *câmera* vê o objeto – e *não* como ele aparenta na realidade. Em certos casos, é necessário filmar o objeto viajando na *direção errada* para que ele apareça em cena corretamente. A ação é julgada somente por sua aparência na tela; pela forma como *deve* aparecer – e não pela forma como de fato aparece enquanto está sendo filmada.

DIREÇÃO DA IMAGEM

Há dois tipos de direção da imagem: dinâmica (corpos em movimento) e estática (corpos em repouso).

DIREÇÃO DINÂMICA
Constante; da esquerda para a direita *ou* da direita para a esquerda.

Contrastante; da esquerda para a direita *e* da direita para a esquerda.

Neutra; aproximando-se ou afastando-se da câmera.

A *direção dinâmica constante* representa o movimento do objeto apenas em *uma direção*. Uma série de planos de alguém caminhando, um carro percorrendo uma estrada ou um avião voando deve se mover na *mesma* direção para mostrar progressão. Se um plano subitamente representar

O objeto tem de se mover numa direção constante – da esquerda para a direita ou da direita para a esquerda – para mostrar progressão.

a pessoa ou o veículo se movendo na direção *oposta* à estabelecida, o público terá a impressão de que o objeto *deu meia-volta* e está *retornando* ao ponto de partida.

Uma vez que se tenha determinado a direção da imagem para um padrão de movimento em particular, deve-se mantê-la. Isso é válido para dois planos, para uma série de planos consecutivos ou para um único plano inserido na narrativa de tempos em tempos. A narrativa pode estar unicamente preocupada com a atividade dentro de um trem, mas, toda vez que for mostrado em movimento, o trem *deverá* se locomover numa direção constante. Ele pode entrar pela esquerda, atravessar a tela da esquerda para a direita e sair pela direita. Podem-se variar os ângulos de câmera e intercalar planos gerais do trem com closes das rodas – mas não se deve mudar a direção do movimento.

Ao cortar do exterior de um trem em movimento para um plano em seu interior, a câmera tem de filmar do mesmo lado do trem para que se obtenha uma transição mais suave. Mais tarde, podem-se variar os ângulos de câmera conforme a sequência prossegue no interior do veículo. Se, no entanto, a

OS CINCO Cs DA CINEMATOGRAFIA

▸ Deve-se manter a direção estabelecida da imagem durante toda a sequência do movimento, independentemente dos ângulos de câmera empregados.

câmera cortasse de maneira abrupta de um plano exterior do trem se movendo numa direção para um plano interior mostrando as pessoas (e a vista pela janela) se movendo na direção oposta, isso criaria a impressão de que o trem estaria subitamente andando para trás.

A *direção dinâmica contrastante* representa movimentos *em direções opostas*, quando necessário, para mostrar alguém *indo* e *voltando*, ou para mostrar *dois objetos* indo *um em direção ao outro*. A fim de estabelecer e manter ambas as direções, pense na locomoção na tela como "idas e vindas" (uma frase descritiva usada pelos primeiros produtores de filmes) que devem ser seguidas à risca. O objeto pode ir e voltar – talvez de sua casa à cidade e de volta à casa. Ambas as direções devem ser decididas *antes* da filmagem das cenas, de modo que, sempre que o objeto aparecer caminhando ou cavalgando, ele venha e vá em direções opostas. Pode-se determinar que o percurso de casa à cidade seja representado da esquerda para a direita. O percurso da cidade à casa seria, então, filmado da direita para a esquerda.

Esse recurso costuma ser usado independentemente dos ângulos de câmera, seja ao filmar um plano geral ou um close – mesmo quando somente as patas do cavalo são exibidas. O público entenderá que a cidade fica para a direita e a casa fica para a esquerda.

Num segundo momento, pode-se mostrar um grupo de homens partindo de uma cidade e indo da direita para a esquerda. O público automaticamente entenderá que eles se dirigem à casa do sujeito, porque estão cavalgando naquela direção. A direção do percurso para idas e vindas deve ser sempre a mesma, não importa quantas vezes a ação retorne ao mesmo local. Isso é igualmente importante em documentários que mostrem aviões decolando e pousando. Ou, ainda, ao retratar matérias-primas chegando a uma fábrica e produtos

Para mostrar o personagem indo e voltando, recomenda-se usar direções de imagem contrastantes.

▸ A cena da esquerda representa um grupo viajando de casa à cidade.

▸ O grupo à direita está voltando à casa — na direção oposta.

acabados sendo enviados ao mercado. Os ângulos de câmera e os tipos de plano podem variar, mas o objeto deve ir e vir num padrão direcional determinado, e ser mantido durante todo o filme. O público ficará confuso se o movimento for invertido.

A *direção dinâmica contrastante* também é utilizada para representar objetos *opostos* que se deslocam *um em direção ao outro*. Geralmente, esses movimentos são editados de maneira intercalada, para retratar objetos que vão se encontrar ou colidir. O herói parte do rancho, cavalgando da esquerda para a direita. Em seguida, a heroína é mostrada partindo da cidade, da direita para a esquerda. O público presumirá, corretamente, que eles estão cavalgando um em direção ao outro, e que se encontrarão. Esse efeito é alcançado por meio do uso de movimentos opostos, e também porque o público se orienta pelas direções determinadas previamente – cidade para a direita e rancho para a esquerda. Com o uso criterioso de movimentos opostos, o público sempre presumirá que as duas imagens se encontrarão – a não ser que se comunique o contrário com diálogos ou por outros meios.

A direção dinâmica contrastante pode utilizar *movimentos opostos* para criar suspense, prenunciar uma colisão ou agregar impacto dramático à narrativa. Pode-se criar suspense mostrando o herói e o vilão *se aproximando* um do outro para um enfrentamento. Pode-se prenunciar uma colisão mostrando índios e cavalaria galopando um *em direção* ao outro. Pode-se agregar impacto dramá-

▸ O público presumirá que o grupo de homens que é mostrado partindo da cidade – viajando da direita para a esquerda – dirige-se à casa do sujeito, porque está cavalgando naquela direção.

OS CINCO Cs DA CINEMATOGRAFIA

tico por meio da apresentação de dois times de futebol americano trotando no campo em direções *opostas*.

Embora planos individuais talvez não sejam, em si mesmos, dramáticos, conflitantes ou dotados de suspense, eles ajudarão a construir encontros culminantes. Isso pode ser obtido com simplicidade visual, sem necessidade de diálogos ou narrações marcantes. Um fotógrafo que filma por conta própria ou um diretor que se baseia em um roteiro detalhado deve usar a continuidade direcional contrastante. Desse modo, o editor do filme terá uma série de cenas dramáticas, filmadas para se adequar a determinado padrão de edição.

Séries de planos de ação opostos, tais como índios e cavalaria, devem ser filmadas com planos progressivamente mais fechados até que a ação atinja o clímax. Conforme vão sendo fechados, os planos podem ser, também, cada vez mais breves; desse modo, constrói-se uma sequência que começa com planos gerais demorados, passando a planos médios mais curtos, então a closes abreviados e, enfim, a um final frenético. Esse padrão de edição acelerado é capaz de agitar as emoções dos espectadores, envolvendo-os ainda mais conforme a câmera se aproxima do encontro culminante.

A *direção neutra* representa objetos *se aproximando* ou *se afastando* da câmera. Uma vez que os movimentos neutros não têm direção, eles podem ser intercalados com cenas mostrando movimentos em qualquer sentido. Os seguintes movimentos são neutros:

Planos em que o objeto se aproxima ou se afasta da câmera em linha reta. Tais planos são neutros desde que a imagem em movimento perma-

▼ Usam-se movimentos de imagem contrastantes para mostrar objetos opostos indo um em direção ao outro. A oposição de movimentos – editada em padrão alternado – pode prenunciar uma colisão. ◢

▼ Em planos frontais de aproximação – que representam o sujeito se movimentando rumo à câmera –, a direção da imagem é neutra.

105

neça centralizada no quadro. Uma entrada ou saída denotará direção. Deve-se representar a parte frontal ou traseira do objeto em movimento para alcançar um efeito absolutamente neutro. Se um dos lados for mostrado, tal como o lado de um cavalo ou de um carro, a direção do movimento será indicada. Um plano frontal de aproximação pode começar neutro, com o objeto centralizado, que então sai por um dos lados da tela a fim de encaixar com a direção estabelecida no plano seguinte. Um plano de afastamento pode começar com um

▰ O movimento do objeto é neutro quando a câmera segue diretamente à frente dos atores que estão caminhando.

▰ Se o objeto filmado de frente sai do quadro, é importante observar o lado da saída a fim de preservar a direção da imagem previamente determinada. O cavaleiro, acima, deve sair pelo lado direito do quadro, para cavalgar da esquerda para a direita no plano seguinte, abaixo. ◢

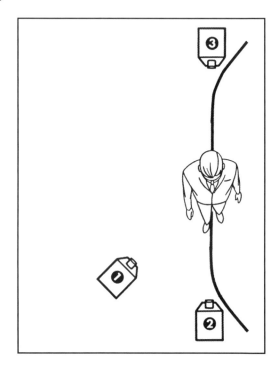

▰ Tracking shots[16]: a câmera nº 1 filma um ângulo frontal a 45°, que retrata o ator caminhando da esquerda para a direita. A nº 2 filma um plano neutro em que o ator se aproxima frontalmente da câmera; a nº 3 filma um plano neutro em que o ator se afasta. Ao entrar ou sair de planos neutros, o ator deve entrar pela esquerda da câmera nº 3 e sair pela direita da câmera nº 2, preservando o movimento direcional da esquerda para a direita.

16. Plano filmado sobre equipamento em trilhos, ou pequenas gruas (dollies) sobre trilhos ou pneus. [N. R. T.]

OS CINCO Cs DA CINEMATOGRAFIA

Planos em que alguém caminha ou corre em linha reta em direção à câmera – e cobre a lente, fazendo que a tela fique preta – ou na direção oposta – descobrindo a lente e revelando o cenário. Tais planos têm uso restrito a sequências de perseguição ou para proporcionar efeitos de fusão de abertura ou de encerramento.

Tracking shots, em que a câmera se move em linha reta à frente ou atrás do ator ou dos veículos (veja definição na página anterior, nota 16). Tais planos são neutros se o objeto não entrar nem sair do quadro. Representa-se uma visão frontal ou traseira. Se for filmado um ângulo lateral ou oblíquo, favorecendo um lado do objeto, o plano passará a indicar a direção do movimento.

Planos plongê (tomada de cima para baixo) ou contraplongê (tomada de baixo para cima) em que o objeto se movimenta em linha reta de encontro à câmera e, ao mesmo tempo, acima ou abaixo dela, para sair pela base ou pelo topo do quadro. Um

⬩ O movimento é neutro quando filmado de um ângulo plongê de modo que o objeto saia pela base do quadro.

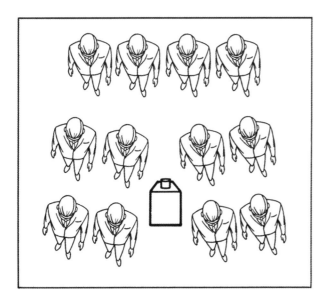

⬩ A direção do movimento é neutra quando dois ou mais atores caminham em colunas rumo à câmera e, então, dividem-se para sair por ambos os lados do quadro.

objeto que entra por um lado da tela e se tornar neutro conforme este se afasta da câmera. Tais planos devem ser usados de maneira deliberada para alterar a direção da imagem, apresentando uma condição temporariamente neutra entre dois planos que se movem em direções opostas.

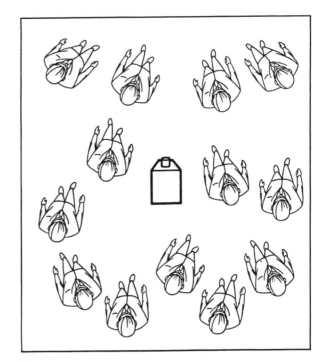

⬩ A direção do movimento é neutra quando vários atores entram no quadro de ambos os lados e se juntam para sair de cena pelo topo do quadro.

carro filmado de um ângulo plongê pode se movimentar em linha reta sob a câmera. Um trem ou um cavalo podem se movimentar em linha reta *acima* de uma câmera em contraplongê.

Planos de grupos de pessoas, ou de dois ou mais veículos, movimentando-se em fileiras – que avançam em direção à câmera e se dividem para sair por ambos os lados do quadro, ou entram por ambos os lados do quadro e se unem, afastando-se da câmera em linha reta. Metade dos homens pode sair pela esquerda, e a outra metade, pela direita. Uma multidão pode entrar por ambos os lados da imagem e afastar-se da câmera rapidamente.

USE PLANOS NEUTROS

Para proporcionar variedade visual. Uma série constante de planos da esquerda para a direita ou da direita para a esquerda pode ser interrompida com movimentos neutros. Pode-se usar um plano frontal de aproximação para abrir uma sequência, trazendo o objeto em movimento de um ponto distante em direção ao público. Um plano de afastamento pode ser usado para fechar uma sequência, ou cena, fazendo que o objeto se afaste da câmera caminhando, cavalgando ou por outro meio. Tais planos apresentam imagens em movimento que *aumentam* ou *diminuem* de tamanho conforme *se aproximam* ou *se afastam* do espectador, e assim produzem uma profundidade maior que planos com movimentos que atravessam a tela. Tracking shots de aproximação e de afastamento proporcionam mudanças bem-vindas em relação ao ângulo de 45º. Ângulos plongê ou contraplongê, em que o objeto se movimenta abaixo ou acima da câmera, oferecem contraste em relação a planos filmados da altura dos olhos.

Para gerar maior impacto no público. Planos frontais de aproximação colocam o espectador no centro morto, com a ação avançando sobre ele. Um trem em alta velocidade ou um cavalo de equitação,

Planos neutros em que o ator ou objeto se aproxima da câmera frontalmente causam maior impacto sobre o público do que planos inclinados com movimento, porque o objeto aumenta de tamanho conforme avança.

situados no topo do quadro, levarão o público a um maior envolvimento com a ação mostrada na tela.

Para distrair o público. Uma sequência que representa movimento de objeto em direção constante é frequentemente filmada com um ou mais planos se movendo na *direção oposta*. Isso pode ocorrer devido a negligência, condições de iluminação, segundos planos, falta de planejamento – ou por intenção do diretor ou fotógrafo. Um plano neutro inserido *entre* planos com movimentos em direções opostas fará que o público se *distraia* momentaneamente. Tais planos tornarão possível ao editor a inversão completa do movimento original da imagem – sem o caráter abrupto de um corte seco entre um plano se movendo numa direção e outro plano, na direção oposta.

EIXO DE AÇÃO

Um método simples para estabelecer e manter a direção da imagem é o uso do *eixo de ação*. O movimento do objeto pode ser considerado uma linha num mapa; uma linha imaginária traçada por um indivíduo caminhando por um corredor; um veículo percorrendo uma estrada; um avião voando pelo ar. Essa *linha de movimento* é o *eixo de ação*.

Se *todas* as configurações de câmera forem posicionadas de *um dos lados* dessa linha, a direção da imagem permanecerá a mesma por uma série de planos, independentemente do ângulo de câmera. O objeto pode atravessar a tela, aproximar-se ou afastar-se da câmera. O movimento direcional será *constante* quando o objeto se mover numa *mesma* direção, e *contrastante* quando o objeto se mover em direções *opostas*. A relação entre a câmera e o movimento do objeto permanece a mesma, desde que a câmera *nunca pule o eixo de ação*.

Um filme que utiliza roteiro deve ter *todo* esse movimento mapeado *antes* do início da produção. Um fotógrafo que filma sem roteiro deve prestar especial atenção para estabelecer e manter a direção da imagem, para que todo o movimento se encaixe na edição. Se os planos em movimento não forem filmados conforme planejado, a série de cenas resultantes pode ser uma confusão de movimentos opostos, que se mostrarão difíceis de editar. É tão importante combinar os movimentos em dois planos que mostram alguém caminhando pela rua quanto numa série com várias cenas.

Uma vez que se tenha estabelecido o movimento direcional da esquerda para a direita ou da direita para a esquerda, pode-se mantê-lo durante uma série de planos, permanecendo *do mesmo lado do eixo de ação*. Uma nova locação demandará que um novo eixo seja traçado, e que *se mantenha* do mesmo lado que o eixo original para preservar a direção de movimento estabelecida. Muitos fotógrafos e diretores pensam no eixo como um movimento direcional da esquerda para a direita ou da direita para a esquerda, em vez de pensá-lo como uma linha imaginária. Embora seja a mesma coisa, isso complica o trabalho, porque o movimento deve ser considerado cada vez que a câmera é deslocada para uma nova posição. Se a câmera estiver *sempre posi-*

Garota caminha em direção à casa da esquerda para a direita. Todas as câmeras devem ser posicionadas do mesmo lado do eixo de ação, para retratar a progressão numa direção constante.

Plano em que a garota se afasta da câmera ao subir os degraus mostra-a entrando no quadro pela esquerda da tela, para preservar a direção de imagem previamente determinada da esquerda para a direita.

cionada do *mesmo lado* do eixo, automaticamente será filmada a direção de movimento adequada.

Quando duas ou mais pessoas caminham ou dirigem lado a lado, ocorre *uma exceção no que diz respeito a pular o eixo de ação*. A câmera pode se locomover em linha reta à frente ou atrás dos atores em movimento, para filmar planos neutros. Também pode se locomover a seu lado, para filmar um ângulo frontal a 45° – que representará a direção do movimento. Sempre que os atores *olham um para o outro*, é possível desenhar um eixo entre eles (com base num eixo two-shot explicado em "Direção de imagem estática", na p. 126).

A câmera pode, então, pular o eixo de ação para filmar os atores de um ângulo oposto. Embora eles possam ser mostrados se movendo em direções opostas em planos consecutivos, o público não se confundirá. A câmera pode ser alternada com segurança para ângulos opostos ao filmar atores caminhando ou sentados num veículo. É melhor situar os atores ou veículos em movimento num plano geral ou médio e então passar a um two-shot do mesmo lado do eixo de ação. Pode-se, depois, filmar um two-shot do lado oposto, com base no eixo de ação traçado entre os atores, ou filmar

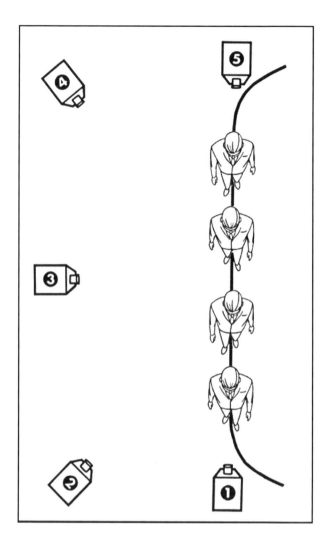

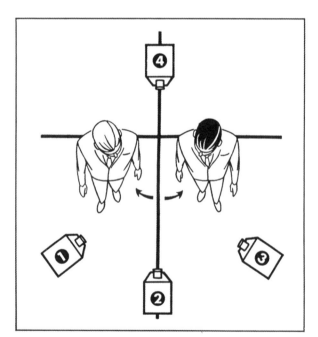

▸ A exceção à regra de não pular o eixo de ação ocorre quando dois atores olham um para o outro enquanto caminham ou dirigem. Traça-se o eixo de ação estático entre os atores que estão se movendo no two-shot. A câmera é posicionada de qualquer um dos lados do eixo de ação para filmar planos opostos dos atores em movimento, da mesma forma que seriam filmados se permanecessem imóveis.

▸ A câmera nº 1 filma um plano frontal do ator caminhando. O ator sai de cena pela direita para estabelecer a direção do movimento da esquerda para a direita.

OS CINCO Cs DA CINEMATOGRAFIA

COMO USAR CONFIGURAÇÕES DE CÂMERA PARA ESTABELECER E MANTER A MELHOR DIREÇÃO DE IMAGEM DO ATOR OU VEÍCULO EM MOVIMENTO

▰ A câmera nº 2 mostra o ator em ângulo frontal de 45º conforme ele entra pela esquerda, atravessa a tela e sai pela direita. Esse ângulo é excelente para acompanhar um ator ou veículo em movimento.

▰ A câmera nº 4 filma o ator, que entra pela esquerda e sai pela direita, num ângulo traseiro de 45º.

▰ A câmera nº 3 filma o ator atravessando a tela da esquerda para a direita. O plano pode ser filmado do começo ao fim com câmera fixa, ou a câmera pode estar parada quando o ator entra em cena, filmar uma panorâmica[17] enquanto ele percorre uma pequena distância e voltar a uma posição fixa para filmar sua saída – pela direita da tela.

▰ A câmera nº 5 retrata o ator entrando no quadro pela esquerda e distanciando-se da lente conforme entra no edifício. O ator pode ser filmado com qualquer um desses posicionamentos de câmera ou com todos eles, com a certeza de que ele se deslocará da esquerda para a direita – independentemente de ser um plano geral, médio ou close; de o plano ser filmado com câmera fixa ou móvel; ou de o ator estar se aproximando ou se afastando da câmera.

17. A câmera permanece fixa na base e gira sobre ela; aqui, da esquerda para a direita. [N. R. T.]

▼ A câmera deve permanecer do mesmo lado do eixo de ação para mostrar o ator saindo do edifício e retornando ao ponto de partida. O ator se move na direção oposta, da direita para a esquerda. Podem-se filmar planos frontais de aproximação ou de afastamento da mesma forma.

▼ É necessário cuidado constante ao filmar movimentos curvilíneos. Ao permitir que o ponto de vista da câmera pule o eixo de ação, a câmera fotografará o objeto em movimento do lado oposto – movendo-se na direção errada. O ponto de vista da câmera só deve pular o eixo quando o movimento do objeto faz uma curva de retorno e corrige a si próprio.

closes opostos individuais. A câmera deve retornar a um two-shot do lado original do eixo, filmando um plano geral ou médio para finalizar. Assim, planos que se movem na direção oposta – filmados do outro lado do eixo de ação – são intercalados entre duas séries de planos que se movem na direção determinada.

Eixo de ação em curvas

Para que a direção do movimento seja preservada em curvas, é necessário posicionar a câmera com cuidado. Curvas são traiçoeiras, porque a câmera pode filmar *através* de uma curva, posicionando o *ponto de vista* da lente do lado *oposto* do eixo de ação. Isso equivaleria a posicionar a câmera do *lado errado* da linha. Um objeto que estivesse se movendo da esquerda para a direita seria filmado *através* da curva, movendo-se da direita para a esquerda. Isso não constitui um problema, desde que se filme um plano geral incluindo *todo* o movimento da curva; desse modo, o objeto é exibido fazendo a curva diante da câmera e então retornando à direção certa, da esquerda para a direita – saindo pela direita da tela. Um plano mais fechado do objeto em movimento, sendo filmado através da curva, representaria um movimento de imagem oposto.

Um plano geral ou panorâmico em que o objeto é visto num longo movimento curvilíneo pode mostrar um movimento oposto *durante* o plano, mas deve ser endireitado e voltar a se curvar para que a direção original seja filmada novamente quando o objeto sair do quadro. Pode-se filmar um objeto se movimentando em direções opostas ao seguir a curva, desde que ele entre *e* saia do quadro de maneira correta. Deve-se evitar o posicionamento de câmera numa curva, filmando o objeto entrando e saindo do *mesmo lado* do quadro, pois o plano resultante não poderá ser intercalado entre os outros planos que estiverem se movendo em direção constante.

Entretanto, pode-se usar a curva para uma *mudança deliberada* na direção da imagem, quando necessário. A mudança pode servir de transição editorial entre duas séries de planos que estejam se movimentando em direções opostas, mesmo que a intenção seja representar uma direção de imagem constante. Nesse caso, a entrada seria correta, mas o objeto realizaria um movimento curvilíneo e sairia *do mesmo lado* do quadro, intercalando com o plano seguinte que retrata o movimento na direção oposta. O público aceitaria essa mudança natural na direção da imagem.

As curvas podem ser um recurso ou um obstáculo. Elas oferecem ao fotógrafo a oportunidade de filmar belos movimentos curvilíneos, agregando variedade a um movimento em linha reta. Para manter a continuidade direcional estabelecida, deve-se filmar uma entrada correta, um movimento curvo completo e uma saída correta. Um plano mais fechado filma uma parte do movimento através da curva, representando o objeto se movendo na direção oposta. Se, no entanto, o que se pretende é uma mu-

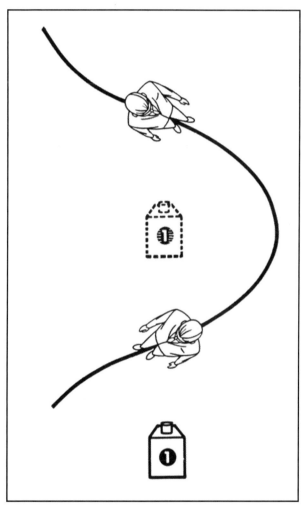

▼ A câmera nº 1 é posicionada do lado correto do eixo de ação, para filmar o objeto se movendo da esquerda para a direita. O ponto de vista dessa câmera (tracejada) pula o eixo oticamente e filma o objeto do lado errado – movendo-se na direção oposta. A câmera nº 2 filma o movimento curvilíneo completo, de modo que o objeto é mostrado se virando e se movendo na direção correta ao atravessar a câmera e sair.

▼ Pode-se usar uma curva para mudar a direção do movimento. A câmera nº 1 (tracejada) é posicionada do lado errado do eixo de ação – para que seu ponto de vista pule o eixo oticamente e filme o objeto com o movimento correto, da esquerda para a direita, no início do plano. O objeto, então, realiza uma curva diante da câmera e se desloca na direção oposta – da direita para a esquerda. O objeto sai pela esquerda e, na edição, encaixará com o objeto que está se deslocando da direita para a esquerda.

dança na direção da imagem, filme através de uma curva para captar o objeto se movendo corretamente e então fazendo a curva e saindo pelo lado errado.

Eixo de ação em esquinas

Uma pessoa (ou um veículo) dobrando a esquina pode ser filmado frontalmente, para que o objeto em movimento faça a curva diante da câmera. Se filmada de costas, entretanto, serão necessários dois planos – para representar o objeto saindo da câmera, dobrando a esquina e sendo recebido num plano frontal depois da esquina. O eixo deve ser desenhado dobrando a esquina, e a câmera,

A câmera nº 1 realiza um movimento panorâmico para acompanhar o ator dobrando a esquina. A câmera nº 2 filma um plano com o ator entrando pela direita da tela e se afastando da câmera, para estabelecer o movimento da direita para a esquerda. A câmera nº 3 filma um ângulo traseiro a 45º – com o ator se movendo da direita para a esquerda. O ponto de vista da câmera nº 3 (tracejada) pula o eixo de ação e filma o ator se movendo na direção oposta depois de dobrar a esquina. Em curvas abertas, esse tratamento pode ser usado para, de maneira deliberada, mudar a direção do movimento. Evita-se pular oticamente o eixo cortando o filme quando o ator vira para câmera nº 4, que filma a um ângulo de 45º. A câmera nº 5 filma um plano frontal de aproximação. O ator deve sair pela esquerda da tela, para preservar o movimento original da direita para a esquerda. Essas posições de câmera podem ser usadas em várias combinações.

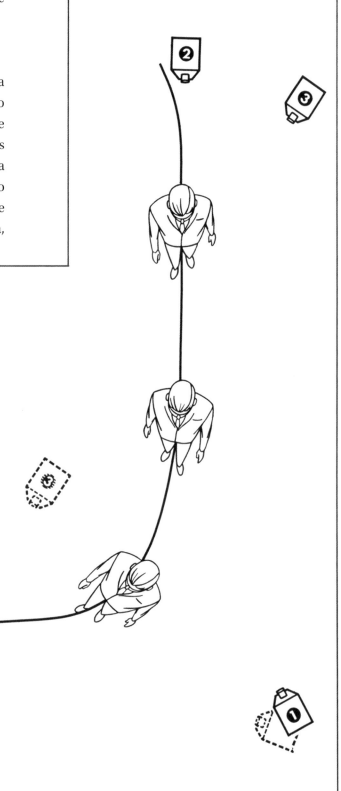

posicionada do mesmo lado para os dois planos. Num plano de afastamento, a lente pode ver o objeto dobrar *do outro lado* do eixo, como numa curva. Na edição, pode-se cortar no momento em que o objeto dobra a esquina. O objeto pode começar a curva no plano de afastamento e ser recebido do outro lado da esquina num plano frontal de aproximação. O movimento inverso no início da curva não tem consequência alguma.

Uma esquina pode ser usada da mesma forma que uma curva, para mudar deliberadamente a direção do movimento. Se, por razões editoriais ou quaisquer outras, for desejável mudar a direção, deve-se permitir que o objeto saia do quadro conforme visto desde o outro lado do eixo, para que se movimente na direção oposta à determinada. Isso funcionará melhor em curvas abertas, em que o objeto em movimento percorrerá uma distância suficiente para determinar a nova direção antes de sair.

Eixo de ação através de portas

Não há necessidade de manter a direção de movimento determinada quando os objetos atravessam portas. Muitos fotógrafos e diretores consideram que isso cria uma nova situação, visto que o objeto em movimento entra num novo cenário. Se o movimento for filmado atravessando a tela, parecerá mais suave se a câmera permanecer do mesmo lado do eixo de ação em planos consecutivos – filmados de lados opostos de uma porta. Se o objeto em movimento sair de uma sala num plano de afastamento e entrar em outra sala num plano frontal de aproximação, pode-se mudar a direção do movimento sem dificuldade. É preciso verificar salas e portas em edifícios reais e locações em estúdio para ter certeza de que existe espaço suficiente para posicionar corretamente a câmera em saídas e entradas atravessando a tela. Sempre que houver dificuldade, é bastante simples trazer o objeto ao novo cenário num plano frontal de aproximação e mudar a direção, se desejado.

Por precaução, devem-se filmar as saídas dos atores *antes* de interromper a iluminação do plano geral e passar aos closes. Isso também é importante em planos exteriores onde a iluminação muda constantemente conforme a filmagem avança. Se, depois de filmar uma série de planos médios e closes, for descoberto que há necessidade de filmar uma saída, o plano geral terá de ser refeito. Em caso de dúvida, é recomendável filmar uma saída imediatamente depois de gravar a entrada. É melhor descartar o plano – se ele não for necessário – do que ter de configurá-lo de novo.

Manipulando o eixo de ação

Em certas ocasiões, é conveniente fazer o objeto se mover na direção *oposta* à determinada, devido à iluminação, ao segundo plano ou a outros fatores de produção. Isso pode ser feito transpondo-se o ponto de vista da câmera e o movimento do objeto ao mesmo tempo, para que a relação entre eles permaneça a mesma. Se o movimento do objeto for invertido ou se a câmera for deslocada para o lado oposto do eixo, o movimento na tela estará na direção errada. *Ambos* os elementos devem ser alterados, de modo que, ao inverter o movimento, a câmera o esteja fotografando do lado *oposto*, o que resulta na preservação da direção de movimento original.

Em planos externos, o eixo de ação deve ser manipulado com cuidado, para que o ângulo do sol e das sombras não revele o truque. É possível recorrer a truques de maneira considerável em filmagens externas por volta do meio-dia, ou em closes quando se usam refletores ou holofotes para iluminar áreas sombreadas em rostos. Planos gerais filmados no início ou no fim do dia podem mostrar sombras compridas numa direção oposta à já determinada. Um plano no fim da tarde, por exemplo, pode retratar os atores andando sob o sol, na direção oeste, com longas sombras em direção à câmera. Um truque inverso filmado em

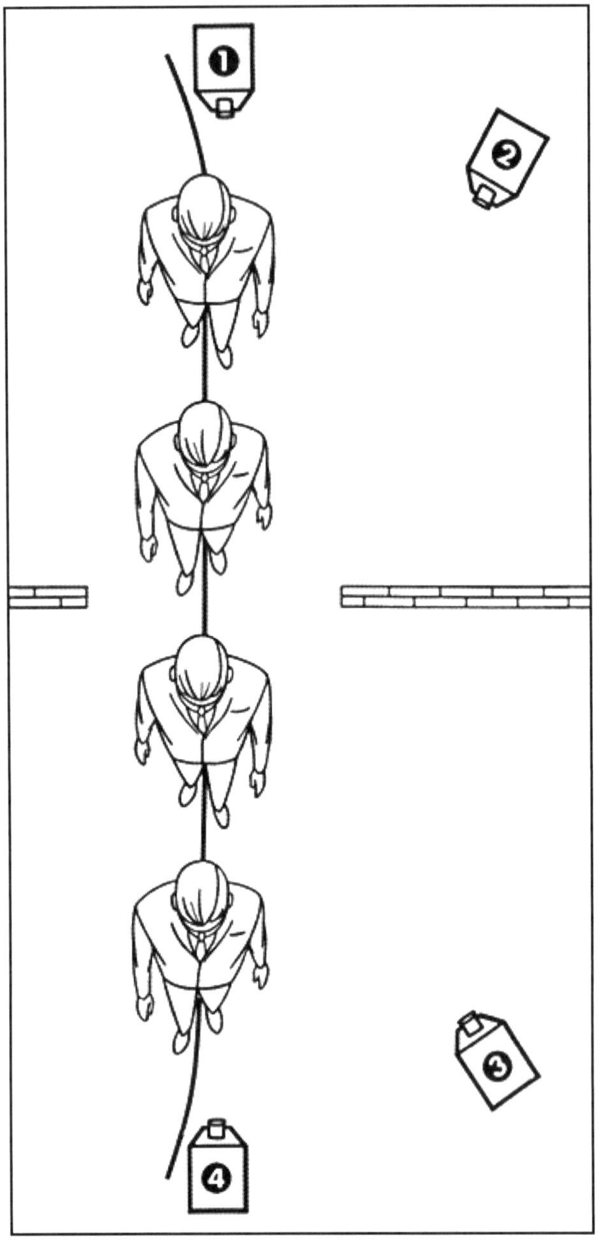

Uma vez que portas criam uma nova situação, pode-se manter ou não a continuidade direcional. É possível usar planos neutros em que o ator se afasta (câmera nº 1) ou se aproxima frontalmente da tela (câmera nº 4) – com entrada e saída corretas, para manter a direção da imagem, ou saída errada (câmera nº 4), para criar uma nova direção de movimento. Podem-se usar ângulos laterais de 45° (câmeras nº 2 e nº 3) se o ator for filmado atravessando a tela e a continuidade direcional for mantida.

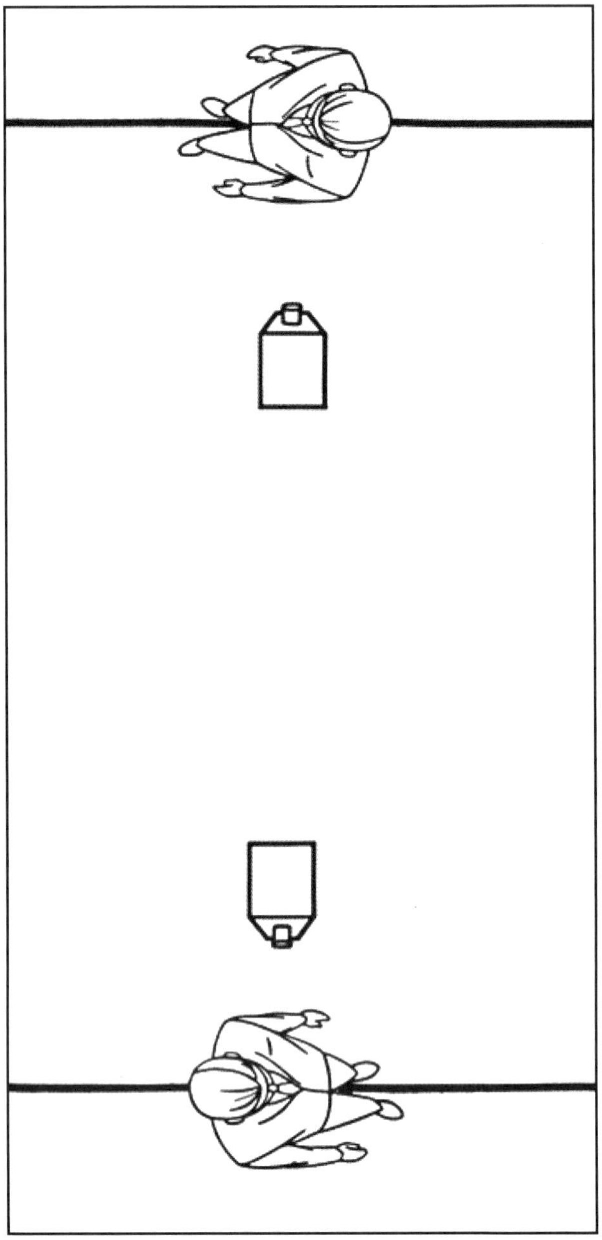

O eixo de ação pode ser manipulado – para tirar vantagem do ângulo do sol, do segundo plano ou do terreno –, desde que tanto o movimento do objeto quanto a posição da câmera sejam invertidos. Se a câmera for movida para o lado oposto do eixo, o objeto pode se deslocar na direção contrária. Desse modo, a relação entre o movimento do objeto e a posição da câmera permanece a mesma.

outro lugar teria de ser realizado pela manhã, na direção leste, para corresponder ao ângulo do sol e ao padrão de sombra estabelecidos.

ENTRADAS E SAÍDAS

Um objeto em movimento deve entrar e/ou sair do quadro nas seguintes condições:

Sempre que for filmada uma série de planos em movimento contra segundos planos diferentes. Uma entrada e saída proporciona ao editor a progressão de um plano a outro. Atores caminhando de uma sala a outra – ou carros numa sequência de perseguição – devem sair de um local e entrar em outro. É impossível retratar progressão se o objeto em movimento já estiver no centro do quadro quando a cena começa e não sair do quadro durante o plano. Não se pode editar em sequência uma série de planos diferentes, porque o objeto em movimento está constantemente no centro da tela – mostrado, por um período, numa panorâmica ou num travelling – e continua lá quando o plano termina. O objeto em movimento estaria subitamente em outro lugar no plano seguinte, contra um segundo plano distinto.

Isso é particularmente indesejável quando o objeto – tal como um carro em movimento – é filmado da mesma forma, com o mesmo tamanho de imagem e o mesmo ângulo, em ambos os planos. Na montagem, o objeto parece ser o mesmo, mas o segundo plano muda de modo abrupto. Fotógrafos de filmes de não ficção muitas vezes tentam economizar película gravando um objeto em movimento num plano panorâmico, com a exceção da entrada e da saída. A câmera deve começar *antes* de o objeto entrar em cena e cortar *depois* de o objeto sair. Entradas e saídas devem ser filmadas de maneira "limpa". Cortar o filme é função do editor, e não do fotógrafo.

Uma saída realizada próxima à lateral da câmera deve ser seguida de um plano que mostre o objeto entrando no quadro de maneira similar. Se, no plano seguinte, o objeto entrar pelo *lado dis-*

Uma saída realizada próxima da lateral da câmera...

... deve retratar o objeto entrando no quadro da mesma forma. Uma saída pela esquerda da tela deve ser seguida de uma entrada pela direita.

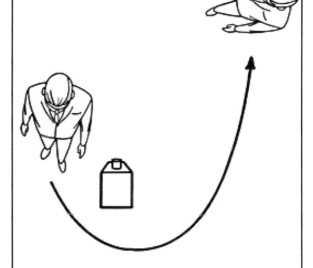

O ator em movimento não deve sair próximo da lateral da câmera e entrar na cena seguinte pelo lado distante e atravessar a tela. A distância fora de cena é grande demais para ser percorrida entre dois planos consecutivos.

tante do quadro, o público se distrairá, porque a distância é grande demais para ter sido percorrida durante um corte seco.

Em cortes secos, as entradas e saídas *através* de portas devem ser encaixadas com cautela. Se forem filmados entrando num edifício ou passando de uma sala a outra, dois ou mais atores devem seguir na mesma progressão. Isso talvez pareça óbvio, mas durante um longo intervalo entre essas configurações de câmera pode ocorrer algum desencontro. Para evitar isso, é importante tomar notas e observá-las cuidadosamente. Um objeto em movimento *não* deve entrar ou sair do quadro nas seguintes condições:

Uma série de planos consecutivos contra o mesmo segundo plano. Uma série desse tipo poderá ser intercalada na montagem se o objeto em movimento permanecer centralizado na tela. Uma vez que o segundo plano permanece o mesmo, não há progressão – além daquela mostrada no próprio plano. Desse modo, um plano médio ou um close podem ser intercalados com um plano geral, enquanto o objeto permanece centralizado. Nesse caso, é melhor, editorialmente, que o objeto entre no quadro no primeiro plano da série e saia do quadro no último plano – para proporcionar progressão junto com as sequências anterior e posterior.

Planos individuais de ação em movimento, tais como um homem a cavalo ou um carro se movendo. Esses planos podem ser filmados centralizados na tela sem uma entrada ou saída se editados de maneira alternada com outras cenas. A progressão será mostrada por meio da mudança no segundo plano. É recomendável apresentar entradas e saídas ocasionais a fim de proporcionar maior variedade visual, mas isso não é necessário para fins editoriais, visto que os planos em movimento são editados em montagem paralela com outras cenas.

Em caso de dúvida, deve-se filmar uma entrada e/ou saída para oferecer possibilidade de escolha ao editor.

CLOSE DE REAÇÃO PARA MUDAR A DIREÇÃO DA IMAGEM

Ao filmar closes mostrando a reação de alguém, há divergências de opinião em relação à direção para a qual um ator deve virar a cabeça ao seguir uma ação em movimento. Consequentemente, é comum filmar a reação do ator em ambos os lados.

O ator deve seguir com a cabeça o objeto em movimento, como se este estivesse *atrás da câmera*. O ator pode ser considerado um integrante do público, vendo a ação na tela. Ao observar um avião atravessando a tela da esquerda para a direita, o espectador deve virar a cabeça na mesma direção. Uma vez que a câmera está filmando um *contraplano*, isso resulta num movimento da direita para a esquerda no close mostrado na tela. Embora isso possa parecer ilógico, está correto.

Antes de filmar o close, é preciso confirmar a direção do movimento da cena correspondente. O ator deve seguir a ação como se ela estivesse ocorrendo atrás da câmera. Em geral, se alguém caminha ou corre atrás da câmera, consegue-se obter uma reação melhor, pois, desse modo, o ator tem um alvo dotado de movimento e velocidade para seguir.

Planos que retratam reações também podem ser usados para *distrair* o público, a fim de que se possa alterar o movimento na tela para a direção oposta. Nesse caso, o ator seguiria o movimento que ocorre na *segunda* série de planos. Uma sequência pode começar da esquerda para a direita e então passar da direita para a esquerda. Se ninguém virando for mostrado, pode-se exibir a mudança cortando para um plano frontal de aproximação ou de afastamento, seguido de um close com a reação de um ator que supostamente observa o movimento indo na nova direção. O plano neutro ajudará a quebrar o padrão direcional estabelecido, e o plano que retrata a reação distrairá o público ao "explicar" a mudança de direção.

OS CINCO Cs DA CINEMATOGRAFIA

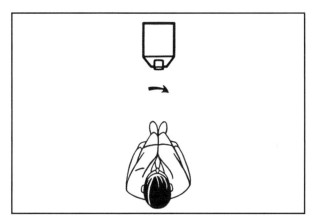

⬈ Um ator que observa uma ação em movimento deve virar a cabeça como se acompanhasse o movimento que está ocorrendo atrás da câmera.

cional, ele deve ser mantido de maneira rigorosa. Com frequência, a direção de imagem constante é alterada inadvertidamente – ou devido a fatores de produção que não permitem a continuidade direcional estrita.

Uma mudança na direção constante precisa, sempre que possível, ser explicitada na tela – para tornar o público ciente dela. Cortar de uma pessoa ou veículo se movendo numa direção para um plano retratando o movimento na direção oposta confundirá os espectadores. Pode-se explicar uma mudança na direção da imagem das seguintes maneiras:

- Mostre a pessoa ou o veículo virando.
- Filme através do eixo de ação numa curva ou esquina, para possibilitar que a ação saia pelo *lado errado* da imagem.
- Insira um close com a reação de um observador vendo o movimento na nova direção.
- Use um plano frontal de aproximação que saia pelo *lado errado* do filme, para encaixar com a pessoa ou veículo indo na nova direção. Um plano de afastamento distrairia o público momentaneamente, e não é tão eficiente porque não sai da cena.

Esses planos podem ser filmados depois que o filme for concluído, caso sejam necessários para aprimorar a sequência. Eles podem ser filmados contra o céu ou árvores, evitando problemas de correspondência com os segundos planos realizados previamente.

INVERTENDO A DIREÇÃO DA IMAGEM

Deve-se tentar preservar a direção de imagem determinada, ou, caso seja necessário invertê-la, explicar a inversão. Não se pode alterar a direção de uma imagem contrastante sem que o público se confunda. Uma vez estabelecido um padrão dire-

⬈ Pode-se inverter a direção do movimento de um objeto por meio da inserção do close cut-away de alguém que supostamente observa a mudança de direção.

119

▼ É possível inverter a direção do movimento gravando um plano frontal de aproximação, neutro, que mostre o objeto saindo pelo lado errado do quadro. Isso servirá para introduzir uma nova série de planos que retratem movimentos na direção oposta.

Uma opção melhor é cortar para o interior de um carro, trem, navio ou avião e, em seguida, para o plano exterior indo na direção oposta. Se for usado somente um plano, é melhor cortar para uma visão frontal dos atores. Se for usada uma série de planos, os ângulo de câmera podem girar em torno dos atores, para que o plano final os apresente olhando na nova direção – a qual encaixará com a cena exterior.

DIREÇÃO GEOGRÁFICA

Movimentos que percorrem grande distância devem usar um diagrama de *direção geográfica* com o leste sempre à direita e o oeste sempre à esquerda. É assim que um mapa está fixado na mente humana. Uma vez que o norte e o sul são normalmente representados para cima e para baixo, essas direções dificilmente são usadas numa tela horizontal. Se possível, um percurso rumo ao norte deve ser encenado numa linha ascendente do canto inferior esquerdo ao canto superior direito, e um percurso rumo ao sul, numa linha descendente do canto superior esquerdo ao canto inferior direito. Isso está em conformidade com o conceito composicional já consagrado de movimentos ascendentes e descendentes.

Um avião que voa de Paris a Nova York deve ser mostrado indo para a esquerda, rumo ao oeste. Um navio que veleja do Havaí ao continente americano deve ser representado deslocando-se da esquerda para a direita, rumo ao leste. O plano inicial do piloto do avião, do capitão do navio ou dos passageiros deve mostrá-los olhando na direção de movimento determinada. Isso preserva a continuidade do eixo de ação. Depois, a câmera pode se mover e mostrar membros da tripulação ou passageiros de qualquer um dos lados.

Tal aspecto pode parecer de menor importância para diretores ou fotógrafos inexperientes, que questionam a validade dessa teoria comprovada. "Por que o carro, avião ou navio não pode ser visto do outro lado, indo na direção oposta, e ainda assim estar viajando corretamente?" Pode! Mas por que não tirar vantagem de um conceito preestabelecido, incrustado na mente dos espectadores? Isso permitirá que eles entendam os acontecimentos da maneira mais fácil possível.

Mover um avião, navio, trem ou carro numa direção geográfica oposta instaura na mente do espectador uma perturbação subconsciente, que o alerta de que o movimento está errado. O espectador se distrairá por um instante. É recomendável manter o público devidamente orientado, determinando e mantendo a direção geográfica em todos os planos de movimento.

LOCAÇÕES INTERNAS

Em locações em estúdio de três paredes, a filmagem do lado aberto mantém a continuidade direcional dos atores que se movem pelo set de filmagem ou de sala em sala. A filmagem em locações internas reais e complexas, de vários andares, com um labirinto de salas, corredores e escadas, normalmente dificulta a continuidade direcional. Se a filmagem

OS CINCO Cs DA CINEMATOGRAFIA

▸ Este transatlântico está viajando do Havaí à costa dos Estados Unidos – de oeste a leste.

▸ Um trem indo de Chicago a Los Angeles deve se mover da direita para a esquerda – de leste a oeste.

▸ Avião a jato voando em direção à direita da tela – de oeste a leste –, de Nova York a Paris.

demandar muita locomoção de uma sala para outra, de um andar para outro ou através das escadas, é recomendável manter *todas* as configurações de câmera do *mesmo lado do edifício* – para que o ponto de vista da lente esteja sempre na mesma direção geral e a câmera jamais pule o eixo de ação.

O movimento em qualquer direção, mesmo o de subir e descer escadas, deve sempre se encaixar, e os atores sempre se deslocarão numa direção similar, em qualquer parte do edifício. Se, por limitações físicas ou de outro tipo, não for possível posicionar a câmera do mesmo lado, os atores devem ser filmados em planos frontais de aproximação ou de afastamento, mas têm de entrar ou sair do quadro pelo lado que preserva a direção de movimento determinada. Desse modo, o movimento em direção à frente do edifício pode ser sempre da esquerda para a direita – por exemplo –, e em direção ao fundo, da direita para a esquerda.

MOVIMENTO DE IMAGEM PLANEJADO

Todo movimento de imagem deve ser totalmente analisado antes da filmagem. Ao filmar com roteiro, devem-se usar anotações. Quando se filma sem roteiro, esboços ou diagramas são de extrema importância. É essencial trabalhar com um plano definitivo – para que tanto a progressão constante quanto movimentos contrastantes sejam fotografados nas direções estabelecidas. A direção determinada deve ser mantida durante toda a filmagem.

Embora manter a continuidade da direção do movimento possa parecer uma tarefa simples, ela tem suas armadilhas. Planos gerais podem ser fotografados num dia, com closes filmados vários dias depois para serem intercalados na montagem. Ou uma série inteira de travellings pode ser filmada de uma vez em ambas as direções. O fotógrafo ou o diretor, preocupados com o segundo plano, a posição do sol ou ângulo da câmera, podem se esquecer da direção de imagem determinada.

A SEGUINTE SEQUÊNCIA DA PRODUÇÃO DE *NO TEMPO DAS DILIGÊNCIAS* ILUSTRA COMO SE ESTABELECE E SE MANTÉM A CONTINUIDADE DIRECIONAL DINÂMICA:

▼ Diligência é apresentada movendo-se da esquerda para a direita, num ângulo frontal a 45°.

▼ Atores são filmados de um ângulo de câmera exterior, do mesmo lado do eixo de ação.

▼ Diligência continua se movendo da esquerda para a direita em plano que atravessa a tela.

▼ Plano interior mostra atores de ângulo similar.

OS CINCO Cs DA CINEMATOGRAFIA

▌Contraplano de atores opostos é filmado do mesmo lado do eixo de ação.

▌Motorista é filmado em plano médio, num ângulo de 45°, do mesmo lado do eixo de ação.

▌Diligência continua em seu caminho. Veículo entra pela esquerda da tela e sai pela direita.

▌Diligência deve sair pela direita da tela para preservar a direção de movimento previamente estabelecida.

▌Índios que os perseguem se movem da esquerda para a direita.

▌Diligência filmada em ângulo de 45°.

Plano em ângulo de 45° mostra agressores.

Índios são expulsos e cavalaria escolta diligência a seu destino.

Plano cut-away revela cavalaria dos Estados Unidos entrando em cena.

Diligência entra na cidade – ainda se movendo da esquerda para a direita.

Plano de cavalaria mantém direção.

Diligência para diante de armazém – da esquerda para a direita.

OS CINCO Cs DA CINEMATOGRAFIA

▼ Esta sequência – que retrata a chegada dos soldados aliados a Omaha Beach, no dia D – demonstra uma progressão da direita para a esquerda (neste caso, dramaticamente mais forte do que da esquerda para a direita) por meio de uma série de planos – das barcaças de desembarque chegando à praia aos oficiais e fuzileiros assumindo posição de combate.

125

O eixo de ação é às vezes negligenciado, a fim de filmar um plano *individual* visualmente bonito. Isso pode ser evitado se todos os planos numa sequência forem mapeados e se o eixo de ação for traçado para favorecer os melhores ângulos de câmera, a posição do sol e os segundos planos.

Não há necessidade de sacrificar um plano particularmente bom para preservar a continuidade editorial. As sequências com vários planos são mais bem planejadas se forem trabalhadas de trás para a frente e se o local onde ocorrerá o clímax for bem analisado. Determinado edifício ou locação pode demandar que se filme de certo ângulo, o que decidirá a direção da imagem para toda a sequência. Se isso for ignorado, acaba-se alterando a direção da imagem ao chegar à locação. Uma opção é receber o objeto em movimento com um plano frontal e realizar uma panorâmica com a câmera a fim de filmá-lo na nova direção. Ou mostrá-lo saindo pelo lado errado do quadro um ou dois planos antes e assumindo a nova direção, para que esteja se movendo na direção correta ao entrar no cenário em questão.

Ao filmar planos em movimento, todo o terreno deve ser estudado no que se refere a posições do sol, configurações de câmera e segundos planos na hora do dia em que os vários planos serão filmados. Somente então o fotógrafo terá certeza de que conseguirá manter os obstáculos reduzidos a um mínimo durante a filmagem de toda a sequência.

Sequências de movimentos que têm cenas interiores de carros, ônibus, trens ou aviões devem ser planejadas com cuidado, tendo em mente as configurações de câmera *tanto* do interior *quanto* do exterior. Um filme de estúdio pode utilizar a maquete de um veículo que tem um lado aberto – demandando que toda a ação seja encenada contra um único lado. Ou a filmagem num avião real pode permitir pouco espaço para inclinações de câmera.

A transição do exterior ao interior – ou do interior ao exterior –, em particular a primeira, deve ser filmada aproximadamente do mesmo ângulo de câmera, como se ela atravessasse uma janela ou uma parede do veículo para ver o seu interior. O eixo do movimento original é mantido para um corte contínuo e suave. Planos interiores podem ser filmados de vários ângulos.

DIREÇÃO DE IMAGEM ESTÁTICA

A direção de imagem estática está preocupada com a forma pela qual os atores *encaram* e *olham*. Pode parecer incongruente falar em tratamento cinematográfico de corpos sem movimento, mas até mesmo filmes de ação apresentam os atores em repouso, ou ao menos numa posição estática, enquanto falam ou encenam.

O princípio do eixo de ação é tão importante ao filmar atores em posições estáticas quanto ao filmar travellings de objetos em movimento. Deve-se manter a continuidade direcional determinada, não só quando os atores se movimentam, mas também quando estão em repouso, para que a direção em que um ator *se movimenta* e a direção em que ele *olha* mantenham-se constantes durante uma série de planos consecutivos.

A direção para a qual um ator *está voltado* pode não necessariamente ser a mesma para a qual ele *olha*. Um ator pode estar voltado para o lado direito da tela, mas seus olhos podem mirar, sobre o ombro, o lado esquerdo. É importante, portanto, ao discutir a direção de imagem estática, referir-se a *associar os olhares* em vez de simplesmente associar as posições dos corpos. Um único ator – ou dois ou mais atores – deve olhar na mesma direção em cada lado de um corte contínuo, para que os planos editados tenham aparência consistente. Um ator não pode olhar para a esquerda num plano e, então, subitamente olhar para a direita no plano seguinte – a não ser que se mostre essa mudança da direção do olhar.

Em configurações estáticas, o eixo de ação poderia ser desconsiderado se os filmes fossem *encenados frontalmente* – com a câmera gravando *sempre* do ponto de vista do público, e os atores e o cenário visíveis apenas *de um lado*. Uma câmera posicionada em qualquer lugar entre os espectadores, filmando de qualquer ângulo ou distância, obteria planos perfeitamente correspondentes; uma vez que a lente permaneceria de um dos lados do eixo, os atores seriam vistos *apenas* do ponto de vista do público, nunca do lado oposto. A maioria dos programas de TV ao vivo e muitas peças para televisão, em especial comédias de costumes, são apresentados dessa maneira, para que possam ser gravados continuamente com várias câmeras.[18]

As técnicas de produção dos filmes modernos demandam a filmagem com uma única câmera *alternada entre planos*, para que cada parte da ação seja apresentada de um ângulo diferente. Apesar dos atores em movimento e do novo posicionamento de câmera, é necessário que os planos correspondentes sejam filmados com um *ponto de vista de um dos lados*. O eixo é um meio de permanecer de um dos lados dos atores, para que suas posições e olhares pareçam consistentes de plano a plano conforme a sequência progride, independentemente do movimento de ator ou de câmera envolvido.

Para estabelecer o *eixo de ação*, deve-se *desenhar uma linha imaginária entre os dois atores mais próximos da câmera de lados opostos da imagem*. O *ponto de vista da câmera e os olhares dos atores* devem permanecer *do mesmo lado* dessa linha imaginária em *planos consecutivos correspondentes*. Pode-se filmar uma sequência de planos posicionando a câmera em qualquer lugar no arco de 180º descrito de um dos lados dos atores.

A câmera pode ser posicionada perto ou longe, filmar qualquer quantidade de atores ou um único indivíduo, mas não deve *atravessar* a linha. *Não* se pode mover a câmera mais de 180º de uma posição a outra. Pode-se movê-la *até* 180º, um semicírculo completo, *apenas de um lado* do eixo, toda vez que a câmera for posicionada para um plano correspondente. Se a câmera atravessar a linha e filmar os atores do lado oposto, eles serão transpostos na tela, de modo que um ator visto à direita subitamente aparecerá à esquerda. Um close de um ator filmado do outro lado da linha será gravado com uma "falsa inversão" ou um olhar na direção *oposta* à previamente estabelecida. Um close filmado dessa maneira aparecerá na tela como se o ator estivesse desviando o olhar do outro ator, em vez de olhar para ele.

Observe que o ângulo da câmera, ou ponto de vista, *não deve pular o eixo*. No entanto, a câmera em si pode cruzá-lo para filmar um ator no *fundo* do set, desde que o ângulo dela esteja em conformidade com o eixo de ação estabelecido. Isso equivale a desenhar um *novo eixo de ação paralelo ao eixo original* e posicionar a câmera do mesmo lado. Um método simples para filmar através do eixo é lembrar que a câmera pode atravessá-lo para filmar *qualquer plano* que poderia filmar do eixo original com uma lente teleobjetiva ou zoom. Desse modo, a câmera de fato atravessa o eixo *oticamente*, em vez de fisicamente, e o ponto de vista permanece o mesmo. A lente com distância focal menor permite que a câmera seja aproximada e filme o mesmo plano que poderia ter sido fotografado com uma lente de distância focal maior.

---

18. Isso se aplica apenas a espetáculos dramáticos ou outros tipos narrativos em que os atores se relacionam apenas uns com os outros em um palco. Não se aplica a programas de televisão ao vivo ou gravados em que o mestre de cerimônia fica de frente para o público e interage com os espectadores.

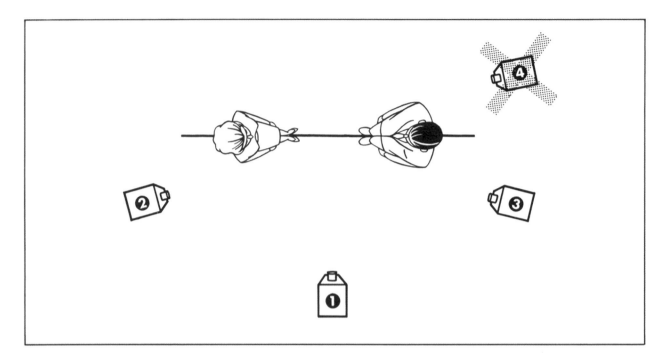

▸ Câmera nº 1 filma two-shot – moça à esquerda, rapaz à direita. Câmera nº 2 filma close do rapaz sobre o ombro da moça. Câmera nº 3 filma close da moça sobre o ombro do rapaz. Câmera nº 4 pula o eixo de ação e filma sobre o ombro errado do rapaz – transpondo, assim, os atores: agora, o rapaz está à esquerda e a moça está a direita.

▸ Câmera nº 1: two-shot – moça à esquerda, rapaz à direita.

Associando os olhares

Compreende-se facilmente o porquê de a câmera permanecer de um lado do eixo ao filmar dois ou mais atores, já que atravessar a linha resultará na transposição da cena. O ator à esquerda subitamente aparecerá à direita – o ator à direita aparecerá à esquerda. Tal erro óbvio deve ser evitado.

Ocorrem erros, entretanto, na filmagem de *closes individuais opostos* de dois atores, porque o *olhar* pode pular o eixo. Isso pode acontecer num close em que o ator está voltado para a câmera. Esses descuidos são evitados posicionando-se o ator fora de cena do lado correto da câmera, para preservar a relação estabelecida entre os dois planos. Se isso for feito, o ator em cena sempre olhará para o lado correto do eixo. Se o ator em cena simplesmente ler suas falas a um ator imaginário fora de cena, ele pode olhar para o lado errado da câmera e ser filmado com um olhar na direção errada.

Com um ângulo de 45º, pouca ou nenhuma dificuldade será encontrada, já que a posição do ator geralmente governará seu olhar. Um ângulo pov frontal pode resultar num olhar incorreto,

Câmera nº 2: close do rapaz sobre o ombro da moça.

Câmera nº 3: close da moça sobre o ombro do rapaz.

Câmera nº 4: close da moça sobre o ombro errado do rapaz. Os atores são transpostos.

Pode-se erguer a mão ao lado da câmera para que o ator tenha um ponto de referência.

pois os olhos podem mudar inadvertidamente para o lado errado.

Os olhos governam o olhar. Uma pessoa perfeitamente centralizada, de frente para a câmera, pode olhar para a esquerda ou para a direita, para cima ou para baixo, ou diretamente para a lente – sem mover a cabeça. A cabeça também pode estar virada numa direção e a pessoa olhar por cima do ombro na direção oposta. É de extrema importância que o olhar seja correto, para que atores opostos se relacionem uns com os outros com suavidade numa série de planos consecutivos. Qualquer mudança no olhar deve ser mostrada, e não deve ocorrer *entre* um plano e outro, opondo, de maneira súbita, o novo olhar àquele mostrado no plano anterior. Associar as posições e os olhares dos atores é um requisito absoluto se uma série de planos consecutivos tiver de ser montada de maneira contínua, para que uma sequência inteira pareça uma única ação.

Deve-se prestar especial atenção a ângulos plongê e contraplongê, que podem ser necessários para filmar planos ponto de vista alternados entre crianças e adultos ou se um ator estiver sentado e o outro, em pé. O olhar deve ser sempre dirigido para o *lado* da câmera, mas ligeiramente *acima* da lente pelo ator

▸ Câmera nº 2 filma a moça do ponto de vista do rapaz.

▸ Câmera nº 1 filma o rapaz do ponto de vista da moça.

▸ Olhar da moça pulou o eixo e criou um novo olhar na direção oposta.

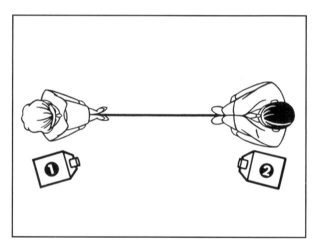
▸ Para filmar closes opostos, as câmeras devem ser posicionadas muito próximas da lateral dos atores, de modo que eles direcionem o olhar para o lado da lente.

que está olhando para cima e ligeiramente *abaixo* da lente pelo ator que está olhando para baixo. Podem-se usar certos truques ao determinar a altura da câmera, mas deve-se tomar cuidado para não pular o eixo de ação, olhando para o lado errado da câmera.

O movimento de atores entrando ou saindo de um close também deve ser tratado com cuidado, ou pode-se pular o eixo. Isso é particularmente importante quando a câmera está muito próxima da linha – tal como na filmagem de um close ponto de vista em que o ator está olhando para o lado da lente. Movimentos transversais na tela causarão poucas dificuldades, porque apontam de maneira óbvia para a direita ou para a esquerda. Movimentos frontais às vezes parecem neutros ao ator, fotógrafo ou diretor, e é muito fácil cometer um erro, ao olhar numa direção e então sair pela direção oposta. Para preservar a direção da imagem em closes, em que o ator entra ou sai da cena perto do lado da câmera, o movimento sempre deve ocorrer *entre* a lente e o eixo de ação.

Olhares de ambos os lados da lente

Um ator pode virar a cabeça de um lado para outro e passar os olhos pela lente da câmera – para interagir

OS CINCO Cs DA CINEMATOGRAFIA

Câmera n° 2 filma a moça.

Câmera n° 1 filma o rapaz.

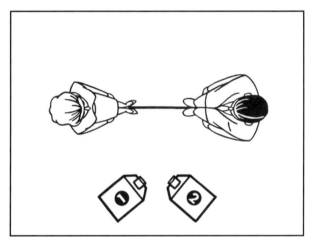

Para filmar closes opostos objetivos, as câmeras devem ser posicionadas a 45°.

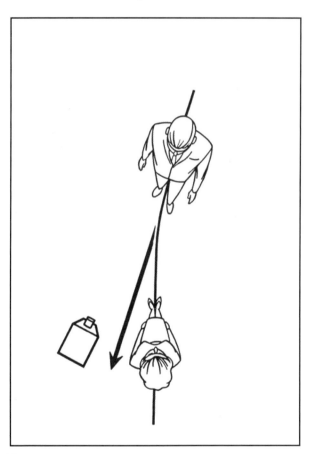

Um ator em close que interagir com um ator fora de cena deve sair de cena entre a câmera e o eixo de ação. Isso é particularmente importante em closes, porque o ator está atuando próximo do eixo de ação e é filmado com quase todo o rosto voltado para a câmera.

com atores de um lado ou de outro, ou então para deixar de olhar para um ator em cena e passar a olhar para um ator fora de cena. O truque, ao passar os olhos pela lente, consiste em evitar olhar diretamente para a câmera. Os olhos devem passar logo *acima* ou logo *abaixo* da lente, dependendo de se a câmera está abaixo ou acima da altura dos olhos do ator. Um ator profissional não terá dificuldade em passar os olhos pela câmera sem, de fato, olhar para a lente. Sem instrução cuidadosa, um amador pode acabar olhando para a lente com o canto do olho.

Fotógrafos e diretores inexperientes geralmente hesitam em permitir que um ator passe os olhos

▰ Exemplos de eixo pulado: a câmera nº 1 retrata o ator com a faca do lado esquerdo da tela — e a moça à direita. A câmera nº 2 pulou o eixo e transpôs os atores na tela. ▰

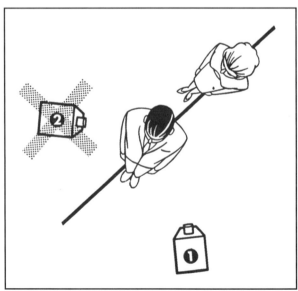

pela lente, porque temem que o olhar possa ser dirigido à lente ou que o plano não se encaixe com as cenas anterior e posterior. O ator pode se virar e olhar para ambos os lados da lente sempre que for posicionado entre dois ou mais atores, ou sempre que alternar seu olhar de um ator em cena para um ator fora de cena. Por exemplo, ele pode se virar para observar um ator entrando numa sala, ou um carro chegando. Um novo eixo é criado quando o ator muda o olhar no final de um plano. O plano seguinte deve ser baseado na linha traçada entre o ator e o objeto com o qual ele se relaciona. Isso é importante quando um ator olha para outro fora de cena, cuja reação é então mostrada num close cut-away.

Olhar neutro

Sempre que alguém olha *acima* ou *abaixo* da lente, o olhar resultante é *neutro*. Este tipo de olhar deve ser usado com critério, porque subitamente interrompe os olhares convencionais para a es-

▰ A não ser que o ator esteja olhando para cima ou para baixo em direção a outro ator, objeto ou ação, um olhar neutro — acima ou abaixo da lente — pode desconcertar o público, pois interrompe a direção convencional do olhar para a esquerda ou para a direita em direção ao ator oposto. O olhar para cima ou para baixo deve apontar para o lado da câmera a fim de preservar a direção.

O PONTO DE VISTA DA CÂMERA
PODE PULAR O EIXO DE AÇÃO

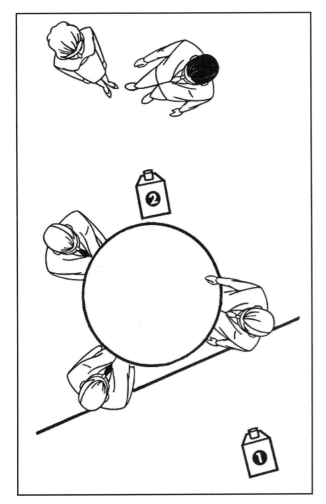

▶ O ponto de vista da câmera pode pular o eixo de ação para filmar atores na parte dos fundos do cenário. A câmera nº 1 filma um plano de conjunto. A câmera nº 2 pode ser posicionada depois do eixo para filmar um plano médio dos atores ao fundo. Isso equivale a traçar um eixo paralelo ou a pular oticamente o eixo original com o uso de uma lente de distância focal maior.

querda e para a direita e lança ao público um desconcertante olhar *sem direção*. O olhar neutro é tão próximo de um olhar direto para a câmera que pode ser mal interpretado. Fotógrafos e diretores às vezes recorrem a esse recurso para cobrir um desencontro inadvertido devido a um movimento errado dos atores ou da câmera. O olhar neutro funciona se ambos os atores são da mesma altura, uma vez que eles devem olhar um para o outro em closes opostos e não podem olhar para cima ou para baixo. Pode ser usado se o ator estiver sentado, for derrubado durante uma luta ou estiver em outro nível – tal como o topo ou a base de uma escada ou montanha. Nessas circunstâncias, um ator que estivesse olhando para cima olharia logo acima da lente, e um ator que estivesse olhando para baixo olharia logo abaixo da lente. Mesmo nesses casos, no entanto, o olhar para cima ou para baixo deve se dirigir para o *lado* da câmera, a fim de preservar o eixo de ação. O olhar neutro deve ser usado somente em caso de emergência, quando não for possível repetir uma tomada ou quando o fotógrafo ou diretor tiver de filmar um ator olhando para cima ou para baixo para encaixar com material de arquivo ainda não escolhido, ou cuja direção do olhar não seja conhecida. Se houver apenas um ou dois planos envolvidos, é melhor filmar as cenas duas vezes, com um olhar para a esquerda e outro para a direita – em vez de um olhar neutro –, de modo que o editor do filme possa escolher.

Associando olhares de atores em movimento
Associar os olhares de atores posicionados estaticamente é simples, pois o eixo de ação permanece fixo. Quando os atores se movem *durante* uma cena, o *eixo de ação se move com eles*, e deve ser traçado novamente ao *final de cada plano*. Assim, o eixo de ação pode ser definido como uma linha traçada entre os atores mais próximos de lados opostos do quadro *a cada vez que a câmera é cortada*.

Isso é necessário porque os atores podem mudar de posição, ou a câmera pode realizar um movimento panorâmico ou dolly a fim de originar um *novo* olhar numa direção diferente daquela com a qual o plano começou. Os atores, a câmera, ou ambos, podem pular o eixo de ação *durante a filmagem* porque o público observa a mudança de movimento em suas posições. No entanto, eles *não* podem pular o eixo *entre duas posições de câmera diferentes*, porque as posições dos atores seriam alteradas de maneira inexplicável, e o plano seguinte não encaixaria.

Ao filmar closes opostos de atores em que haja uma luminária – ou outro objeto – entre eles, é preciso tomar cuidado para não incluir parte do objeto no quadro, pois este aparecerá à direita num close e à esquerda no close oposto. O objeto deve ser eliminado dos closes ou aproximado de um ator para que apareça em apenas um dos closes.

Tudo pode acontecer *durante* uma cena – *nada* deve ser alterado *entre* uma cena e outra. Traçar um novo eixo ao final de cada plano automaticamente manterá os olhares associados, porque a câmera sempre estará posicionada do lado correto da linha. A fim de evitar um corte brusco, deve-se tomar cuidado ao duplicar as posições dos atores.

Associando olhares entre cenas máster e planos cut-in

Ao filmar planos consecutivos em ordem cronológica, é muito simples associar os olhares de atores em movimento. Às vezes surgem dificuldades quando vários planos cut-in têm de ser

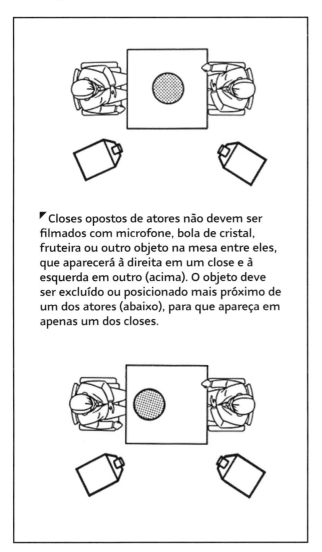

▼ Closes opostos de atores não devem ser filmados com microfone, bola de cristal, fruteira ou outro objeto na mesa entre eles, que aparecerá à direita em um close e à esquerda em outro (acima). O objeto deve ser excluído ou posicionado mais próximo de um dos atores (abaixo), para que apareça em apenas um dos closes.

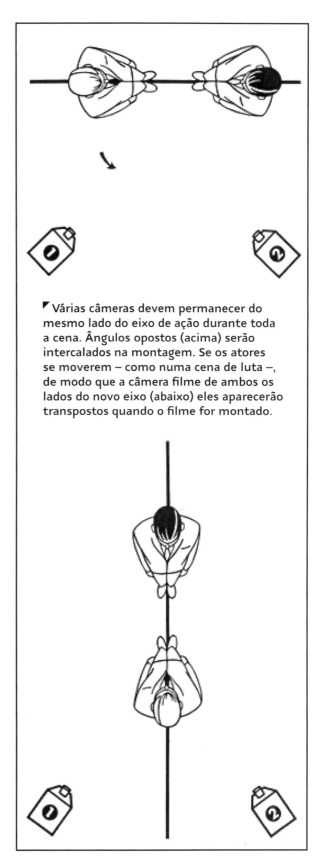

▼ Várias câmeras devem permanecer do mesmo lado do eixo de ação durante toda a cena. Ângulos opostos (acima) serão intercalados na montagem. Se os atores se moverem – como numa cena de luta –, de modo que a câmera filme de ambos os lados do novo eixo (abaixo) eles aparecerão transpostos quando o filme for montado.

EIXO DE AÇÃO PARA CLOSE CUT-AWAY

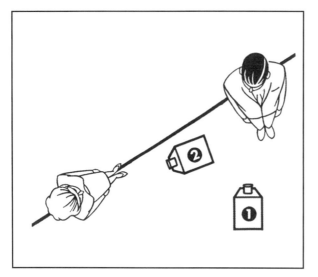

O eixo de ação para plano cut-away é traçado do ator em cena ao ator fora de cena. A câmera nº 1 filma o ator em cena. A câmera nº 2 filma o ator fora de cena. Filmando-se o ator em cena e o ator fora de cena do mesmo lado do eixo, conseguem-se olhares opostos.

encaixados em uma cena máster. Associar olhares em planos mais fechados pode ser complicado se uma grande parte do movimento dos atores ou da câmera ocorreu na cena máster. Uma vez que o eixo de ação se move com os atores e pode ser alterado pelo movimento da câmera pulando o eixo original, é necessário que o eixo seja traçado entre os atores no momento determinado da cena máster em que o plano mais fechado será encaixado. Se todos os movimentos de atores e de câmera forem planejados e filmados com a ajuda de marcas de giz ou fita-crepe

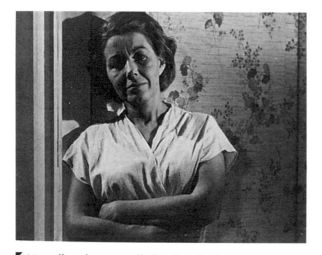

Ator olhando para a direita da tela vira o rosto para observar atriz entrando na sala. O eixo de ação é traçado entre o ator em cena e a atriz fora de cena. A câmera deve ser posicionada do mesmo lado do eixo de ação para um close cut-away; desse modo, os atores olharão um para o outro.

no chão, é muito simples retornar a qualquer posição e duplicar o eixo nesse ponto. A câmera Polaroid é de grande ajuda para associar com precisão olhares e posições. Durante a cena máster, podem-se filmar planos com câmera fixa para ajudar os atores e o fotógrafo. Deve-se tomar especial cuidado ao filmar closes que exijam que os atores olhem numa direção em determinado ponto da cena máster e na direção oposta, mais tarde, para um plano cut-in separado. Embora esses closes sejam filmados todos de uma vez, mudanças na direção não devem ser negligenciadas.

Associando olhares com um único ator

Um indivíduo – sentado a uma mesa, trabalhando numa máquina ou operando um painel de controle – deve ser filmado com o olhar consistente numa série de planos consecutivos. O fato de ele estar sozinho e não se relacionar com ninguém em cena não faz diferença. O princípio do eixo de ação permanece válido ao filmar um indivíduo, porque o olhar deve ser consistente antes e depois do corte, a não ser que o ator, ou a câmera, pule o eixo *durante* o plano e estabeleça um novo olhar. Um trabalhador que opera uma máquina não deve ser mostrado primeiro do lado esquerdo e depois do lado direito, a não ser que ele necessariamente se vire durante o plano.

É preciso, primeiro, considerar a pessoa retratada em relação a seu trabalho, para que o eixo seja traçado na direção para a qual ela está voltada. Se estiver sentado a uma mesa assinando documentos, por exemplo, o ator pode ser filmado num ângulo frontal de 45º voltado para a *esquerda* da tela. O eixo deve ser traçado através dele na direção em que ele está olhando. Pode-se posicionar a câmera em qualquer lugar dentro de um arco de 180º do lado direito da linha. Um plano sobre o ombro deve ser filmado por cima do ombro *esquerdo*. Se a câmera filmasse sobre o ombro direito do ator, atravessaria a linha e o apresentaria subitamente transposto – voltado para a direção oposta – na tela. A câmera pode ser movida para a frente a fim de filmar um plano frontal, mas o olhar deve continuar sendo dirigido à esquerda da tela. Se a câmera estivesse muito afastada, atravessaria a linha e transporia o ator – porque ele estaria voltado para a direita da tela.

Durante uma cena, a pessoa pode virar a cabeça em qualquer direção e a câmera pode deslizar através do eixo. Mas todo plano que termina com um novo olhar requer um eixo correspondente para filmar o plano seguinte. Essa situação pode surgir se outra pessoa entrar em cena e ficar em pé ou sentada numa posição que cria um novo eixo. Recomenda-se, no entanto, permanecer com o eixo original ao filmar alguém numa posição estática, particularmente para uma sequência breve que exija apenas alguns planos.

Antes de filmar o plano geral, é melhor verificar se o indivíduo é destro ou canhoto. O close pode

▼ Associar os olhares dos atores entre a cena máster e planos cut-in é mais fácil quando os atores permanecem em posições estáticas. Se, no entanto, houver movimento de atores e/ou de câmera na cena máster, a direção dos olhares deve ser tratada com atenção.

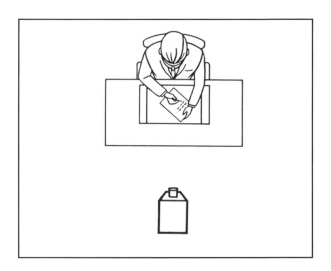

▶ Nesses planos cut-in opostos, filmados de ângulos objetivos, as câmeras são posicionadas do mesmo lado do eixo de ação, e os olhares dos atores são associados de maneira precisa. ◢

▶ Um homem sentado à mesa de trabalho pode ser filmado com uma câmera frontal neutra para um plano subjetivo, em que ele olha para a lente, ou para um plano objetivo, em que ele movimenta o olhar para a esquerda e para a direita. ◢

demandar a filmagem sobre o ombro errado para evitar que a ação seja ocultada. Um destro, por exemplo, tem de ser filmado sobre seu ombro esquerdo, para que o público possa ver o que ele está assinando ou o que está fazendo com a mão direita. Filmar sobre o ombro direito obscureceria a ação, pois cobriria o ato realizado.

Ao usar várias câmeras para filmar um indivíduo no trabalho, é necessário que *todas* sejam cuidadosamente posicionadas do *mesmo* lado do

OS CINCO Cs DA CINEMATOGRAFIA

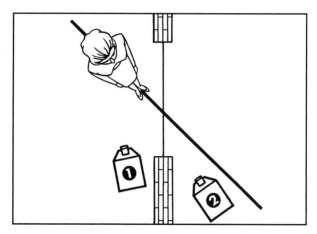

Uma pessoa olhando pela janela deve ter o eixo de ação traçado na direção de seu olhar. As câmeras no interior e no exterior precisam estar posicionadas do mesmo lado do eixo de ação.

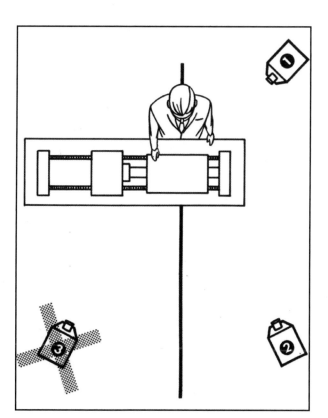

A filmagem de uma operação de máquina com várias câmeras precisa se basear no eixo de ação traçado na direção do olhar do trabalhador. As câmeras nº 1 e nº 2 filmam o trabalhador olhando na mesma direção. A câmera nº 3 pula o eixo e filma o olhar na direção oposta.

Câmera nº 1 filma ângulo de 45° de homem olhando para a esquerda da tela.

eixo, para que a pessoa não seja transposta em alguns dos planos. Uma operação de máquina, um teste de engenharia ou um teste de campo devem ser filmados de modo que o indivíduo retratado olhe e trabalhe numa única direção.

Mesmo quando for usada uma câmera neutra filmando frontalmente, o indivíduo deve dirigir o olhar para o lado correto da lente a fim de preservar o eixo de ação. Podem-se posicionar câmeras atrás, à frente e ao lado para os diferentes tipos de

▰ Câmera nº 2 filma sobre o ombro esquerdo. Homem continua olhando para a esquerda da tela.

▰ Câmera nº 3 está posicionada do outro lado do eixo, filmando sobre o ombro direito. Homem é transposto – agora, ele olha para a direita da tela.

plano – mas *não* se pode posicioná-las do lado *oposto* do eixo. Assim, toda a operação seria invertida. O posicionamento de câmera cuidadoso é necessário se a filmagem se der em uma grande área – tal como um polígono de tiro. Embora distantes, os atiradores e o alvo formam um eixo. O alvo pode ser filmado frontalmente – do ponto de vista do atirador –, mas todas as câmeras no polígono devem estar posicionadas do mesmo lado do eixo, para que a arma sempre aponte para a mesma direção na tela.

Associando olhares entre locutor e público

Lidar com o eixo de ação ao filmar um locutor – tal como um mestre de cerimônia, um instrutor, um palestrante – *falando com o público* difere de filmar uma peça ou um programa de TV *encenados para o público*.

Em uma peça, os atores interagem *uns com os outros* por todo o palco. Já o locutor *se relaciona* diretamente com o *público*. Um instrutor fala com seus alunos, como se estivesse num two-

▰ Locutor e público são retratados com olhares opostos. As câmeras foram posicionadas do mesmo lado do eixo central. O locutor também pode ser filmado com uma câmera frontal neutra e olhar para a esquerda ou para a direita. O filme deve ser editado intercalando planos e contraplanos, de modo que o locutor e o público pareçam olhar um para o outro.

-shot com cada um deles. Portanto, o *locutor* e *cada integrante* do público devem ter olhares *opostos*, o mesmo que num two-shot. A dificuldade de associar olhares opostos pode surgir porque o público está distribuído numa fileira, de modo que o locutor deve olhar para a direita e para a esquerda para interagir com os presentes. O público forma a base de um triângulo com o locutor no ápice.

Há duas formas de filmar locutor e público. Esses métodos podem ser usados individualmente ou em combinação.

O *eixo de ação* pode ser traçado pelo corredor central. Se não há corredor, desenha-se uma linha central. A câmera pode ser posicionada de *um dos lados*, filmando em direção à linha central. Esse é o método mais simples para apresentar mestres de cerimônia, professores ou palestrantes – e público ou classe – com olhares opostos, como se estivessem num two-shot. Closes de perfil do locutor e dos membros da classe podem ser filmados des-

▸ Em cena filmada do lado direito do eixo central, o maestro olha para a esquerda da tela. O contraplano do público deve ser filmado do mesmo lado do eixo de ação – para que se obtenha um olhar oposto. Numa sequência prolongada, a câmera pode ser posicionada para planos neutros ou opostos olhando em uma ou outra direção. Para uma continuidade mais suave, o locutor no palco deve ser intercalado com planos opostos de integrantes do público.

sa maneira. Ângulos de 45° e closes ponto de vista – similares àqueles num two-shot – também podem ser filmados com a certeza de que o locutor sempre olhará numa direção e os alunos, na direção oposta. É possível filmar planos gerais e médios do auditório ou da sala de aula do fundo em direção ao palco, ou do palco em direção ao público – com a câmera próxima do eixo ou dos cantos da sala – a fim de obter tomadas inclinadas com os mesmos olhares opostos. Esse método é recomendado para sequências em salas de aula ou sequências breves em teatros. Tal tratamento pode se tornar monótono quando prolongado, porque não tem variedade visual.

O método alternativo é traçar o eixo de ação *através* do público, *paralelamente* a qualquer fileira de assentos, ou base do triângulo. A câmera pode ser posicionada em qualquer lugar dentro do triângulo formado pelo locutor no ápice e por uma fileira de pessoas ao longo da base. Isso é similar a um three-shot, e dá liberdade para filmar

▸ Plano frontal neutro de instrutor e alunos. O instrutor pode olhar para a esquerda ou para a direita. Os planos individuais dos alunos devem ser intercalados de maneira oposta – quando o instrutor olha para a esquerda, os alunos olham para a direita; quando o instrutor olha para a direita, os alunos olham para a esquerda. Esse tratamento é similar a um three-shot dividido em dois two-shots – com closes individuais em oposição.

▼ Um mestre de cerimônias pode se relacionar com os artistas no palco e também diretamente com o público. Ele pode olhar para a esquerda ou para a direita. Os integrantes do público podem olhar para qualquer direção. Para obter um efeito mais suave, devem-se intercalar planos consecutivos do mestre de cerimônias e do público. ◢

o locutor ou o público olhando em *uma ou outra* direção. O locutor pode ser filmado frontalmente e passar os olhos pela câmera, a fim de olhar para a direita e para a esquerda, mirando todo o público. Integrantes do público de um lado olharão para a esquerda, e aqueles do outro lado olharão para a direita. Editorialmente, é recomendável intercalar os planos, para que um olhar do locutor seja seguido por um olhar de um integrante do público na direção oposta. Ou, se vários closes do público com olhares opostos forem intercalados, o plano final do público deve se opor ao plano seguinte do locutor. O tratamento de olhares opostos, empregado para combinar planos *consecutivos* de locutor e público, deve conferir ao filme uma continuidade mais suave.

Em planos médios de várias pessoas ou em closes individuais, os olhares devem estar de acordo com sua localização na plateia. Aqueles sentados do lado esquerdo do auditório devem olhar para a direita; aqueles à direita devem olhar para a esquerda. Assim, cada integrante do público e o locutor compõem um two-shot, com olhares opostos. Pode-se considerar, ainda, que o locutor e quaisquer dois integrantes do público, de lados opostos da sala, compõem um three-shot que se transforma em dois two-shots. O locutor se vira de um a outro, para que seu olhar crie um novo eixo para o two-shot seguinte.

Podem-se inserir planos neutros entre planos do locutor e do público que não apresentam olhares opostos. Planos neutros também interrompem o tratamento intercalado de planos em direções opostas. Por meio de um plano neutro, o locutor muda a direção do olhar de um lado do auditório para o outro, e a cena encaixa com um plano próximo de integrantes do público com olhares opostos.

Planos gerais do palco ou do público devem ser filmados frontalmente para um tratamento neutro, e do mesmo lado da linha central para um efeito de oposição. Devem-se evitar planos gerais do palco e do público filmados de lados opostos, porque o locutor e o público serão exibidos voltados para a mesma direção – e *não* um em direção ao outro.

O tratamento com base na linha central é melhor para sequências simples, como numa sala de aula. O tratamento paralelo, ou uma combinação de ambos os tratamentos, pode ser utilizado sempre que se desejar obter maior liberdade no posicionamento da câmera ou maior variedade visual.

OS CINCO Cs DA CINEMATOGRAFIA

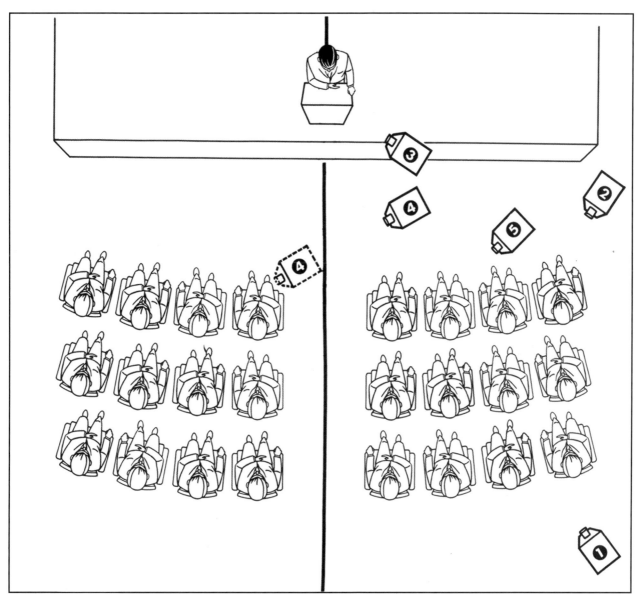

� Uma vez que o locutor no palco interage diretamente com o público, a sequência deve ser filmada com base no eixo central para possibilitar um tratamento de oposição entre o locutor e o público – similar à filmagem de dois atores em closes opostos. A câmera nº 1 filma em direção ao palco, para obter um plano geral do público e do locutor. A câmera nº 2 filma um plano geral do público do ponto de vista oposto, posicionada do mesmo lado do teatro em relação ao eixo central. A câmera nº 3 filma o locutor olhando para a esquerda da tela. A câmera nº 4 filma o público olhando para a direita da tela. O ponto de vista da câmera nº 4 pode pular o eixo oticamente, para filmar closes de indivíduos. A câmera nº 5 filma indivíduos do lado oposto do teatro, com olhar para a direita da tela. Todas as câmeras filmam em direção à linha central, para apresentar o locutor olhando para a esquerda e os integrantes do público olhando para a direita da tela.

143

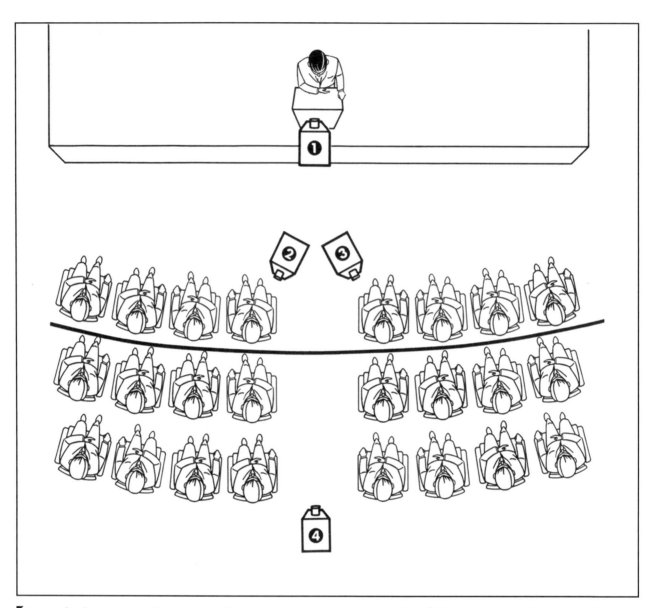

▰ A sequência em um palco pode ser filmada com base num eixo paralelo (linha traçada paralelamente às fileiras). A câmera nº 1 filma o locutor, que olha para a esquerda e para a direita e se relaciona com integrantes do público de ambos os lados do teatro. A câmera nº 2 filma integrantes do público situados do lado esquerdo do teatro, olhando para a direita da tela. A câmera nº 3 filma aqueles situados do lado direito, olhando para a esquerda da tela. Para obter um melhor efeito visual, devem-se intercalar planos do público e do locutor com olhares opostos. A câmera nº 4 filma planos neutros do fundo do teatro. Numa sequência longa, podem-se combinar o eixo central e o paralelo para obter variedade visual.

Qualquer um desses tratamentos, ou ambos, também pode ser usado para filmar qualquer tipo de peça, demonstração ou ação encenada em que as pessoas no palco *não* se relacionam com o público. Essa filmagem é menos complicada, porque as pessoas no palco interagem apenas umas com as outras, e o público meramente observa. Olhares opostos não são necessários.

É importante lembrar que a câmera deve permanecer de um lado do eixo da linha central sempre que for preciso apresentar olhares opostos. Ou permanecer neutra para filmar planos frontais. A câmera não pode pular o eixo da linha central em planos consecutivos, porque os olhares estarão voltados para a mesma direção, em vez de opostos.

Numa sequência longa, a câmera pode ir a qualquer lugar, desde que os planos desencontrados sejam espaçados em uma ou duas cenas durante a edição. Isso pode ser feito porque um auditório é uma situação fixa com frente e fundo definidos, e as pessoas estão sentadas e olhando apenas em uma direção. O espectador não se confundirá, independentemente dos tipos de plano mostrados na tela ou da maneira como são editados. Os resultados são melhores, e mais fáceis de se ver, quando se apresentam olhares opostos para que o locutor e o público interajam em planos consecutivos.

Eixo de ação para três atores

Three-shots precisam de atenção especial de acordo com a forma pela qual são encenados. Há dois tipos de three-shot: com um ator dominante que se relaciona com outros dois, que estão próximos; e com três atores que estão espalhados e dominam a cena um de cada vez.

O primeiro tipo ocorre quando o padre interage com os noivos; a professora fala com dois alunos; o garçom serve um casal. Nessas condições,

Câmera filma three-shot com atores separados e igualmente dominantes, cada um a sua vez. A câmera pode pular oticamente o eixo de ação para filmar o ator ao fundo, que pode interagir com cada um dos atores em primeiro plano, alternando o olhar entre um e outro.

o ator dominante deve ser posicionado de um lado da tela, e os dois outros atores do lado oposto. Os atores secundários são tratados como uma unidade, e a configuração é feita com base em oposições – por exemplo, com o ator dominante voltado para a direita da tela, e os demais voltados para a esquerda. Podem-se filmar – com o mesmo tratamento que um two-shot – closes sobre o ombro, objetivos ou ponto de vista, com a câmera posicionada do mesmo lado do eixo de ação traçado entre os dois atores mais próximos da câmera, de lados opostos da tela. Os atores secundários são filmados juntos ou em closes individuais – ambos com o mesmo olhar para a esquerda da tela.

Quando o ator dominante – à esquerda – olha para o ator em segundo plano à direita, o *olhar* cria um novo eixo entre eles. A câmera pode agora ser posicionada *entre* os dois atores à direita, para filmar um close frontal do ator dominante. É importante que o olhar seja dirigido à direita da tela – em direção ao ator mais distante – para que se obtenha um corte suave do ângulo lateral ao

▼ Padre domina cena de casamento, podendo ser filmado tanto do eixo central (acima) quanto de um eixo paralelo (abaixo). No início do plano (abaixo), o padre olha para a direita da tela, em direção ao noivo, para preservar a direção do olhar da cena anterior e, desse modo, obter uma transição mais suave. Depois, ele pode dirigir o olhar para a noiva. ◢

EIXO DE AÇÃO PARA THREE-SHOT

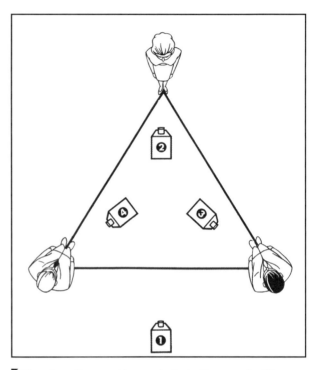

▼ Eixo de ação para three-shot. A câmera n° 1 filma através de eixo paralelo (similar ao teatro, com o mestre de cerimônia olhando para a câmera e integrantes do público de ambos os lados do centro). A câmera n° 2 atravessa oticamente o eixo para filmar um close da moça – que pode olhar para qualquer um dos lados para interagir com o rapaz à esquerda em close oposto (filmado pela câmera n° 4), ou com o rapaz à direita (câmera n° 3). O three-shot pode ser dividido em two-shots e closes opostos.

▼ A câmera n° 1 filma de um ângulo lateral – garçom se vira para ator em segundo plano.

ângulo traseiro intermediário. Muitos diretores e editores de filme preferem um discurso ou ação marcante, que represente uma ligação definitiva entre o ator dominante e o ator distante. Uma ação – tal como servir uma bebida – é melhor, para que os dois planos possam ser cortados durante o movimento, com uma ação em direção à direita para preservar o olhar do ator dominante para esse lado. Em situações menos marcantes, a câmera não deve girar completamente para ser

▼ Pode-se cortar para a câmera nº 2 quando o garçom se virar para o ator em segundo plano à direita – criando um novo eixo.

▼ Posteriormente, o garçom pode se voltar para o ator à esquerda conforme a cena avança.

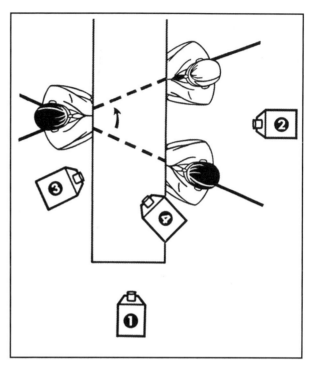

▼ Um three-shot em que uma pessoa domina pode ser filmado de um ângulo lateral, com o ator dominante olhando para a direita e os atores secundários olhando para a esquerda. A câmera nº 1 filma o grupo inteiro. As câmeras nº 3 e nº 4 filmam closes opostos. Quando o garçom olha ou serve bebida para o ator em segundo plano à direita, cria-se um novo eixo de ação. A câmera nº 2 filma o garçom olhando para a direita para preservar a direção original do olhar.

posicionada entre os atores secundários – deve permanecer do mesmo lado do eixo original.

O segundo método – com atores espalhados e cada um deles dominando a cena a sua vez – deve ser filmado com um único eixo. Assim, dois atores estarão em primeiro plano e um deles, em segundo plano. Se a câmera precisar pular o eixo, um dos atores em primeiro plano subitamente aparecerá do lado oposto da tela, e o ator ao fundo, do outro lado. A câmera pode atravessar *oticamente* para filmar um close do ator ao fundo, e ele, por sua vez, pode se relacionar com cada um dos atores em planos separados. Cada two-shot pode ser filmado individualmente com closes sobre o ombro, ponto de vista ou objetivos, conforme desejado.

Quando dois atores estão juntos, eles devem ser tratados como uma unidade. Cada um deles, ou ambos, deve ser filmado do mesmo lado do eixo, para que apresente o mesmo olhar em direção ao ator oposto. Desse modo, um three-shot com um ator dominante e dois atores secundários é tratado como um two-shot, desde que o ator dominante e os atores secundários estejam em extremidades opostas do eixo.

Quando três atores estão espalhados e cada um deles domina a cena ao falar ou reagir, devem ser tratados individualmente e cada um tem de apresentar um olhar oposto ao ator com quem está interagindo na ocasião. O three-shot, assim, torna-se uma série de two-shots – com cada two-shot criando o próprio eixo conforme os atores alteram a direção do olhar.

Associando olhares em grupos sentados ao redor de uma mesa

Podem surgir dificuldades ao filmar um grupo de atores sentados ao redor de uma mesa, particularmente uma mesa redonda. Um círculo fechado de atores, olhando para dentro em direção uns aos outros, requer a filmagem de cenas que são encenadas com o padrão editorial em mente. Essas cenas devem ser bem determinadas, para que o espectador não se confunda quando dois ou mais atores – mostrados em two-shots ou em closes individuais – falarem com os atores fora de cena.

O eixo deve ser traçado entre os dois atores mais próximos da câmera em lados opostos da tela. A câmera pode pular o eixo para filmar um ator distante – ou vários atores – traçando um eixo paralelo.

▼ Atores sentados ao redor de uma mesa devem ser devidamente situados, para que o público não se confunda quando a câmera se aproximar para filmar planos médios e closes. É preciso traçar o eixo entre atores interagindo um com o outro; assim, eles serão apresentados com olhares opostos em closes individuais.

lo. Um ator pode olhar para outro em cena ou fora de cena traçando o eixo de um a outro, para que sejam filmados do mesmo lado com olhares opostos. Se forem mostrados vários closes seguidos, é melhor recuar a câmera de tempos em tempos e apresentar a cena completa novamente.

▼ Se um three-shot for dividido em two-shots, a atriz centralizada aparecerá à direita em um two-shot e à esquerda no outro.

OS CINCO Cs DA CINEMATOGRAFIA

A câmera pode se mover ao redor do grupo para filmar closes individuais de atores de frente um para o outro na mesa, porque o olhar de um ator em cena em direção a um ator fora de cena cria um novo eixo. Um ator pode olhar para uma direção e interagir com outro que é mostrado com um olhar oposto. Então, o ator original pode mudar a direção do olhar e interagir com outro ator do outro lado da mesa. Não haverá confusão na mente do espectador se a cena for estabelecida e cada grupo de atores for mostrado com olhares opostos.

Filmar um three-shot seguido de um par de two-shots que apresenta o ator do meio de um lado da tela em um plano, e depois do lado oposto no plano seguinte não é recomendável. É melhor dividir esses planos em um two-shot e um close, ou em closes individuais.

Reposicionando o eixo de ação para manipular o segundo plano

Muitas vezes, é impossível filmar o close em contraplano de um ator devido a limitações de espaço numa locação interna ou à ausência de um segundo plano num set de filmagem com duas ou três paredes. Nessas circunstâncias, o ator pode ser posicionado contra *outra* parede, desde que o ângulo da câmera e a posição e o olhar do ator correspondam à configuração original. Primeiro, a configuração da câmera deve ser demarcada na posição original. Em seguida, *tanto* a câmera *quanto* o ator devem ser virados – como se ambos estivessem numa mesa giratória – de modo que a relação entre eles permaneça inalterada. Dessa forma, a câmera e o olhar do ator permanecem do mesmo lado da nova linha, como se estivessem no eixo original. O ator oposto fora de cena deve ser posicionado do lado certo da câmera para dialogar. Pode ser necessário corrigir o segundo plano – com uma imagem – para sugerir outra parede, caso apareça em outros planos.

Associando olhares em material de arquivo e cenas de produção

Normalmente, é necessário associar material de arquivo com cenas de produção. Uma imagem de arquivo de um grande público pode ser usada com cenas de produção de um locutor no palco. A imagem também pode ser composta quase totalmente de material de arquivo com planos de reação cut-away recém-filmados ou outras cenas neces-

▼ Um three-shot deve ser seguido de um two-shot e de um close de um único ator, ou de closes individuais de cada um dos atores.

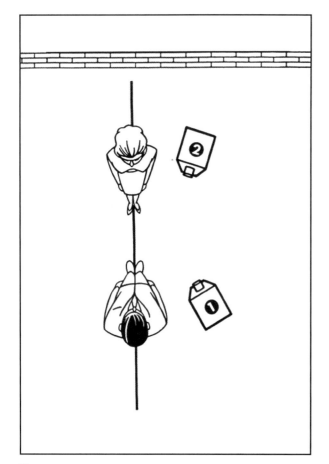 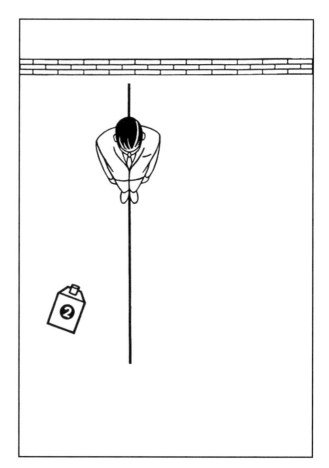

▼ A câmera nº 1 filma a moça. A câmera nº 2 não pode filmar o rapaz, devido à ausência do cenário. Tanto a câmera quanto o rapaz giram em sentido horário, para que o rapaz seja posicionado contra a parede disponível e filmado do ângulo oposto original. Pode-se adulterar a posição de ator, desde que se mantenha a relação original entre ator e câmera.

sárias para proporcionar continuidade ou transições. Em qualquer um dos casos, é recomendável estudar o material de arquivo antes de filmar as cenas de produção, para obter olhares correspondentes ou opostos. Convém projetar os materiais de arquivo ou estudá-los num visor, e fazer uma lista detalhada com pequenos diagramas representando o ângulo e o olhar. Se possível, filmes curtos devem ser estudados no set de filmagem onde serão gravadas as cenas a serem intercaladas na edição.

A melhor forma de garantir a correspondência é fazer uma panorâmica mental do olhar contido no material de arquivo ao do plano prestes a ser filmado. Isso automaticamente sugerirá o olhar correto. Se o público está olhando para a direita da tela, a câmera mental realiza um movimento panorâmico para mostrar – mentalmente – o olhar oposto do locutor, assim como o ângulo de câmera oposto. Se um míssil ou um avião é lançado ou levanta voo, filma-se o plano com a reação do ator, fazendo-o imaginar que está vendo a ação acontecendo atrás da câmera. Se a decolagem ou aterrissagem de um avião tiver de corresponder a um material de arquivo do voo, o avião deve decolar ou aterrissar na mesma direção. Se um close do piloto for filmado para inserção num material de arquivo do voo, o piloto tem de estar voltado na direção da viagem.

Contraplanos

Por causa dos problemas que podem causar ao serem associados na edição, os contraplanos, em certas ocasiões, parecem confusos. Posicionar a câmera do lado oposto de um set de filmagem ou sala – ou, em vez disso, virar a câmera para que aponte na direção oposta – merece considerações cuidadosas, porque esse tratamento pode transpor os atores. Inverter a câmera também introduz um novo segundo plano – às vezes, completamente diferente. Isso pode confundir o espectador porque as posições dos atores devem ser reorientadas em relação ao cenário.

Eliminam-se os problemas de associação e de edição se o princípio do eixo de ação for seguido. Closes opostos sobre o ombro e ponto de vista, e planos frontais de aproximação e de afastamento são filmados de ângulos diametralmente opostos. Ainda assim, por meio do uso do eixo, os olhares dos atores e a direção do movimento do objeto permanecem consistentes. Da mesma forma, a simples conveniência do eixo de ação automaticamente garantirá o sucesso ao filmar contraplanos.

O ângulo de câmera pode ser livremente invertido em teatros, igrejas, tribunais ou veículos – carros, ônibus, trens, aviões –, porque as pessoas estão posicionadas em assentos fixos. Tais cenários têm em comum frentes e fundos bem distintos – palco, altar, banco do juiz ou dianteiras e traseiras de veículos.

Pessoas sentadas podem ser fotografadas de frente, de costas ou de lado. O espectador imediatamente percebe que a câmera – e não as pessoas – trocou de posição. Mesmo nessas condições, no entanto, é recomendável ficar do mesmo lado de um eixo central sempre que possível – para que todos os planos apresentem um olhar na mesma direção. A câmera deve filmar perspectivas diretas frontais ou traseiras, ou filmar em direção à frente ou aos fundos do cenário ou veículo – do mesmo lado do eixo. Pode-se, ainda, inserir um plano neutro entre cenas filmadas com olhares opostos pelo fato de o eixo ter sido pulado.

É possível inverter a câmera com segurança e sem confusão em qualquer cenário ou sala com uma característica distintiva – tal como uma escada, uma porta grande, uma lareira, estantes de livros etc. Uma sala sem adornos, com paredes similares, móveis, cortinas ou outros apetrechos indistintos pode confundir o espectador. Embora,

▰ Em qualquer cenário com assentos fixos, como avião ou trem, é possível inverter a posição da câmera. Podem-se filmar planos neutros em que o objeto filmado se aproxima ou se afasta da câmera. Se a câmera for posicionada de um lado do eixo central, deverá permanecer do mesmo lado ao filmar contraplanos, a fim de preservar a direção do olhar. ◢

nessa situação, um contraplano possa retratar os atores de um novo ângulo, apresentará um segundo plano similar. Em geral é mais seguro situar o cenário geral. Dessa forma, o público conhecerá a geografia da sala e entenderá prontamente a mudança para um ângulo reverso.

Um plano em que um ator ou grupo de atores andam em direção à câmera e saem – sendo, então, recebidos num contraplano em que entram e se distanciam da câmera, para atravessar a sala – deve se basear numa panorâmica mental. Essa técnica mostraria que se o sujeito sai pela direita, ele deve entrar pela esquerda. O movimento numa direção constante só mostrará progressão quando for filmado do mesmo lado do eixo de ação. Isso é o mesmo que filmar planos frontais de aproximação e de afastamento para uma sequência em movimento.

Se um grupo de atores permanece fixo e a câmera os filma primeiro de um lado de uma sala e depois do lado oposto, apresenta-se uma situação diferente. Os atores podem olhar para fora da cena a fim de observar um novo ator entrando na sala. Então, a câmera é posicionada atrás deles do lado oposto da sala – para mostrar o ator passando pela porta em direção a eles.

Os atores que olham para fora da cena criam um novo eixo entre eles e o ator que está entrando. Se a câmera permanecer do mesmo lado do eixo para o contraplano, a direção do olhar dos atores será a mesma em ambas as cenas. Para filmar o ator entrando, a câmera pode ser posicionada entre outros dois atores – de um ângulo reverso –, desde que o novo ator ande em direção ao olhar do grupo.

Pode-se obter um contraplano com um ator olhando para fora da cena – que permite que a câmera seja virada para mostrar o que ele vê. Um ator pode passar os olhos pela câmera em direção ao lado oposto da sala, e a câmera ser invertida para mostrar a cena do ponto de vista dele. Se o ator interagir com outro ator, deve-se filmar o con-

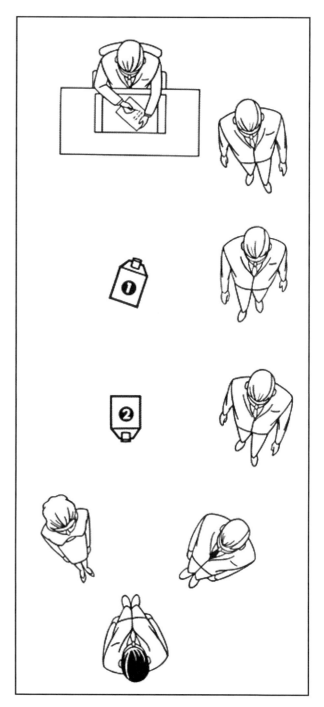

▼ Ao filmar uma pessoa atravessando uma sala, deve-se inverter a posição da câmera com base numa panorâmica mental. A câmera nº 1 filma o ator, que se levanta da mesa e sai de cena pela direita. A câmera nº 2 filma o ângulo reverso – como se realizasse um movimento panorâmico –, enquanto o ator entra pela esquerda da tela e soma-se a outros atores do lado oposto da sala.

OS CINCO Cs DA CINEMATOGRAFIA

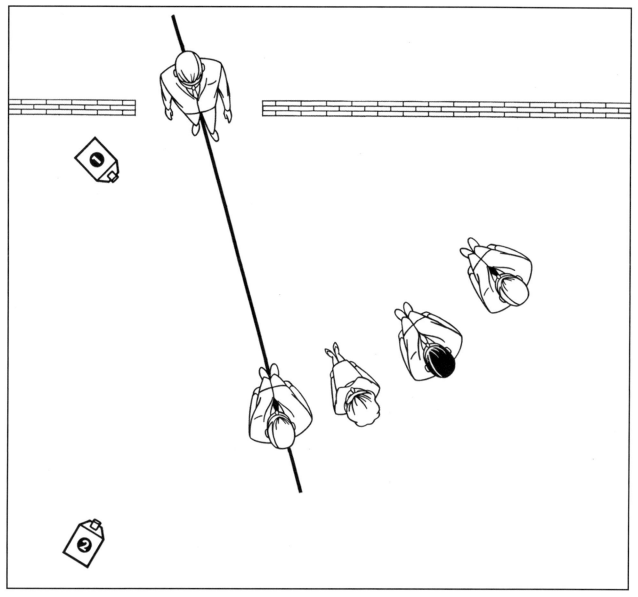

▼ Pode-se inverter a câmera sem problema – sempre que for possível reposicioná-la do mesmo lado do eixo de ação. A câmera nº 1 filma um grupo de pessoas, as quais se viram para observar o ator que entra na sala. O eixo de ação é traçado do ator que ocupa a posição mais próxima da câmera ao ator recém-chegado. A câmera nº 2 filma o contraplano, quando o ator entra e se une ao grupo.

traplano do mesmo lado do eixo de ação, para que eles apresentem olhares opostos. Isso é equivalente a um par de closes ponto de vista ou objetivos filmados como parte de um two-shot – com a diferença de que cobre uma área maior.

Ao inverter a câmera, é de extrema importância que o espectador não seja confrontado com atores transpostos contra novos segundos planos. Deve-se situar a cena para que o público perceba imediatamente o tipo de cenário – igreja, ônibus, automóvel –, ou posicionar a câmera para revelar uma característica distintiva do cenário numa visão geral. Assim, um contraplano posterior não causará confusão.

153

Conclusão

Durante uma sequência que represente uma ação contínua, sem intervalo de tempo, a continuidade direcional deve ser mantida. Os movimentos, posições e olhares dos atores precisam corresponder antes e depois de um corte seco. É necessário filmar o movimento dos atores entrando e saindo das várias configurações de câmera com entradas e saídas que correspondam à continuidade direcional estabelecida. Todos os atores – estejam em cena ou fora de cena – devem ser apresentados em planos cut-in e cut-away com olhares associados corretamente, que não deixem dúvidas ao espectador sobre onde estão

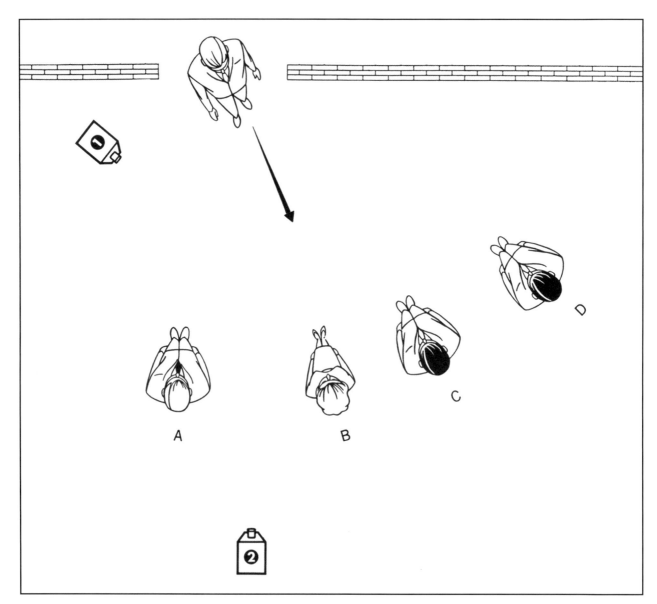

▼ A câmera nº 1 filma o grupo, que se vira para observar o ator entrando na sala. A câmera nº 2 é posicionada entre os atores A e B para filmar de um ângulo reverso. O ator que entra na sala deve andar em direção aos atores B, C e D; dessa forma, seu movimento e olhar serão apresentados da esquerda para a direita, em oposição, para que sejam dirigidos à direita da tela – em oposição ao olhar dos atores em direção à esquerda da tela, captado pela câmera nº 1.

posicionados e com quem estão interagindo. O eixo de ação precisa ser redefinido ao final de todo plano em que o movimento do ator e/ou da câmera provoque uma mudança em relação ao eixo original.

O eixo de ação encoraja, em vez de inibir, o uso de ângulos de câmera. Usando esse princípio, câmera e atores estão livres para perambular pelo set de filmagem ou olhar em qualquer direção – sem medo de fazê-lo na direção errada. Não há restrições sobre o movimento da câmera ou dos atores. *O fato mais importante a ser lembrado é que os movimentos ou olhares dos atores devem ser os mesmos antes e depois do corte contínuo.* Portanto, observe o movimento ou o olhar no início e no fim de cada plano e, no final, trace um novo eixo entre os atores, caso este seja diferente do eixo no início do plano.

Tudo pode mudar durante um plano: os atores *podem* inverter a direção ou mudar olhares ou posições; os atores *podem* pular o eixo; a câmera *pode* realizar um movimento panorâmico ou dolly em qualquer direção; a câmera *pode* pular o eixo; a câmera e os atores *podem* se mover de qualquer maneira e em qualquer direção, em qualquer combinação. *Nada deve ser alterado entre um plano e outro*: os atores *não podem* mudar a direção do movimento ou mudar olhares ou posições; a câmera *não pode* pular o eixo estabelecido pelos atores no final do plano anterior. Tudo isso se aplica apenas a cortes contínuos, em que a ação é ininterrupta de um plano a outro. Não se aplica a cenas ligadas por fusões ou outros efeitos óticos, ou a cenas editadas em outras cenas que estão ocorrendo em outro lugar, ou ainda a casos em que se usam eixos centrais e paralelos. Sempre que a ação é interrompida por meios editoriais, óticos ou digitais, presume-se que talvez tenham ocorrido mudanças nesse meio-tempo. A direção da imagem determinada

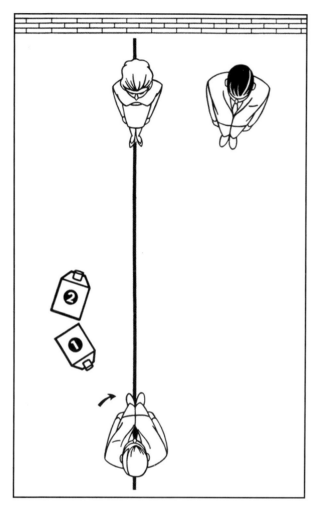

▸ O olhar do ator pode motivar a inversão da câmera. A câmera nº 1 filma o ator, que se vira para olhar para o outro lado da sala. O eixo de ação é traçado entre o ator e a moça do lado oposto da sala. A câmera nº 2 filma um contraplano do mesmo lado do eixo de ação – de maneira similar a um close filmado de ângulo oposto, mas usando um ângulo mais aberto.

deve ser preservada numa série de planos – tal como uma perseguição – que são editados alternadamente com outros planos, uma vez que, para fins práticos, essas cenas são contínuas. Na análise final, a continuidade direcional consiste em permanecer do mesmo lado de atores ou veículos em movimento ou estáticos, para que o movimento ou o olhar estabelecidos sejam mantidos em planos consecutivos.

UNINDO TEMPO E ESPAÇO

Normalmente, a continuidade cinematográfica segue uma sequência ininterrupta de imagens. Nem sempre é prático ou desejável representar uma história inteira de maneira contínua. Isso pode acarretar passagens sem sentido, que prejudicariam o enredo e desacelerariam – em vez de acelerar – a narrativa, partindo das cenas de abertura, passando pelas sequências de desenvolvimento até chegar ao clímax.

Numa sequência contínua, pode-se usar o tempo real, o tempo do relógio. No entanto, planos cut-in ou cut-away permitem a remoção ou a inclusão de ações sem que o público perceba que o tempo foi comprimido ou expandido. Uma vez que os filmes são uma ilusão, não se pode estabelecer nenhuma regra fixa para a representação do tempo ou do espaço.

Independentemente de como esses elementos são utilizados, o público precisa ter a nítida *impressão* de ver os fatos em sua totalidade. Até mesmo compilações cinematográficas têm de exibir uma imagem contínua ao apresentar uma série de cenas consecutivas. Tal ilusão deve ser transmitida de maneira correta, ou o encanto do enredo pode ser quebrado. Sempre que for necessário explicar um *intervalo de tempo* ou uma *mudança de lugar*, seja *dentro* de uma sequência ou *entre* uma sequência e outra, devem-se empregar vários recursos de transição para unir tempo ou espaço.

RECURSOS DE TRANSIÇÃO VISUAL E SONORA

Esses métodos podem ser usados, individualmente ou combinados, para unir tempo e espaço.

TRANSIÇÕES VISUAIS

O método mais simples de obter transições visuais suaves é o uso de títulos introdutórios, especificando o lugar e/ou o tempo para estabelecer a cena. O nome do lugar e a data, tal como *Omaha Beach, 6 de junho de 1944*, introduziria uma sequência mostrando a invasão da Europa pelas forças aliadas na Segunda Guerra Mundial. Intervalos de tempo sem data também podem ser comunicados com o título: *Cinco anos depois*. Um mapa pode mostrar progresso de tempos em tempos durante uma viagem, ou o local seguinte da narrativa. A cena pode abrir com o nome de um lugar num porto, aeroporto ou estação de ônibus ou de trem – ou com um jornal focalizando nitidamente uma data.

Transições visuais podem usar qualquer um dos seguintes recursos óticos[19]: fade ou fusão; dissolve ou dissolução; e wipe ou cortina.

Fade ou fusão

Um fade-in, ou fusão de abertura, em que a tela preta gradativamente revela uma imagem, é usado para *iniciar* uma história ou sequência. Um fade-out, ou fusão de encerramento, em que a imagem gradativamente escurece até que a tela fique preta, é usado para *encerrar* uma história ou sequência. Os fades podem ter qualquer duração para se adequar ao tempo dramático da ação.

Embora os fades sejam geralmente utilizados em pares – fade-out seguido de fade-in –, essa não é uma regra estrita. Uma sequência individual, várias sequências ou um filme completo podem ser iniciados e encerrados por fades. Isso segrega as várias unidades narrativas. Sequências separadas por fades são similares aos capítulos de um livro ou aos atos de uma peça. Fades entre sequências que ocorrem no mesmo local indicam passagem de tempo, tal como de um dia para outro, ou semanas ou meses mais tarde. Também é possível usar fades para indicar uma mudança de lugar. Fades devem ser usados espaçadamente, ou acabam produzindo um efeito picado ou episódico, interrompendo o

---

19. Atualmente, os recursos são digitais. Não se utilizam mais recursos óticos, uma vez que os negativos são manuseados digitalmente. [N. R. T.]

fluxo narrativo. Utilize-os apenas no início e no fim de um filme, a não ser que o conteúdo seja dividido em intervalos de tempo distintos ou separados narrativamente no espaço.

Dissolve ou dissolução

O dissolve ou dissolução mistura uma cena em outra. Tecnicamente, uma dissolução é um fade-out sobreposto a um fade-in, para que uma perda em densidade de imagem na primeira cena seja equilibrada com um ganho em densidade de imagem na segunda. Dissoluções são usadas para *cobrir* um *intervalo de tempo* ou *mudança de lugar*, ou para *suavizar* uma mudança de cena que, do contrário, seria abrupta ou discordante. Em geral, a dissolução é usada em títulos consecutivos para que um se misture com o outro. Também pode ser usado em cenas que pareceriam cortes bruscos devido a uma mudança repentina no centro de interesse. A duração das dissoluções pode variar para se adequar ao tempo dramático.

Dissoluções em que as duas cenas conectadas são similares em forma, movimento ou conteúdo são usadas a fim de obter uma transição mais suave, ou para preservar o fluxo narrativo, tornando a mudança de imagens menos abrupta. Formas similares, como flores e joias, movimentos, rodas e hélices, e conteúdos similares, como a chama de um fósforo e um incêndio numa floresta, são combinações efetivas. Tais dissoluções não devem ser muito complicadas nem distrair a atenção da narrativa. A não ser que suas imagens provenham da história, planos correspondentes não devem ser usados para dissoluções de transição.

Dissoluções em que as imagens misturadas chacoalham, ondulam, tremem, sacodem, retorcem, viram, entram e saem de foco ou são de alguma forma borradas podem ser usadas para denotar uma mudança repentina no estado de ânimo de um personagem para um estado subsconsciente,

▼ Pode-se usar a dissolução para cobrir intervalos de tempo, como ao retratar essa sequência de mulheres da tribo navajo fiando lã para tecer cobertores. ◢

retrospectivo, desequilibrado, embriagado ou dopado. Tais dissoluções, em geral acompanhadas de som misterioso, também são utilizadas para introduzir um flashback.

Em geral, utilizam-se dissoluções para iniciar e encerrar um flashback, flashforward ou outra condição anormal. Uma segunda dissolução, de encerramento, pode não ser necessária em situações em que o público compreende a mudança, ou quando se deseja assustar ou chocar o espectador. Se a mesma pessoa, ou grupo, conta várias histórias e sempre retorna ao mesmo cenário, o público pode precisar de apenas uma dissolução no início da história, e não ficará confuso quando o flashback terminar num corte seco para a narrativa presente. Ou, então, um ator descrevendo uma experiência estranha pode voltar ao presente por meio de um corte seco com um choque repentino, como se estivesse despertando de um pesadelo.

Quando o último quadro da primeira cena e o primeiro quadro da segunda cena são congelados durante a dissolução denota-se ausência de passagem do tempo entre as cenas. Uma variação muito visual de tais dissoluções pode usar pinturas ou desenhos correspondentes. A imagem fotográfica em movimento é congelada e dissolve em uma pintura ou desenho. Esta, por sua vez, dissolve em outra pintura ou desenho, que então dissolve numa imagem fotográfica congelada, a qual se movimenta e continua a história. A associação entre a imagem e a pintura/desenho é obtida aumentando fotograficamente o quadro e pintando ou desenhando a imagem. Esses efeitos óticos devem ser realizados por meio de uma câmera ótica/ampliadora, equipada para manter o registro preciso durante várias etapas.[20]

Se a história fala de uma notícia, tal como um julgamento, a imagem pode ser congelada pelo flash de um fotógrafo de cena. Então, o quadro congelado é dissolvido na imagem estática, revelada como parte de uma notícia de jornal – quando a câmera retorna.

Wipe ou cortina

Em sua forma mais simples, wipes, ou cortinas, são efeitos óticos em movimento em que uma cena parece empurrar outra para fora da tela. O movimento das cortinas pode ser vertical, horizontal ou diagonal. A demarcação entre as duas cenas pode ser uma linha distinta ou uma mistura suave. Existem ainda cortinas com movimentos circulares, de expansão, de contração, balançantes, giratórios, rolantes ou torcidos. Elas também podem assumir a forma de estrelas, chamas, luzes, buracos de fechadura, naipes de baralho etc.

As cortinas são transições mecânicas e podem ser contínuas ou se dividir em várias formas dentro do quadro – tal como uma série de círculos em expansão que se unem para revelar uma nova cena. Com exceção das variedades mais simples (vertical, horizontal ou diagonal), raramente são usadas em filmes dramáticos. Eram utilizadas com frequência nos primeiros filmes sonoros, particularmente em musicais. Hoje, aparecem sobretudo em trailers, filmes publicitários e comerciais de TV.

Uma vez que as cortinas demandam a produção de um negativo duplicado, ou *dupe reversal film*, seu uso costuma ser limitado a filmes de 35 mm. Alguns laboratórios que trabalham com filmes de 16 mm têm equipamentos capazes de montar cortinas simples em movimento em duas bandas, A e B. Se houver necessidade de usar cortinas elaboradas, deve-se filmar em 35 mm e fazer uma redução para 16 mm.[21]

Montagens

Uma montagem é uma série de cenas curtas – conectadas por cortes secos, dissoluções ou cortinas – usada para condensar o tempo ou o espaço. Essa técnica de edição rápida pode representar partes da história – quando não há necessidade de mostrar os fatos em detalhe –, mas deve ser usada para fins editoriais, narrativos ou de continuidade. Uma vez que o público tem a impressão de que uma viagem, uma operação industrial ou qualquer evento demorado e complexo está sendo mostrado em sua totalidade, e não em partes, o efeito visual geralmente é psicológico.

---

20. Atualmente, são feitos em equipamentos digitais. [N. R. T.]

21. No passado, devido à pequena superfície de colagem do fotograma de 16 mm, o material era montado em duas "bandas", chamadas de banda A e banda B, uma delas com os cortes pares seguidos de material preto e a outra com os cortes ímpares. Hoje, a montagem é feita digitalmente pelo escaneamento quadro a quadro do filme (tanto 16 mm quanto 35 mm). [N. R. T.]

OS CINCO Cs DA CINEMATOGRAFIA

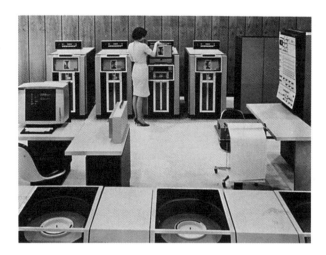

▼ Montagem retrata série de cenas breves comprimindo tempo. Esses planos representativos mostram o projeto, o processamento, o teste e o envio de cápsulas espaciais.

A pesquisa, o projeto e o desenvolvimento de um sistema eletrônico complicado, um novo míssil ou uma represa gigante podem ser representados numa série de cenas curtas de desenhos sendo esboçados, projetos sendo processados, computadores trabalhando, modelos sendo testados, máquinas processando dados, engenheiros reunidos, componentes sendo montados, transportados ao local, posicionados, e, finalmente, visões da unidade concluída em funcionamento. Embora alguns dos planos individuais possam ter pouca relação com o fato, eles criam, quando combinados, o efeito cumulativo de um grande empreendimento.

Uma montagem construída dessa maneira comprime meses, ou quilômetros, num breve momento na tela. Algumas das cenas podem ser material de arquivo ou cenas filmadas para outro fim. Um engenheiro pode estar trabalhando em praticamente qualquer projeto, uma conferência pode servir a qualquer propósito narrativo, cenas representando trabalhos em escritórios, transportes, computação etc. prestam-se a temas diferentes.

Uma montagem curta pode mostrar uma expedição viajando a um lugar remoto por meios de transporte modernos. Ao chegar a seu destino, a expedição pode recorrer a canoas. Então, a narrativa prossegue para contar a história de maneira progressiva. Nesse caso, a montagem prepara a cena para o acontecimento principal.

A montagem utiliza imagens sobrepostas para conectar duas ou mais ideias. Pôsteres de circos ou de concertos são continuamente alterados sobre planos de trens em alta velocidade. Manchetes de jornal giram e entram em foco sobre uma sequência de um tribunal, para mostrar os desdobramentos diários de um caso antes de se chegar ao veredicto. Fitas de teleimpressão atravessam a tela sobre uma cena de intensa atividade na bolsa de valores. Uma linha gráfica ascendente é desenhada sobre cenas de um novo produto saindo da linha de montagem, sendo transportado e exposto para venda. Relatórios de progresso sobre testes de um novo equipamento se deslocam na tela contra um segundo plano de testes de campo. O osciloscópio feito por uma batida de coração é sobreposto a um paciente submetendo-se a um teste cardíaco.

Vários planos separados podem ser posicionados individualmente dentro do quadro de inúmeras formas. Pode-se dividir o quadro em quatro partes ou mais, ou ainda rodear uma imagem central com muitas outras. Os planos podem mudar simultaneamente ou de forma contínua para representar várias atividades esportivas, operações industriais ou resumos de um teste, relatório ou campanha de vendas. Uma montagem com muitas imagens pode ser usada para um título em segundo plano a fim de apresentar o assunto. Também é possível combinar várias imagens num único quadro, quando for importante mostrar o que está acontecendo em vários lugares ao mesmo tempo. O efeito da rápida descompressão sobre um piloto na cabine de teste pode ser mostrado com a leitura de instrumentos.

Geralmente, usam-se materiais de arquivo numa montagem, devido a limitações de orçamento ou à necessidade de representar cenas históricas, estrangeiras ou outras cuja filmagem seja pouco viável ou impossível. Ao filmar material de arquivo, é recomendável trabalhar junto com o editor do filme para estabelecer um ritmo geral para todas as cenas de ação. Se um ritmo preciso for essencial para associar as ações em todas as cenas, usa-se um metrônomo ao filmar. Uma mão pode pressionar um relógio de ponto, uma estampa, um botão para operar a prensa – todas essas ações comunicarão maior impacto se pressionadas a um ritmo definido. Para um efeito de maior impacto, o movimento do objeto, ou da câmera – seja panorâmico, tilt[22] ou dolly –, deve ser similar ou contrastante durante uma série de planos em uma montagem. Muitos outros fatores – ângulo da câmera, iluminação, velocidade da câmera, padrão de edição etc. – também precisam ser considerados ao planejar uma montagem.

Como usar transições visuais

As transições visuais podem ser usadas de muitas novas maneiras. Embora títulos simples anunciando tempo e lugar possam ser suficientes ao introduzir uma nova sequência, com criatividade é possível desenvolver métodos visuais mais interessantes. Estudando a história, o cenário, as pessoas, os objetos de cena, e procurando uma transição em movimento que derive da narrativa, várias sequências podem ser amarradas.

Os dois planos principais que representam o início e o fim de determinado intervalo são de extrema importância. Um jantar pode ser apresentado por meio de uma dissolução da entrada à sobremesa. Os passos vacilantes de um bebê podem dissolver no andar firme de um homem. Um modelo de avião em miniatura pode dissol-

---

22. Tilt é o movimento vertical da câmera, para cima ou para baixo. [N. R. T.]

OS CINCO CS DA CINEMATOGRAFIA

▼ Transições visuais podem cobrir intervalos de tempo do início ao fim de um projeto – tal como este modelo de via expressa que dissolve em um complexo rodoviário completo em operação. ◢

ver numa aeronave em tamanho real. Um incêndio crepitante pode dissolver em brasas se extinguindo. Uma pequena chama se tornar um incêndio florestal atroz. Algumas gotas de chuva caindo numa poça virarem uma enchente. Matérias-primas tornarem-se o produto acabado. Tudo que puder ser consumido ou alterado pelo tempo pode ser filmado para cobrir o tempo decorrido.

É possível remover ações repetitivas de um processo industrial demorado por meio da dissolução de partes destacadas de uma operação repetida na etapa seguinte. As dissoluções são particularmente úteis quando todo o processo acontece numa máquina – tal como um torno-revólver – que requer poucas mudanças no ângulo da câmera ou no tamanho da imagem. O progresso de uma ferramenta cortando metal pode ser mostrado de tempos em tempos sem cortes bruscos, por meio do uso de dissoluções ou cortinas. Qualquer operação mecânica repetitiva – como ajustar uma série de parafusos similares, desligar vários interruptores ou realizar outras tarefas rotineiras – pode ser coberta aplicando-se o efeito de dissolução do início ao fim da ação. Depois de anos assistindo a filmes, os espectadores foram condicionados a aceitar essas uniões de tempo como ação contínua. Uma pessoa pode sair do escritório e passar, por meio de uma dissolução, à porta da rua ao sair do prédio. Ou pode entrar num elevador e passar, por meio de um efeito de transição do tipo cortina, ao andar desejado. Todo intervalo de tempo insignificante é efetivamente coberto dessa maneira.

Transições em flashback podem usar fatos históricos para assinalar o tempo. Manchetes de jornal como: *LINDBERGH ATRAVESSA O ATLÂNTICO, LINCOLN ASSASSINADO! e PROIBIÇÃO RECHAÇADA!* – todas comunicam períodos fáceis de se reconhecer.

Pode-se unir o espaço por meio de um corte ou dissolução em placas, nomes em portas, letreiros em edifícios, nomes de cidades em terminais de trem e de ônibus ou aeroportos etc. O nome imediatamente informará o público do novo local. Uma viagem pode ser apresentada por uma dissolução do início ao fim com dois planos simples, mostrando a partida e a chegada.

Cortinas devem ser consideradas quando o efeito de uma cena empurrando a outra contribuir para destacar o movimento das imagens. Esse tratamento é excelente para tomadas de trens, porque o trem continua se movimentando pela tela

161

▼ Uma série de cortinas verticais da esquerda para a direita pode retratar uma longa viagem de trem, avião ou navio.

por um período considerável. Podem-se aplicar cortinas contínuas a uma série de planos mostrando diferentes tipos de movimento. Também é possível aplicá-las a um ator enquanto ele caminha, cavalga ou dirige de um cenário a outro.

Podem-se retratar movimentos demorados com uma montagem de cenas mostrando rodas de carros girando, números de odômetros mudando, uma linha espessa se movendo em um mapa, passaportes sendo carimbados, etiquetas de hotéis sendo colocadas em bagagens, folhetos de viagens sendo desdobrados, placas de estradas passando rapidamente, mudanças de terreno, túneis sendo perfurada, ônibus, trens, aviões e navios chegando e partindo. Essas ações podem ser individuais ou sobrepostas ao rosto do viajante ou às cenas.

Também é possível usar símbolos conhecidos para representar países ou cidades. O Big Ben é a Inglaterra ou Londres em particular; a Torre Eiffel é a França ou Paris; a Estátua da Liberdade são os Estados Unidos ou Nova York; o Coliseu é a Itália ou Roma; a esfinge e as pirâmides são o Egito; a Acrópole é a Grécia ou Atenas; bondes representam São Francisco; o Sino da Liberdade representa a Filadélfia; o Capitólio ou a Casa Branca são Washington.

Também podem-se usar movimentos de câmera para alternar de um cenário a outro. A câmera inclina-se para o céu, corta para outro céu por meio de uma dissolução e então inclina-se para baixo para revelar uma nova cena. A inclinação também pode ser para baixo, em direção às águas ou ondas marítimas, e para cima em direção ao novo lugar.

Por meio da repetição, muitos recursos de transição visual se tornaram banais. Um novo tratamento fotográfico, uma técnica de produção inovadora ou uma nova guinada feita por um fotógrafo, diretor ou roteirista criativo são capazes de aprimorar a produção e estimular continuamente o interesse do público.

OS CINCO Cs DA CINEMATOGRAFIA

▸ Símbolos conhecidos podem ser usados para introduzir países ou cidades – tais como pirâmide e esfinge, para o Egito...

▸ ... Acrópole, para a Grécia ou Atenas...

▸ ... e bondinho, para São Francisco.

TRANSIÇÕES SONORAS

A narração pode cobrir uma mudança de lugar ou explicar uma mudança no tempo. Essa seria a versão sonora de um título visual. A narração de um cinejornal consegue isso por meio de uma série de cenas, pulando de um lugar a outro. A trilha sonora completa de uma compilação pode ser um recurso de transição para cobrir a ausência de continuidade visual. Um documentário pode usar a simples narração para conectar sequências, movendo-se no tempo e/ou espaço.

Um monólogo pode deslocar a história para a frente ou para trás, para um tempo ou lugar diferente. Uma confissão gravada em cassete, sendo reproduzida pela polícia, pode continuar narrando fatos conforme a imagem dissolve num flashback do crime sendo cometido. Num plano em que um arqueólogo lê um manuscrito antigo, pode-se fazer que o som e a imagem dissolvam no documento sendo originalmente ditado e escrito. O executivo de uma empresa pode ler um relatório de engenharia em voz alta para os colegas. Conforme ele prossegue com a leitura, a imagem dissolve nas atividades que estão sendo descritas. Um cientista pode imaginar a vida na Terra daqui a mil anos com a imagem dissolvendo no futuro enquanto ele fala.

Imagens e/ou diálogos podem dissolver. A pessoa que está falando dissolve em outra pessoa que continua o discurso. A voz de um ator é ouvida enquanto ele escreve uma carta. A imagem e o som dissolvem no destinatário lendo a carta em voz alta. Ou, então, a voz da pessoa original continua enquanto a imagem dissolve no destinatário lendo a carta em silêncio. Um relatório de negócios pode ser usado para unir várias pessoas em diferentes lugares; representando o pronunciamento sendo ditado, e depois dissolvendo no relatório sendo lido em voz alta por outras pessoas.

163

As dissoluções nem sempre são necessárias. Os diálogos podem motivar um corte seco para outro plano, tal como um ator exclamando: "Vamos voar!" e então cortar para um avião em voo. O presidente de um júri pode declarar: "Culpado!" Seguem-se planos de barbeiro, açougueiro e padeiro gritando: "Inocente!" Uma vez que esses planos podem estar situados em qualquer lugar, as reações dialógicas de vários indivíduos são um método dramático de fazer a história avançar por meio de cortes secos. A contagem regressiva do lançamento de um míssil pode ter dez planos individuais de engenheiros em vários locais, ou até mesmo em todo o mundo, cada um deles falando um número até que se chega ao "um" – e o engenheiro responsável ordene: "Fogo!"

Monólogos podem unir o movimento de um ator individual entre um cenário e outro. Um advogado, ensaiando em seu escritório um discurso dirigido ao júri, pode ser mostrado pronunciando o discurso de fato, por meio de um dissolve num tribunal. Ou continuar falando enquanto caminha no escritório, saindo de cena, e entrando em cena no tribunal. Essas transições ficam melhores com closes, para que o indivíduo contemplado preencha o quadro durante a mudança de um cenário a outro. A câmera deve cortar para um close ou fechar num close no final da primeira cena. Então, recebe a cena seguinte com um close, e abre, ou corta para um plano mais aberto, a fim de revelar o novo local. Cortes secos, que transportam o ator em movimento de um cenário a outro, eram considerados, há poucos anos, uma técnica editorial pobre. Com as narrativas aceleradas de hoje, é possível mudar de local abruptamente *sem* efeitos óticos ou digitais, desde que o público compreenda o que está acontecendo.

É possível pular ações secundárias e mostrar apenas destaques significativos, unindo cenas com diálogo, narração e/ou efeitos sonoros. Um

▼ Pode-se usar a contagem regressiva como transição sonora, cortando da sala de controle para as estações de rastreamento, com engenheiros de cada lado falando um número, até que um deles diz "fogo!" e o míssil é lançado. ◢

construtor discutindo projetos ou o modelo de uma nova casa poderia dissolver na construção real – enquanto ele continua a descrição. O grito de um pedestre diante de um acidente de trânsito poderia ser misturado com a sirene de uma ambulância. O engenheiro de uma rodovia declarando: "Vamos explodir!" pode dar um murro na mesa em uma reunião enquanto a imagem mostra toneladas de terra explodindo.

Conversas telefônicas são um meio excelente de transportar a história para outro lugar. Rádio e

▼ Um engenheiro pode esmurrar a mesa e exclamar: "Vamos explodir!" – seguido de uma explosão.

televisão também podem ser usados como transição sonora. Mostra-se o programa começando no estúdio e depois corta-se para as reações de pessoas ouvindo ou assistindo a ele em casa, nas ruas, nos carros. Reações a um discurso presidencial, resultados da bolsa de valores ou uma notícia de última hora podem mudar de uma pessoa a outra – independentemente de sua localização.

Canções conhecidas são ótimas oportunidades de determinar um local. Canções folclóricas irlandesas, francesas, italianas, russas ou de outras nacionalidades podem ser usadas para introduzir um país. Cidades e estados podem ser identificados por canções populares. As canções disponíveis cobrem a maioria das situações: guerras, grupos militares, profissões, galanteios, casamentos, viagens de avião, barco ou automóvel, caubóis etc. Pode-se rapidamente mudar para um novo cenário incluindo um trecho de uma melodia. Passagens musicais simplificam a identificação quando um local diferente é mostrado, sem necessidade de títulos introdutórios ou outros inserts explicativos.

A música também é útil para intervalos de tempo. Canções como *It's three o'clock in the morning* podem ser usadas para encerrar uma longa noite de dança ou de festa; e o ano-novo é quase sempre introduzido com *Auld Lang Syne*. Músicas de um período em particular podem ajudar a situar um flashback. *John Brown's body* identificará a Guerra Civil americana; e *Over there!*, a Primeira Guerra Mundial. Verifique sempre o uso de músicas com os detentores dos direitos autorais.

Efeitos sonoros, sozinhos ou misturados com músicas e/ou diálogos, oferecem várias possibilidades para transições sonoras criativas. O sucesso de um empreendimento, o crescimento de um projeto, a transferência de um tempo ou espaço a outro, todos podem ser expressados por efeitos sonoros. Um poço de petróleo minando estronda numa garrafa jorrando espumante. A água saindo da torneira se mistura com uma cachoeira. Os ruídos de máquina de escrever, teletipos ou aparelhos de teleimpressão dissolvem numa metralhadora atirando. Filhotes de pássaros piando docemente se fundem com um bebê chorando. O tique-taque de um trem se torna uma frase ou slogan repetitivo. Um grito humano se torna o soar de um apito. Sirenes de trens e de navios sugerem viagens transcontinentais e transoceânicas.

O som pode aumentar ou diminuir gradativamente (fade-in ou fade-out), ser dissolvido (misturado, continuado ou fundido) ou distorcido (câmera de eco), tornado mais rápido ou mais lento, multiplicado, combinado etc. Portanto, imagem e som podem ser tratados de maneira similar para a obtenção de efeitos especiais ou de transição. Uma dissolução distorcida – que introduz um flashback – pode ser acompanhada de músicas e efeitos sonoros distorcidos. A narração pode ser dramatizada por meio do uso da câmera de eco.

Em geral, é melhor preparar o público introduzindo o som *antes* de a imagem aparecer. Uma vez que o ouvido leva mais tempo que o olho para perceber o que está acontecendo, o ato de ouvir deve ser iniciado primeiro. Um som pode ser ouvido antes que sua fonte seja vista. A sirene de uma ambulância pode apitar por um longo período antes de o veículo se aproximar da câmera. O apito de um navio pode ser ouvido antes que se possa discernir, em meio à neblina, o vago contorno da embarcação. Ouve-se um ruído contínuo de fábrica antes de as máquinas serem mostradas.

Música ou efeitos sonoros podem introduzir um flashback. O som é ser "ouvido" antes que a imagem seja reconhecida. Um piano tilintando é ouvido a distância e gradativamente trazido a pleno volume. Então, revelam-se o cenário e as pessoas. Ouvem-se buzinas de táxis franceses antes que o flashback revele, por meio de uma dissolução, uma cena em uma rua parisiense. Um cenário pode trazer de volta memórias nas quais o som precede as imagens evocadas. Um piloto veterano perambulando por um cemitério de aviões pode parecer ouvir o roncar dos motores da aeronave. Isso introduz um flashback de uma missão de bombardeio. Ou, então, um som real – tal como o apito de um trem – pode disparar lembranças de uma viagem de férias.

TRANSIÇÕES ADEQUADAS

Devem-se usar transições visuais e sonoras de acordo com o fato que está sendo representado. O material disponível normalmente sugere um recurso de transição. Não se devem introduzir objetos de cena estranhos ao cenário. Um relógio antigo estaria fora de lugar num laboratório científico. Atores, história, cenário, ação, objetos disponíveis devem ser misturados de maneira criativa numa transição adequada – parecendo surgir do fato. Evite objetos elaborados ou falsas ações, encenadas apenas para introduzir uma transição. Toda transição que atrai atenção indevida a si mesma desvia a atenção da história. As transições têm de fornecer um meio lógico para um fim e recursos para sequências entrelaçadas, cobrindo intervalos de tempo e mudanças de lugar.

CONCLUSÃO

Continuidade é não mais do que bom senso ao coordenar ações. Exige pensar em *sequências* – e não em planos individuais. Por meio do planejamento cuidadoso, da concentração durante a filmagem e do empenho em evitar armadilhas, consegue-se uma boa continuidade – seja filmando com roteiro preparado ou sem roteiro prévio. A boa continuidade é *esperada* pelo público. Ao atrair a atenção para si própria, a continuidade ruim *distrai* da narrativa. Nada deve interferir na ilusão por meio da qual o público se envolve na história.

Para uma melhor continuidade, os seguintes passos são recomendados:
- Saiba analisar e lidar com o tempo e o espaço cinematográfico.
- Estabeleça e mantenha a continuidade direcional em imagens paradas e em movimento por meio do emprego correto do eixo de ação.

▰ Mesmo em ações não controláveis – como um teste de voo –, é preciso estabelecer e manter a continuidade direcional posicionando a câmera do lado correto do eixo de ação.

- Perceba as diferenças entre ações controladas e não controladas.
- Decida quando filmar com uma ou com várias câmeras para obter os melhores resultados.
- Escolha entre as técnicas da cena máster e da ação justaposta, ou use uma combinação de ambas, para se adequar à situação de filmagem.
- Sobreponha e corresponda as ações entre um plano e outro, para que possam ser editadas de maneira contínua.
- Proporcione ao editor material suficiente de sobreposição, para facilitar o corte durante a ação.
- Filme transições visuais e sonoras para unir tempo e espaço.

Um filme é uma série de imagens em constante mudança. Mantendo as imagens o mais próximo possível da ação na vida real, garante-se uma boa continuidade. Por meio do planejamento contínuo, alcança-se a continuidade planejada.

•

③ CORTE

INTRODUÇÃO

Editar um filme pode se comparar a cortar, polir e lapidar um diamante. Um diamante em estado bruto é praticamente irreconhecível. Ele precisa ser cortado, polido e lapidado para que se possa apreciar sua beleza inerente. Da mesma forma, a história de um filme é uma confusão de planos incongruentes até que, assim como o diamante, é cortada, polida e lapidada. Tanto o diamante quanto o filme são aprimorados por meio daquilo que é *removido*. O que permanece conta a história. As muitas facetas do diamante, ou do filme, não estão aparentes até o corte final.

Este capítulo não se destina a editores de filmes. Destina-se aos fotógrafos de não ficção que filmam sem as facilidades de um roteiro, um continuísta ou um diretor para guiá-los. Destina-se ao fotógrafo ou diretor que talvez edite os próprios filmes. Destina-se ao pessoal de produção que deseja compreender os problemas do editor. Todos os envolvidos na filmagem devem entender as peculiaridades editoriais e considerar cada plano desse ponto de vista. Toda decisão editorial deve ser deixada ao editor.

Somente uma boa edição é capaz de dar vida a um filme. Os planos não passam de vários pedaços de filme desconexos até que sejam montados de maneira habilidosa para contar uma história coerente. A edição apara as arestas do filme, removendo todo o material supérfluo: falsos inícios, sobreposições, entradas e saídas desnecessárias, cenas extras, ações duplicadas, tomadas ruins. O que fica deve ser tecido numa narrativa contínua, para apresentar a história fílmica de uma maneira que atraia o interesse do público e mantenha a atenção, da cena de abertura ao fade-out final.

O editor se esforça por conferir variedade visual ao filme agindo com critério ao selecionar, montar e determinar a duração dos planos. Em vez de reproduzir, ele recria o acontecimento fotografado para alcançar um efeito cumulativo normalmente maior do que todas as ações das cenas individuais reunidas. É o editor o responsável por criar o melhor filme possível com base no material disponível. Muitas vezes, um bom editor pode tornar um filme superior ao conceito original do fotógrafo ou do diretor. Só depois de considerar com cuidado as combinações de planos possíveis e os efeitos desejados o editor monta as cenas.

Um longa-metragem de ficção, filmado por uma equipe experiente, é feito com as peculiaridades editoriais em mente. Levam-se em consideração a direção da imagem, as posições e os olhares dos atores e o encaixe entre ação e diálogo de um plano a outro. O editor de filmes de ficção geralmente encontrará poucos problemas editoriais. Ele estará mais preocupado com valores dramáticos do que com corrigir erros de filmagem devido a desencontros ou outras técnicas de filmagem erradas.

Em filmes de não ficção, particularmente aqueles filmados sem roteiro, grande parte do trabalho do editor consiste em cobrir ou corrigir erros de filmagem. Material desencontrado, cenas faltando, cortes durante o movimento de câmera, a cobertura de cortes bruscos e outros problemas de filmagem podem ser atribuídos ao uso de técnicas mal aplicadas. Mudanças de ideia por parte do roteirista, diretor ou produtor também podem demandar correções editoriais para adequar o material ao novo conceito segundo o qual a história deve ser apresentada. Com a transposição de planos, o uso de efeitos óticos e o emprego de algumas cenas de forma diferente da pretendida no momento da filmagem, o editor com vasto conhecimento dos problemas de produção de documentários usará truques de edição para auxiliá-lo a garantir a exibição.

▼ Filmes de não ficção – particularmente aqueles filmados sem roteiro – precisam ser realizados com muito cuidado. Do contrário, técnicas de filmagem insatisfatórias podem causar problemas de edição.

Em geral, o editor experiente é capaz de usar truques de edição de maneira tão imaginativa que o filme acabado representa uma história que foi concebida e criada na mesa de edição, e não na câmera. Ao filmar, entretanto, o fotógrafo não pode permitir que a habilidade do editor se torne uma muleta. Ele não deve depender do editor para "adulterar" erros de filmagem que poderiam ter sido evitados. No curso normal de seu trabalho, o editor usa muitos truques. Mas não se deve esperar que ele salve o filme na ilha de edição. O fotógrafo competente precisa entender por completo a edição de um filme de um ponto de vista *visual*, e não técnico. Ele não precisa saber como montar bandas A e B, ou

▼ Um longa-metragem de ficção é filmado tendo em mente as especificidades editoriais. As posições e os olhares dos atores, diálogos e ações são encaixados entre um plano e outro.

mesmo fazer uma junção, mas deve ser capaz de dividir um acontecimento em uma série de planos que possam ser montados numa sequência apresentável.

O fotógrafo de não ficção deve ser familiarizado com problemas de edição. Normalmente, ele é o próprio editor ou tem de tomar decisões editoriais durante as etapas de filmagem. Muitos profissionais que trabalham para pequenas produtoras fazem a própria edição. Alguns se tornam expertos em edição, mas um bom fotógrafo raramente é um especialista. Enquanto a produção de filmes de ficção demanda especialização máxima, a área de não ficção em geral demanda especialidades duplas ou triplas, de modo que uma combinação de fotógrafo, diretor e editor em um único profissional não é incomum.

O fotógrafo, trabalhando dessa forma, pode desenvolver uma maior compreensão acerca dos problemas de edição de filmes do que alguém que meramente filma o que é solicitado pelo diretor. Portanto, ele tem mais chances de se especializar em filmar cenas que se encaixarão na montagem, uma vez que está mais próximo da produção total do que o fotógrafo de filmes de ficção. Ele logo percebe que certas ações devem ser cuidadosamente observadas para que se encaixem em planos consecutivos. Certos movimentos de câmera e de atores se encaixarão e outros talvez não. Um close ou um plano mostrando a reação de um ator podem salvar o filme quando surgem cortes bruscos numa sequência. Mudar o ângulo da câmera e/ou da lente toda vez que um novo plano é filmado garante uma cobertura melhor.

TIPOS DE EDIÇÃO

Dividem-se em corte de continuidade, em que a narrativa depende da associação de cenas consecutivas; e em corte de compilação, em que a narrativa depende da narração e as cenas simplesmente ilustram o que está sendo contado.

CORTE DE CONTINUIDADE

A edição em continuidade consiste em *cortes contínuos*, em que a ação contínua flui de um plano a outro, e cut-aways, em que a ação mostrada *não* é parte do plano anterior. Uma sequência contínua, ou uma série de cortes contínuos, pode consistir em vários tipos de planos filmados de ângulos diferentes. O fato representado, no entanto, deve aparecer como uma *série contínua* de imagens em movimento. Quando a ação prossegue, os movimentos, as posições e os olhares dos atores devem se encaixar entre os planos unidos. Um desencontro, causado por uma mudança na posição do corpo ou na direção do olhar, resultará num corte brusco. Isso ocorre porque o ator parecerá sacudir-se ou pular na junção entre os planos.

Sempre que a câmera se aproxima frontalmente de um plano geral ou médio para um plano mais fechado, um desencontro se torna mais discernível. Um desencontro de menor importância, como uma pequena diferença na posição da cabeça, pode passar despercebido se a câmera for deslocada para um ângulo um pouco diferente, como ocorre ao filmar planos mais fechados. Portanto, o mais recomendável é sempre deslocar a câmera ao redor do objeto antes de aproximá-la, em vez de aproximar frontalmente. Quando um plano inclui uma parte da cena anterior – tal como ao cortar de um plano geral para um plano médio –, as posições dos atores, os movimentos dos corpos e os olhares têm de ser duplicados da maneira mais fiel possível. Não se deve mostrar um braço sendo erguido no plano geral, e então exibi-lo abaixado no plano médio seguinte. Não se deve retratar uma cabeça virada numa posição diferente, de modo que o olhar dos atores não corresponda ao plano

O fotógrafo/diretor/editor de filmes de não ficção tem de tomar as decisões editoriais durante a filmagem. Por necessidade, ele está mais próximo da produção geral do que o diretor de fotografia de filmes de ficção. O fotógrafo que trabalha sem roteiro precisa ser particularmente flexível para filmar ações não controladas.

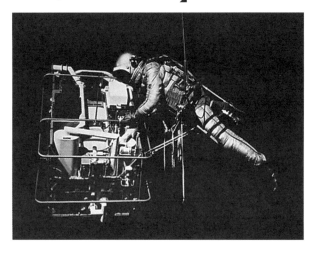

anterior. Essas diferenças visíveis nas imagens da tela desconcertarão o público. Quando a câmera é movida para trás, ou a cena é *recuada*, de um plano mais fechado para uma visão mais geral, basta encaixar a ação mostrada no close anterior, porque todo o restante estava *fora* do quadro. Cortar de um plano geral para um close e então cortar novamente de volta ao plano geral permite manipular a sequência de maneira considerável. O público, sendo distraído momentaneamente, aceita-

rá qualquer mudança no último plano geral como tendo ocorrido enquanto o close estava em cena.

Cut-aways não precisam corresponder a cenas anteriores, visto que não são parte do acontecimento principal. Cut-aways são planos de ações secundárias – relacionados direta ou indiretamente com a ação principal – usadas como uma *reação*, um *comentário* ou uma *distração*. No entanto, os cut-aways devem ser primeiro apresentados como parte do plano geral e depois colocados fora de cena, quando a câmera se aproximar para filmar os atores principais. Um plano geral pode retratar vários atores. Mais tarde, pode-se cobrir a ação com um two-shot. As *reações* dos atores fora de cena são diretamente associadas com closes cut-away. Nesse caso, é importante que cada ator seja exibido com o olhar adequado para a direita ou para a esquerda, para encaixar com sua posição fora de cena em relação aos atores principais. O olhar na direção errada dará a impressão de que o ator está, agora, do lado *oposto* daquele mostrado no plano geral.

Não há necessidade de encaixar ou situar cut-aways se estes forem cenas de atores não mostrados num plano anterior. Uma série de closes cut-away de um homem na rua pode ser usada para *comentar* um veredicto determinado na cena anterior de um tribunal. A não ser que se deseje alternar olhares opostos para a esquerda e para a direita a fim de obter maior efeito visual, um olhar em uma das direções seria suficiente para esses planos.

Pode-se usar um close cut-away para distrair o público a fim de cobrir uma mudança de direção na continuidade do movimento, um intervalo de tempo ou um corte brusco. Nesses casos, não é necessário que se encaixem, nem que sejam apresentados com um olhar específico, uma vez que são planos de *pessoas de fora*, não incluídas na cena geral.

OS CINCO Cs DA CINEMATOGRAFIA

▰ Filmes de ficção geralmente empregam corte de continuidade. Um fato é retratado numa sequência – uma série de planos consecutivos – em que os movimentos, posições, olhares e diálogos dos atores se encaixam.

173

▸ Numa cena em que os atores integram uns com os outros, move-se a câmera para o lado ao aproximá-la para filmar um close. Os movimentos e olhares devem ser duplicados da forma mais fiel possível, mas um pequeno desencontro não será percebido se a câmera for deslocada para um ângulo ligeiramente diferente.

▸ Uma vez que os closes cut-away nunca são parte do acontecimento principal, eles não precisam encaixar com as cenas anteriores. No entanto, se os atores foram apresentados anteriormente e então tirados de cena, eles devem ser mostrados no close com o olhar na direção correta, correspondendo a sua posição fora de cena em relação aos atores principais.

O close de alguém virando a cabeça pode ser inserido entre dois planos de um veículo se movendo em direções opostas. Encurta-se uma operação demorada, como os trabalhos de uma escavadeira elétrica, e cobre-se a parte que falta por meio do close de um passante olhando. Um corte brusco inadvertido ou causado pela remoção de material não desejado pode ser coberto distraindo-se o espectador por meio do close cut-away de um observador ou passante.

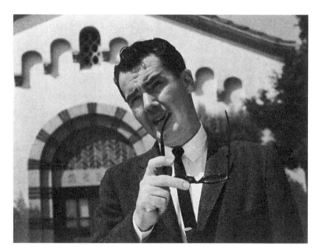

▸ Um close cut-away para um "homem na rua" pode ser usado para comentar um veredicto. A não ser que se desejem olhares opostos para a esquerda e para a direita para uma série desses closes, um olhar em cada direção será suficiente.

OS CINCO Cs DA CINEMATOGRAFIA

▼ Inserindo-se o close cut-away de um passante, uma sequência longa retratando uma escavadeira elétrica, como acima, pode ser encurtada facilmente. Assim, é possível remover material repetitivo sem cortes bruscos.

CORTE DE COMPILAÇÃO

Cinejornais e documentários de pesquisas, relatórios ou diários de viagem geralmente usam corte de compilação devido à natureza das imagens, que se assemelham a fotos instantâneas animadas. Estas estão conectadas por narração contínua. A trilha sonora confere unidade à narrativa e impulsiona a cena, que pode fazer pouco sentido se mostrada sem explicação sonora. Os cortes de compilação apresentam poucos problemas de continuidade, uma vez que os planos individuais simplesmente ilustram o que está sendo ouvido e não necessitam ter ligação visual um com o outro. Filmes do tipo compilação não têm forma estabelecida além do fato de ir do geral ao particular. Planos gerais seguem planos gerais, e podem-se inserir closes que não têm relação com os planos anterior e posterior. É possível quebrar qualquer regra de edição se a narração fizer sentido e apresentar uma história coerente. Os próprios planos podem se deslocar no tempo e no espaço se forem narrados de maneira satisfatória.

CORTE DE CONTINUIDADE E DE COMPILAÇÃO

Ocasionalmente, narrativas que usam corte de continuidade também podem usar corte de compilação, como uma série de planos gerais introdutória, uma sequência de montagem que condensa tempo e espaço, ou uma série de planos desconectados para apresentar uma *impressão*, em vez de reproduzir o fato. Essas sequências compiladas, em particular se usadas para fins de introdução ou transição, podem utilizar narração explicativa.

Os filmes de compilação podem usar corte de continuidade sempre que for necessária uma sequência de planos para representar *parte* da história. Uma série de planos descontínuos pode introduzir uma sequência que conta uma pequena história em si, a qual demanda a associação de cenas consecutivas. Deve-se empregar o corte de continuidade num filme de compilação sempre que houver necessidade de associar dois ou mais planos consecutivos.

▼ Informes de progresso e outros documentários utilizam corte de compilação. Os vários planos são conectados pela narrativa. "Titan II, o veículo de lançamento da Gemini, chega em Cape Kennedy, onde é descarregado da aeronave Guppy, especialmente modificada."

▼ "É transportado do edifício de inspeção à plataforma de lançamento."

▼ "A nave espacial Gemini é elevada à Estrutura de Serviço para ser acoplada com o foguete de lançamento Titan II."

▼ "Partes do veículo de abastecimento do Titan II são mostradas antes de sua suspensão e montagem."

▼ "A nave espacial Gemini é acoplada à seção do adaptador do veículo de lançamento Titan II."

▼ "O trabalho em suspensão e montagem de seção de lançamento continua noite afora."

▼ "Astronautas da Gemini caminham em direção ao elevador que os levará à nave espacial."

▼ "O Titan II, com astronautas a bordo da nave espacial Gemini, está pronto para o lançamento. A estrutura de serviço vertical em primeiro plano está sendo abaixada para sua posição horizontal. A torre umbilical, que provê energia e várias outras funções remotas para o foguete de lançamento e para a nave espacial, antes do lançamento, é mostrada imediatamente à esquerda do veículo."

▼ "Engenheiros em sala de controle escutam atentamente a contagem regressiva: 10, 9, 8, 7, 6, 5, 4, 3, 2, 1..."

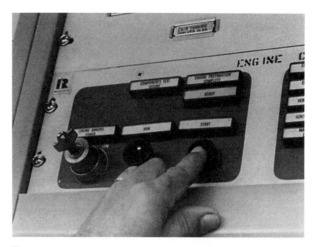

▼ "... Fogo! O botão de lançamento é apertado e..."

▼ "... o Titan II é lançado majestosamente e se dirige ao espaço sideral. Meses de esforços coordenados resultam em sucesso."

MONTAGEM PARALELA

A montagem paralela consiste em editar paralelamente dois ou mais acontecimentos num padrão alternado. No linguajar de produtores, isso é conhecido como o tratamento "enquanto isso, não muito longe dali..." Utiliza-se a montagem paralela para qualquer um dos seguintes propósitos:

Para *aumentar o interesse*, representando dois ou mais segmentos separados da história de maneira alternada. Sempre que o público passa a se interessar menos pelo objeto que está sendo retratado, aviva-se seu interesse montando paralelamente um fato relacionado.

Para *transmitir conflito*, editando duas ações que se unirão num clímax esmagador. Exércitos inimigos podem avançar um em direção ao outro numa série de planos alternados cada vez mais rápidos e mais fechados, até que colidem.

Para *aumentar a tensão*, por meio da edição alternada de dois acontecimentos em confronto di-

▼ Pode-se usar a montagem paralela para transmitir conflito por meio da edição alternada de dois atores – como soldados aliados avançando em posição ianque – com uma série de planos cada vez mais rápidos e mais fechados. ◢

▼ O contraste entre as habitações enfileiradas dos povos indianos e a área metropolitana de uma cidade americana mostrado por meio de uma montagem paralela. ◢

reto. Os editores de dois jornais rivais podem ser mostrados planejando e realizando campanhas em apoio a políticos adversários.

Para *aumentar o suspense*, mantendo o público num estado de ansiedade conforme os acontecimentos se dirigem ao clímax. Cenas da polícia vasculhando um edifício em busca de uma bomba-relógio podem ser montadas em paralelo com closes da bomba fazendo tique-taque dentro de um armário.

Para *fazer comparações* entre pessoas, objetos ou fatos. A montagem paralela pode, também, retratar cada fase de um teste de engenharia entre dois competidores fabricando produtos similares.

Para *representar contraste* entre pessoas, países, culturas, produtos, métodos ou acontecimentos.

Como usar a montagem paralela

Os usos de montagem paralela têm uma característica comum: um fato acontecendo em qualquer lugar pode ser conectado com qualquer outro fato. A montagem paralela pode apresentar:

Fatos ocorrendo simultaneamente, mas separados no espaço. Eles podem ser retratados mostrando-se em alternância o progresso de cada um deles.

OS CINCO Cs DA CINEMATOGRAFIA

Exemplos típicos incluem o clássico resgate no último minuto, em que o herói corre para salvar a heroína em terrível angústia, e a sequência de perseguição que mostra a progressão dos perseguidos e dos perseguidores. Duas ou mais facetas de uma história dramática podem ser mostradas num padrão alternado para informar o público de acontecimentos importantes interdependentes enquanto eles ocorrem. Documentários podem ser editados em montagem paralela para retratar, por exemplo, o modo de vida das pessoas em diferentes países pelo mundo, vários métodos de produção de aço ou como uma máquina eletrônica controla a operação de uma linha de montagem automatizada.

Fatos separados no tempo. Estes podem ser montados paralelamente para apresentar uma comparação entre eventos presentes e fatos similares que ocorreram no passado ou que podem ocorrer no futuro. Métodos de guerra modernos podem ser comparados com aqueles usados na Guerra Civil americana, e então comparados com guerras espaciais futuristas. Notícias atuais podem ser editadas em montagem paralela com acontecimentos históricos de natureza similar.

▼ É possível editar paralelamente fatos ocorrendo ao mesmo tempo, mas separados no espaço. O progresso de um avião a jato pode ser rastreado de uma estação de controle em terra conforme a aeronave se aproxima do alvo. ◢

▼ Fatos separados no tempo também podem ser editados paralelamente para fins de contraste ou comparação. Os soldados de infantaria da Guerra Civil podem ser comparados aos da Segunda Guerra Mundial. ◢

Em uma série editada por montagem paralela, deve-se tratar o plano inicial como um plano de situação, que tem de durar mais que os planos seguintes. Isso fornecerá ao público um quadro de referência com que comparar o fato montado paralelamente. Os planos introdutórios não devem ser lançados na tela sem identificação, a não ser que confundir o público seja um fator importante para a história. Na maioria dos casos, o público deve saber imediatamente o está acontecendo, quem está envolvido e onde o fato está ocorrendo – se isso for pertinente à narrativa.

Não se deve considerar a montagem paralela um recurso de edição exclusivo de filmes de ficção. Ela pode ser usada em documentários, especialmente quando empregada para *conectar, contrastar* ou *comparar* dois ou mais acontecimentos ou ações. A edição paralela de dois ou mais acontecimentos permite que se abandone a narrativa em progressão direta, porque aumenta o interesse do público e desloca a história no tempo e/ou no espaço.

CORTE DURANTE A AÇÃO

Muitos editores de cinema preferem fazer o corte durante os movimentos, para que a mudança de um plano a outro seja mascarada pela ação, e não tão aparente quanto no corte entre dois planos estáticos. Ações como abrir uma porta, tomar uma bebida, sentar-se numa cadeira, subir ou descer escadas, atender o telefone ou simplesmente andar de uma posição a outra podem ser cortadas durante o movimento a critério do editor do filme. A decisão sobre o corte durante a ação cabe ao editor, e *não* ao fotógrafo. Embora muitas ações em movimento sejam mais bem representadas quando realizadas por completo em um único plano, outras podem ser mais efetivas se divididas e desempenhadas no decorrer de dois planos. O editor pode, por exemplo, cortar de um plano mé-

A maioria dos editores prefere cortar durante a ação sempre que um ator entra em um close ou se senta numa cadeira. No entanto, talvez seja preferível que o ator termine um drinque num único close. O fotógrafo deve filmar toda a ação em movimento até o final, e repetir o fim da ação no início do plano seguinte. O editor do filme decide se faz ou não cortes durante a ação.

dio para um close quando o ator se senta numa cadeira, mas ele pode preferir permitir que o ator termine seu drinque em um único close.

O fotógrafo *jamais* deve cortar durante um movimento importante. Todas as ações em movimento têm de ser filmadas por completo. Deve-se repetir o fim da ação, a fim de que seja sobreposto no início do plano seguinte. Desse modo, o editor do filme pode decidir onde fazer o corte. Muitos fotógrafos de não ficção se orgulham de sua habilidade de cortar durante a ação na própria câmera. Essa sobreposição próxima pode economizar película, mas limita drasticamente o trabalho do editor.

Em planos consecutivos, o editor do filme precisa receber tantos movimentos sobrepostos quanto possível, para que possa estudar a ação e fazer o melhor corte.

Devem-se filmar closes cut-in de todos os movimentos demorados, como subir ou descer escadas ou caminhar longas distâncias. Dessa forma, o editor pode *encurtar* o plano geral ou médio passando para o plano mais fechado, e eliminar tanto do movimento quanto desejar. Se necessário, também é possível usar planos mais fechados para *prolongar* os planos mais abertos, *repetindo-se* uma parte do movimento sem que o público perceba isso. Ao filmar closes, faça que os atores entrem e saiam do quadro para permitir o corte durante a ação. A câmera deve começar *antes* de um ator entrar no quadro e interromper *depois* de ele sair, para proporcionar entradas e saídas "limpas".

Quando um ator é colocado numa posição estática para a filmagem de um close, o editor do filme é forçado a usar a duração completa do movimento no plano geral a fim de chegar ao ponto em que o ator é mostrado em close. No entanto, se o ator *entra* no close, o editor pode tornar a cena anterior mais curta ao fazer que o ator entre no plano mais fechado – sem que o público perceba que parte do movimento final no plano geral está faltando.

CORTE E CONTINUIDADE

O corte está estritamente relacionado com a continuidade. Um filme é um quebra-cabeças personalizado em que os produtores confeccionam peças individuais. Cada peça requer atenção especial, para que se combine de maneira harmoniosa com as demais ao redor. Para que tudo se encaixe de maneira correta, talvez seja necessário criar peças que preencham as partes incompletas. Todas as peças devem ser fornecidas, feitas para encaixar perfeitamente e formar um filme contínuo. O quebra-cabeças será montado se as várias peças entrarem no lugar sem dificuldade. Se os planos individuais forem filmados com a edição em mente, o editor poderá montar uma sequência bem encaixada. Não se pode montar uma história bem construída com planos filmados de maneira caótica.

O fotógrafo deve filmar séries de planos que se encaixem visual e tecnicamente. A ação precisa continuar por meio de cortes secos; a exposição, a iluminação, a cor e outros aspectos técnicos devem permanecer uniformes entre um plano e outro. Variações técnicas ou lacunas sem explicação na continuidade distrairão o público e destruirão a ilusão necessária a uma boa apresentação. Embora truques editoriais e técnicos possam reparar alguns desencontros, o fotógrafo deve fornecer cenas perfeitas, independentemente do número de planos necessários.

Sempre que possível, o editor experiente insere closes cut-away ou usa outros recursos de edição para recuperar cenas que não correspondam à continuidade direcional de imagens dinâmicas ou estáticas. Em casos extremos, o editor pode usar um plano "espelhado" para inverter a direção do movimento ou o olhar de um ator. Só se deve recorrer a essas medidas extremas quando todo o demais falhar. Geralmente, elas só se aplicam a filmes 35 mm, uma vez que as películas de 16 mm são mais granuladas, o que pode revelar o truque.[23] No entanto, um editor de cinema pouco pode fazer para corrigir erros técnicos que resultam em descontinuidade visual ou sonora. Se as cenas forem filmadas da maneira correta, os esforços gastos desnecessariamente na tentativa de recuperar material filmado de

---

23. Com a pós-produção digital, esse problema tem fácil solução. [N. R. T.]

maneira descuidada podem ser usados de forma mais proveitosa num trabalho de edição mais bem-acabado. Raramente há desculpa para um desencontro visual ou técnico que crie problemas que o editor do filme não possa resolver de maneira satisfatória. *Filmar todas as cenas dando a devida consideração a todos os fatores editoriais envolvidos é a melhor solução para problemas de edição.*

O diretor, com a ajuda do continuísta, é responsável pela continuidade da ação entre um plano e outro. No entanto, se o fotógrafo está trabalhando sozinho como cinegrafista ou diretor, a continuidade pode ser um problema desagradável, especialmente ao filmar sem roteiro. A solução mais fácil é planejar com cuidado os lugares na sequência em que a câmera mudará de posição para filmar de novos ângulos, e analisar com cautela qual será a ação no momento. Se a continuidade demandar movimento, este precisa ser duplicado no início do plano seguinte, para que o editor do filme possa cortar durante a ação se desejar. Os olhares e as posições dos atores devem ser duplicados com atenção nos planos subsequentes para evitar cortes bruscos desconcertantes. Em geral, pode-se confiar em atores profissionais para repetir um movimento ou ação, repetir um olhar inúmeras vezes ou assumir uma posição precisamente da mesma forma. Não é prudente pedir a amadores sem experiência em atuação que se posicionem segundo uma marca no solo, porque podem inadvertidamente olhar para ela ao mudar de posição. Em vez disso, um engenheiro, técnico ou executivo de empresa deve ter um canto ou mesa contra o qual se apoiar, ou que possa ser sentido com uma mão ou pé, quando ele chegar à posição. Esperar uma atuação profissional de um ator amador é pedir demais, mesmo que seja brilhante em sua área específica. Ao lidar com amadores, é importante não impor restrições ao movimento ou à atuação, para que eles possam se concentrar em suas ações e falas. Se a ação ou o discurso forem difíceis de duplicar para os vários tipos de plano necessários em uma sequência contínua, pense em usar várias câmeras.

O fotógrafo deve "proteger" uma série de planos contínuos filmando todos os closes cut-in e cut-away possíveis que possam ser usados para cobrir quaisquer cortes bruscos que truncariam a edição. Um close cut-in extremamente fechado, em que se mostra pouco mais do que o rosto, pode ser muito útil para cobrir ações desencontradas entre um par de planos filmando ações complicadas ou não controladas, como uma briga ou qualquer outro movimento que seja difícil de se repetir. Esses supercloses eliminam a necessidade de encaixar com exatidão movimentos ou posições de corpos, e precisam mostrar apenas um olhar na direção correta. Eles podem ser filmados em pares para fornecer ao editor um olhar para a direita e outro para a esquerda, de modo que possam ser inseridos em qualquer parte numa sequência em que os olhares dos atores variam conforme progride a ação.

CORTE E COMPOSIÇÃO

Numa série de cenas contínuas, os elementos de composição – atores, móveis, objetos de cena, elementos do segundo plano – devem permanecer na mesma área relativa do quadro. Mudá-los de lugar entre um plano e outro pode confundir o espectador. Por exemplo, um abajur que aparece à esquerda de um ator no plano geral não deve, subitamente, ser mostrado à sua direita por causa de uma grande mudança no ângulo da câmera. Se o princípio do eixo de ação for seguido, atores e objetos serão posicionados de maneira correta, mas a *relação* entre atores, móveis, objetos e elementos do segundo plano deve ser anotada com cuidado ao mudar o ângulo da câmera para filmar planos consecutivos. Em certas ocasiões, talvez seja necessário remover ou adulte-

OS CINCO CS DA CINEMATOGRAFIA

rar a posição de um objeto para fazer que *pareça* correto numa série de planos. Isso é mais provável de acontecer em closes, em que parte de um abajur ou a quina de um quadro aparecem no filme. Um abajur pode ser visto demasiado próximo de um ator devido a uma mudança na distância focal da lente entre o plano geral e o close. Ou uma imagem que pareça distante de um ator subitamente aparece atrás dele quando a câmera é deslocada ao seu redor para filmar um close. Se o objeto não puder ser removido porque sua ausência será facilmente percebida, deve-se adulterar sua posição de modo que pareça correta. Se, no entanto, a sequência demandar um plano para situar novamente a cena, deve-se devolver o objeto à posição original.

Mudar o ângulo da câmera e o tamanho da imagem ao mesmo tempo ajudará a obter cortes mais suaves entre os planos, porque o ponto de vista da câmera é alterado enquanto o tamanho da imagem aumenta ou diminui. Mudar o ponto de vista, em vez de aproximar ou afastar a câmera em linha reta, ocultará pequenos desencontros e mudanças em móveis, objetos de cena ou elementos do segundo plano. Desse modo, a cena é vista de um ângulo completamente novo.

PLANOS COM CÂMERA MÓVEL E COM CÂMERA FIXA

Planos com câmera móvel e fixa só podem ser intercalados em determinadas condições. Uma série de planos com câmera móvel pode ser intercalada sem dificuldade se o ritmo do movimento dela for devidamente mantido. A série pode ser de um mesmo objeto filmado de várias distâncias e ângulos de câmera diferentes, ou de objetos diversos filmados de maneira repetitiva.

Também se pode introduzir movimento num plano de situação com câmera fixa e então filmá-lo com uma câmera em movimento contínuo. Dois atores podem caminhar por uma rua num plano geral com câmera fixa. O plano médio que se segue pode ser filmado com uma câmera em movimento contínuo. A sequência pode terminar com um plano geral com câmera fixa quando os atores entram num prédio. Nesse caso, planos com câmera fixa seriam diretamente montados com planos com câmera móvel de maneira eficaz, pois o movimento começou numa cena estática e foi filmado *em ação*, com uma câmera em movimento.

Quando a câmera muda para um novo ângulo para filmar um close, pode ser necessário mudar de lugar ou remover completamente um objeto, como um abajur num canto. Esse truque não estará aparente se for realizado com destreza. O objeto deve ser substituído se aparecer num plano mais aberto subsequente.

183

▸ A ação pode ser introduzida num plano com câmera fixa e então filmada com um movimento de câmera contínuo. Começa-se a filmar no meio da ação com uma panorâmica ou travelling e intercala-se com um plano mais aberto filmado com câmera fixa. O movimento contínuo pode fluir entre planos com câmera fixa e móvel.

▸ Um plano filmado com a câmera em movimento contínuo pode captar o objeto de vários ângulos e distâncias. A câmera realiza um travelling ao lado, à frente ou atrás do ator, filmando uma série de planos montados de maneira intercalada. O movimento dos atores deve ser duplicado com precisão nos vários tipos de plano.

Esse tratamento também funcionaria ao contrário, abrindo com um plano médio de atores caminhando, filmado com uma câmera continuamente em movimento, e depois cortando para um plano geral com câmera fixa para mostrar a progressão dos atores na rua. Se desejado, é possível agregar mais planos com câmera móvel e terminar a sequência com um plano com câmera fixa quando eles entrarem no prédio. O movimento do ator ou do veículo pode continuar por planos com câmera fixa e móvel. Também é possível intercalar uma série de planos contínuos com câmera móvel retratando o mesmo objeto ou objetos diferentes. Pode-se filmar um objeto movendo-se continuamente de vários ângulos e distâncias. Ou então a câmera pode realizar movimentos panorâmicos ou dollies para filmar objetos estáticos. A câmera em movimento pode filmar um carro em movimento de frente, de trás e de lado – num plano geral, médio ou close. Ou realizar um movimento dolly em direção a um edifício, por um corredor, através de uma sala ou em direção a vários objetos similares, tais como vários tipos de ferramentas, a fim de compará-los. Desse modo, os planos podem ser conectados direta ou indiretamente uns com os outros. Movimentos de câmera similares são usados para unir os objetos que estão sendo filmados.

Geralmente, no entanto, a montagem intercalada de planos com câmera fixa e móvel é difícil, porque a mudança de um plano com câmera fixa para um plano com câmera móvel (ou vice-versa) é abrupta e desconcertante, devido à ausência de movimento do objeto. Por exemplo, não é possível editar um close de um painel de controle filmado com câmera fixa numa panorâmica contínua de todo o painel. Para que fosse montado na panorâmica, o close teria de ser filmado com o mesmo movimento de câmera. Uma vez que passaria pelo mostrador e proporcionaria apenas um rápido vislumbre da leitura, um close panorâmico não serviria ao propósito. Nesse caso, seria melhor filmar ambos os planos com uma câmera fixa, ou realizar uma panorâmica até o ponto em que o close seria inserido. Então se poderia filmar material estático e prosseguir com a panorâmica.

Um plano panorâmico, tilt ou dolly de um objeto estático, *precedido* ou *seguido de um plano com câmera fixa*, sempre deve ser filmado com uma câmera fixa no início e no fim do plano. Assim, o corte será entre quadros estáticos, com o movimento entre eles. É muito desconcertante cortar do plano com câmera fixa de um objeto estático a um plano com câmera móvel que começa a se mover imediatamente, ou passar do plano com câmera móvel de um objeto estático a um plano com câmera fixa.

Deve-se sempre considerar um plano com câmera fixa em relação com os planos anterior e seguinte. Em geral, planos de objetos em movimento apresentarão pouca ou nenhuma dificuldade, porque o movimento do ator ou do veículo pode continuar por planos com câmera fixa ou móvel. Planos de objetos estáticos filmados com câmeras paradas ou em movimento podem apresentar problemas de edição, porque a introdução ou interrupção abrupta do movimento da imagem incomodará o espectador. No entanto, uma combinação de plano *com câmera fixa* de um objeto estático e plano *com câmera móvel* de um objeto dinâmico poderá ser intercalada quando tal tratamento se justificar. Essas combinações ocorrem em planos cut-away, como um corte de um plano com câmera fixa da heroína amarrada na linha do trem para um plano com câmera móvel do herói cavalgando para resgatá-la. Essa situação reforça a regra de edição de que é possível realizar um cut-away para *qualquer coisa* acontecendo em *qualquer lugar*, a *qualquer momento*.

DETERMINANDO A DURAÇÃO DE PLANOS COM CÂMERA MÓVEL

A duração de um tilt, dolly, panorâmica ou outro plano filmado com câmera móvel deve ser considerada em relação a seu valor editorial. A duração de um plano com câmera móvel baseia-se no tempo que a câmera está em movimento, enquanto a duração de um plano com câmera fixa baseia-se na ação do objeto. Um plano com câmera móvel deve ser usado em sua totalidade (ou qualquer parte contínua) porque é difícil, se não impossível, cortar *durante* o movimento dela. Um plano com câmera fixa, por outro lado, geralmente pode ser encurtado ou cortado em vários planos. Isso se aplica em particular a objetos estáticos ou ações realizadas por atores em posições mais ou menos estáticas. Não se aplica a planos em movimento, tais como um veículo ou ator se locomovendo, que podem ser cortados para qualquer duração desejada.

Por exemplo: um plano geral com câmera fixa de um trabalhador montando uma ferramenta elétrica pode ser editado de diversas maneiras. Pode ser usado do começo ao fim, dividido em vários planos ou ser usado como plano de situa-

▼ Pode ser difícil editar de maneira intercalada planos de um objeto estático filmados com câmera fixa e móvel. É melhor não fazer uma panorâmica de um painel de controle e depois filmar um close estático de um único mostrador. O plano panorâmico tem de parar no ponto em que o close seria inserido. Ou, então, deve-se eliminar a panorâmica e filmar tanto o plano geral quanto o close com uma câmera fixa.

▶ Um plano de um veículo em movimento, tal como esse avião a jato F-104, filmado continuamente com câmera móvel, pode ser reduzido para a duração desejada, uma vez que retrata um movimento repetitivo.

ção para abrir e fechar uma sequência. Planos médios e closes podem ser intercalados em qualquer ponto. Um plano com câmera móvel, tal como um dolly em que a câmera se aproxima ou recua, seria muito difícil de intercalar com outros planos, a não ser nos pontos em que a câmera está parada. O editor pode ser forçado a abrir mão de deixar uma grande quantidade de material supérfluo, simplesmente para *chegar* a um plano médio ou close onde a câmera interrompeu seu percurso. Assim, ações sem utilidade, que seriam eliminadas num plano com câmera fixa, podem precisar ser mantidas num plano com câmera móvel, para preservar o movimento ou evitar um corte em seu decorrer.

Paradoxalmente, *cortes secos são sempre mais rápidos* que planos com câmera móvel, porque eles chegam ao ponto de imediato. Normalmente, um plano com câmera móvel, como um plano geral panorâmico ou dolly, contém muito material inútil apenas para permitir que a câmera "vá a algum lugar". A câmera deve filmar ações significantes *durante o percurso* – e *não* no destino.

Muitos fotógrafos e diretores acreditam, equivocadamente, que um plano com câmera móvel contribui para o fluxo da narrativa e torna a ação na tela mais veloz. Em muitos casos, o movimento *desacelera* o filme, porque tarda mais em chegar ao ponto. A não ser que o movimento da câmera tenha uma motivação *dramática*, é muito melhor filmar vários planos com câmera fixa que podem ser editados por meio de cortes secos do que um plano geral com câmera móvel que se arrasta de uma parte significante da ação à outra. Mesmo quando um plano com câmera móvel é satisfatório do ponto de vista editorial, pode ser difícil inseri-lo entre planos com câmera fixa.

Planos com câmera móvel cuja duração é determinada por uma faixa sonora ou de narração em geral não apresentarão problemas, porque o movimento é justificado pela duração da trilha sonora envolvida. Em planos silenciosos, no entanto, a duração é, muitas vezes, mal determinada, porque o fotógrafo pode realizar um movimento panorâmico, tilt ou dolly muito rápido ou muito devagar. A panorâmica aberta e prolongada de uma máquina pode parecer adequada à primeira vista, mas, quando o editor tentar encaixar o plano no filme, poderá descobrir que vale dez segundos de história, mas dura trinta. Um dolly lento e longo pode não ter valor por não ser capaz de justificar sua duração na tela. Esses planos também podem alterar o ritmo de uma sequência e não funcionar com planos filmados com câmera fixa ou com outros planos com câmera móvel feitos com um ritmo diferente.

O uso de planos com câmera fixa, em particular planos silenciosos de documentários filmados sem roteiro, requer especial consideração. Isso é importante principalmente com relação a objetos estáticos aos quais o fotógrafo deseja agregar movimento por meio de panorâmicas, tilts ou

OS CINCO Cs DA CINEMATOGRAFIA

▼ Se a câmera realizar um movimento dolly deste plano geral para um close do homem no centro do painel de controle, o editor pode ser forçado a deixar no filme uma quantidade de material em excesso, porque o plano não pode ser cortado durante o movimento. Um plano com câmera móvel deve filmar ações importantes durante o percurso, e não apenas em seu destino.

▼ Planos silenciosos, em particular de objetos estáticos, filmados com dolly, em geral são longos demais porque sua duração na tela não pode ser justificada editorialmente. Esses planos sempre devem ser sincronizados com a narração, ou – no caso da filmagem sem roteiro – devem-se filmar vários planos a diferentes velocidades. Ou, ainda, fazer a cobertura do plano dolly filmando um plano adicional com câmera fixa.

▼ Um ator que entra num close estático deve ser filmado com câmera fixa. O movimento de câmera no início de tal close pode evitar que o editor corte durante a ação, porque ele terá de cortar para o ator em posição depois que a câmera for acomodada.

dollies. É preciso avaliar com cuidado o valor do movimento de câmera em relação aos problemas narrativos e editoriais envolvidos. O movimento de câmera só deve ser usado quando justificado – desde que sua duração na tela não restrinja o editor do filme.

MOVIMENTOS DE CÂMERA IMPRECISOS
O plano de um ator se movendo no quadro – por exemplo, sentando-se num close – deve ser filmado com câmera *fixa*, e não com uma que se mova freneticamente no início do plano até que o fotógrafo esteja satisfeito com o enquadramento. O editor pode encontrar dificuldade de encaixar esse tipo de plano com uma cena precedente filmada com câmera fixa. Quando ocorre entre dois planos filmados com câmera fixa – como um plano médio e um close –, o corte durante a ação parecerá entrecortado se o final do primeiro plano ou o início do segundo, em especial este último, forem filmados com um leve movimento de câmera que tende a corrigir o enquadramento.

187

É muito melhor que o objeto esteja um pouco fora do centro do quadro do que movimentar a câmera. O enquadramento corretivo é particularmente incômodo num close em que os atores entram no quadro e se posicionam. Em alguns casos, um movimento ligeiramente panorâmico é tolerável, mas se a câmera se movimenta com uma panorâmica ou tilt para enquadrar o ator de maneira correta ao entrar, o editor pode precisar descartar a entrada e cortar para o ator em posição *depois* que este e a câmera tiverem se estabelecido. Isso elimina o corte durante a ação e necessita usar o movimento completo no *plano precedente* para apontar em que lugar se estabelece. Então, o ator finalmente posicionado encaixará em ambos os planos.

O ensaio adequado, permitindo que o ator assuma sua posição, elimina enquadramentos corretivos e permite que o fotógrafo fixe a câmera. A culpa é, principalmente, dos fotógrafos de documentários que filmam com uma cabeça de panorâmica e tilt destravada para qualquer eventualidade. Essa técnica de cinejornal não pode ser tolerada na produção de filmes. Tal operação de movimento impreciso de câmera complica o corte durante a ação e resulta num filme menos fluído.

PLANOS DE COBERTURA

Planos de "cobertura" são cenas extras filmadas para cobrir problemas editoriais imprevistos ou substituir cenas duvidosas que possam apresentar dificuldades editoriais devido a ritmo inadequado, duração excessiva, possíveis desencontros, panorâmicas ou dollies demoradas etc. Uma cena em particular pode causar dúvidas de edição quando tiver problemas de corte. Uma vez que, normalmente, é difícil tomar decisões editoriais durante a filmagem, e tendo em vista que a escolha deve ser deixada ao editor, é recomendável fazer planos de cobertura se o fotógrafo ou diretor sentir que uma cena dura pouco ou muito; a panorâmica é muito lenta ou demasiado rápida; existe um possível desencontro entre olhares ou movimentos de cena; o ator, objeto ou ângulo de câmera é adulterado em excesso; o segundo plano não corresponde ao previamente

▼ Uma panorâmica destes satélites de pesquisa ambiental deve ser garantida filmando-se um plano adicional com câmera fixa, para o caso de o plano filmado com a câmera em movimento ser demasiado longo ou demasiado curto.

▼ Recomenda-se filmar um close cut-in ao retratar um trabalhador realizando uma operação mecânica demorada. Essa técnica fornece ao editor meios de remover material desnecessário sem um corte brusco.

estabelecido; o figurino, os movimentos, as posições ou os olhares dos atores estão errados; ou a cena está ruim por razões técnicas.

Certas situações de produção demandam planos de cobertura porque é difícil, senão impossível, no momento da filmagem, assinalar as futuras necessidades do editor. Um plano panorâmico, tilt ou dolly pode ser filmado a diferentes velocidades, por exemplo, para oferecer possibilidades ao editor. Panorâmicas e tilts de cenas estáticas devem ser filmados em ambas as direções a fim de que o editor possa escolher. Panorâmicas ou dollies demoradas também podem ser garantidas com um par de planos de cada extremidade da cena filmado com câmera fixa, para o caso de o editor precisar encurtar o material e não poder cortar no meio do movimento de câmera. Planos filmados de ângulos oblíquos podem ser inclinados para a esquerda e para a direita, em particular se vários deles forem filmados, para que o editor possa usá-los num padrão alternado ou contrastante. Devem-se filmar closes para serem inseridos em cenas muito longas, principalmente se filmadas de um mesmo ângulo do começo ao fim, como no caso de uma operação industrial. Dessa forma, remove-se material desnecessário sem um corte brusco. É recomendável, em especial quando não há roteiro, filmar closes "curingas" com a reação de um ator, em que ele olha para todas as direções possíveis. Esses planos podem ser encaixados onde forem necessários, e são particularmente úteis se filmados para eliminar o segundo plano ou para colocar o ator contra um segundo plano neutro.

Normalmente, surgem problemas de continuidade no que se refere a olhares, movimentos ou figurino dos atores ao associar cenas filmadas depois de longos intervalos ou se não tiverem sido feitas anotações suficientes durante a sessão de filmagem. Diante da mínima dúvida sobre como encaixar as cenas, é recomendável – apesar de mais dispendioso e demorado – que o fotógrafo ou diretor filme a cena de ambas as maneiras. Embora esse procedimento deva ser desencorajado nos casos em que inexistem dúvidas, a quantidade de película e os poucos momentos envolvidos na refilmagem de uma cena com base na mesma configuração custam muito menos que repetir as tomadas depois. Ter de reproduzir um mesmo segundo plano para a filmagem posterior de closes cut-in ou cut-away na fase de edição do filme pode causar problemas, especialmente se o material original foi filmado numa locação distante.

Se, no momento da filmagem, houver dúvidas sobre a necessidade posterior de planos adicionais, pode-se assegurar a sequência original filmando contra segundos planos facilmente duplicáveis, como o céu, árvores, cortinas ou paredes neutras. Segundos planos discretos são mais fáceis de combinar porque se vê pouco ou nada atrás do ator em um close. Encaixa-se um segundo plano difícil gravando o close adicional o mais fechado possível, até mesmo um plano detalhe, para eliminar o máximo de segundo plano.

Planos de cobertura geralmente consistem na filmagem de uma cena extra "para o caso" de a cena original não funcionar por qualquer motivo. Entretanto, também podem consistir de cenas adicionais *não solicitadas* no roteiro. Essas cenas ajudam o editor em situações imprevistas. Exemplos de planos de cobertura adicionais são: planos gerais de edifícios; grandes planos gerais de fábricas, complexos industriais ou outras áreas vastas; closes de placas, letreiros, sinalizadores; cenas de atividades gerais, que podem servir a muitos propósitos editoriais; inserts de rodas girando, engrenagens rangendo, líquidos fluindo; de fato, qualquer coisa de natureza particular ou neutra que sirva para introduzir, situar ou unir sequências. O fotógrafo deve estar sempre em busca desse tipo de plano e ciente de seus possíveis usos. Um plano de cobertura simples, filmado por impulso, pode se mostrar de grande valor para solucionar um problema editorial.

FUSÕES

Originalmente, as fusões eram empregadas por produtores de filmes de ficção para indicar uma transição de tempo ou espaço; uma mudança no estado mental de um ator; ou para fundir planos numa montagem. Os recentes abusos de fusão têm sido causados por seu uso indiscriminado em programas de TV ao vivo e de estúdio, e também em documentários. Os cortes abruptos entre materiais mal encenados ou editados de maneira negligente, às vezes "suavizados" por meio de fusões, poderiam ter sido evitados com uso de câmera e direção cuidadosos. Editores experientes de filmes de ficção têm, de fato, acelerado a narrativa eliminando fusões sempre que possível, particularmente em filmes para televisão. Alguns editores de documentários, por outro lado, têm aumentado o uso de fusões a tal ponto que elas se tornaram uma "muleta" cinematográfica para cobrir cortes bruscos, material insuficiente, mudanças de direção, cenas faltantes, edição malfeita e outras falhas do cinema.

As fusões devem ser usadas para fundir créditos, para fornecer transições de tempo ou de espaço ou para denotar um flashback. Também podem ser empregadas numa montagem ou comercial de televisão para mesclar uma série de cenas curtas de assuntos variados em continuidade visual mais suave. Não devem ser usadas simplesmente por estarem tão prontamente disponíveis com a montagem em duas bandas. Não há uma boa razão para usar uma fusão num filme contínuo porque a sequência foi mal encenada e não pode ser editada de maneira satisfatória com cortes secos. Por causa da natureza do material, pode haver mais justificativa para o uso de fusões em compilações documentais. Se o produtor fizesse o editor *justificar* cada fusão, seu uso seria muito menor. Só se devem utilizar fusões quando houver motivo para isso. Com muita frequência, cenas mal filmadas levam o editor a dizer: "Se não há solução, use uma fusão!"

PROBLEMAS DE EDIÇÃO DE SOM

Fazer o corte contínuo de cenas sincronizadas com o som é inerentemente mais difícil do que editar cenas silenciosas. Em cenas silenciosas, só há necessidade de encaixar as ações. Se a ação retratada no filme editado comunicar o *significado* do acontecimento original, o resultado costuma ser satisfatório. Podem-se alterar planos, condensar ou expandir sequências, "adulterar" ações e inserir reações. A edição de filmes silenciosos é limitada apenas pela experiência e habilidade do editor. A versão editada do fato filmado será aceitável se *parecer* retratar a ação original. Não precisa reproduzir fielmente o fato original como ocorreu no tempo e/ou no espaço. Em outras palavras, conquanto a imagem na tela *pareça correta*, o público a aceitará e acreditará nela. Isso con-

▶ As fusões não devem ser usadas em sequências em que a ação contínua flui entre planos consecutivos.

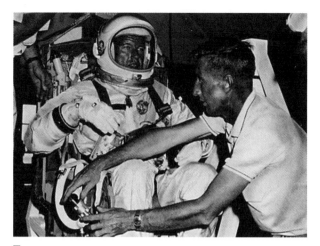

▸ As ações só precisam ser encaixadas numa série de cenas silenciosas, tal como esta sequência de um astronauta da Gemini sendo ajustado a um assento de ejeção da espaçonave para um treinamento.

fere ao editor muita liberdade de ação ao editar filmes silenciosos.

Filmes sonoros narrados oferecem carta branca em sua edição, uma vez que, basicamente, são filmes silenciosos complementados por narração descritiva, música e efeitos. Contudo, filmes com som sincronizado ao movimento dos lábios, em que os diálogos *contam* a história, devem ser editados de acordo com a faixa de áudio. Uma vez que o registro de áudio é *ancorado* à imagem, o editor tem pouco espaço para jogar com as imagens visuais. Ao fazê-lo, ele pode alterar ou arruinar completamente o significado do diálogo. A edição com som sincronizado leva o editor a aceitar o que quer que esteja disponível para determinada parte da faixa de áudio em questão. Sua única escolha é usar o plano ou descartá-lo. Certamente, é possível jogar com a própria faixa de áudio transpondo palavras e usando outros truques editoriais, mas isso não precisa preocupar o fotógrafo.

A edição de cenas de diálogo de modo contínuo exige que a ação ou o movimento do ator através de cortes secos sejam encaixados de maneira precisa. O editor pode escolher *qualquer* parte de um plano silencioso onde um movimento de cabeça ou aceno com a mão corresponde ao do fim do plano anterior. O corte contínuo de planos de diálogo não oferece essa opção. O editor *deve trabalhar com base na faixa de áudio* e aceitar a ação que estiver sendo retratada. Deve-se manter a estrita continuidade sonora e visual durante a filmagem, para que *tanto o diálogo quanto a ação* sejam contínuos entre cortes secos. A não ser que se dupliquem as posições e os olhares dos atores quando a câmera é deslocada, o resultado será um corte brusco.

Cenas de diálogo são quase sempre filmadas com base num roteiro preparado, para que se mantenha facilmente a continuidade da conversa. Entretanto, uma vez que a ênfase recai sobre o que um ator *diz*, e não sobre o que ele faz, o fotógrafo e/ou diretor deve prestar muita atenção para combinar os movimentos, as posições e os olhares dos atores. As cenas de diálogos devem ser ensaiadas com cuidado e ênfase no que um ator faz e em

▸ Sequências com sincronização sonora devem ser editadas com base na faixa de áudio. A ação e o diálogo precisam continuar através de cortes secos. O editor não pode buscar os quadros em que as posições e os olhares dos atores são duplicados. O corte durante a ação – como a atriz se sentando num close – demanda a duplicação precisa do diálogo e do movimento, tal qual encenado no plano mais aberto.

onde ele se posiciona, ou para onde se move, ao dizer suas falas. Isso é bastante importante quando se usa a técnica da cena máster, e os atores devem repetir as ações e diálogos em planos mais fechados. Se a ação e o diálogo não se encaixarem precisamente, o editor do filme terá dificuldade de montar a sequência de forma contínua. Esses desencontros entre ações podem forçar o editor a cortar para planos que mostrem a reação do ator que escuta, ou recorrer a closes cut-away mostrando a reação de outros atores, porque eles oferecem a única solução para cobrir um corte brusco. Se for usada a técnica da cena máster, a ação e o diálogo devem ser sobrepostos para assegurar o corte contínuo.

FLUXO DE SOM

Som e imagem não devem ser editados de maneira paralela, em que os elementos sonoros e visuais começam e terminam juntos em cada plano individual. Para ser mais eficaz, o som deve fluir *através* das cenas. Os editores de filmes geralmente preferem deixar que a faixa de áudio do ator falando continue sobre planos com a reação de um ou mais dos atores ouvindo. Isso resulta num tratamento em que os atores se alternam entre falar e ouvir um ao outro. Evita a edição abrupta resultante se a imagem e a fala do ator começassem e terminassem ao mesmo tempo. A câmera raramente deve se manter no falante durante toda a duração de seu discurso, a não ser que o que ele diz seja mais importante do que a reação dos atores que o ouvem.

O editor precisa ter em mãos tanto as falas dos atores quanto os planos com a reação de todos os envolvidos, para que possa editar a sequência da forma que julgar mais adequada. Esses planos com reações silenciosas também permitem manipular a edição de maneira considerável se houver necessidade de remover o diálogo ou inserir, posteriormente, falas adicionais não sincronizadas. Essa alteração no diálogo não resultará num corte brusco, porque o público está assistindo às reações dos ouvintes, em vez de ver o ator que está falando. Assim, o discurso de um ator pode ser *encurtado* ou *prolongado*, independentemente do ponto em que a mudança no diálogo se faz necessária. O editor usa as últimas palavras de um diálogo sobre o plano com a reação de um ator ouvinte. Então, subtrai o diálogo original ou insere falas não sincronizadas conforme desejado. Depois que é feita a alteração no diálogo, pode retornar ao filme original sincronizado com a faixa de áudio.

▼ O diálogo e a reação de cada ator devem ser filmados em sua totalidade durante um par de closes sobre o ombro. Cada um deles tem de falar, escutar e reagir ao ator com quem contracena. ◢

Closes sobre o ombro, em que dois atores falam um com o outro e são exibidos alternadamente, devem ser filmados em sua totalidade para cada ator. Esse tratamento proporciona planos com a reação de ambos os atores conforme eles *de fato ouvem* as falas um do outro. Cada ator em cena fala suas linhas, escuta e reage à fala do colega, que está de costas para a câmera em closes sobre o ombro ou fora de cena em closes pov. Embora essa técnica possa parecer um desperdício de película, proporciona planos com reações correspondentes às opiniões expressadas, resultando numa melhor interação entre os atores, porque se escuta o diálogo real sobre a reação do ator. O material economizado ao filmar planos com reações silenciosas que possam ser usados para um fim inespecífico pode prejudicar a performance do ator. Além disso, o editor do filme terá muito menos possibilidades ao encaixar reações pertinentes a um diálogo em particular.

A câmera jamais deve ser interrompida no meio de um diálogo importante. Embora o editor talvez não tenha interesse no filme naquele momento, ele pode querer que a faixa de áudio continue sobre a reação ou outros planos. Se houver uma fala particularmente longa e o roteiro determinar que a imagem não é necessária, a câmera deve ser interrompida, mas deve-se filmar a fala inteira. Todos os cortes de câmera têm de ser *predeterminados* pelo conteúdo da faixa de áudio e marcados no roteiro.

Evite cortes bruscos ao apresentar partes de um discurso longo – tal como um cinejornal de alguém importante se dirigindo a um grande grupo – cortando para planos com a reação do público ouvinte. A imagem na tela pode apresentar apenas destaques do discurso, sem que o espectador perceba que há grandes partes faltando. A única forma de a câmera permanecer no falante e evitar cortes bruscos causados pela remoção de partes do discurso seria usar uma *fusão* a cada vez que fosse feito um corte para suavizar a mudança na aparência ou na posição do falante.

REQUISITOS DA EDIÇÃO

Todo material submetido a um editor deve atender a três requisitos: técnicos, estéticos e narrativos.

REQUISITOS TÉCNICOS

Os elementos técnicos de um filme – tais como o tratamento fotográfico, a iluminação, a cor, a exposição, o som etc. – devem ser uniformes em qualidade de produção. Nenhuma diferença visual ou sonora notável pode estar aparente quando o filme for montado e for feita uma cópia de exibição devidamente sincronizada e balanceada. Um desencontro ou mudança que cause distração, a não ser que sejam inseridos deliberadamente para um efeito especial, incomodam os espectadores. Um trecho de som mal gravado, uma mudança perceptível na iluminação, cores desbalanceadas ou quaisquer outras discrepâncias técnicas são inaceitáveis. Já é tido como certo que os filmes de ficção profis-

▼ Planos que mostram a reação dos ouvintes podem ser inseridos numa sequência sincronizada com o áudio em que um executivo se dirige ao grupo. Isso permite que o editor use as partes mais importantes do discurso sem que os espectadores percebam que alguns trechos foram removidos.

sionais têm excelente técnica. Se os diretores sérios de filmes de não ficção esperam que seus filmes recebam a devida atenção do público, eles devem se empenhar em alcançar qualidade profissional.

REQUISITOS ESTÉTICOS

O filme montado deve apresentar uma série de imagens em movimento, agradáveis de assistir e fáceis de compreender, a não ser que o diretor deseje – por motivos narrativos – chocar ou distrair o público, ou provocar uma reação violenta ou desagradável. Composições cênicas, movimentos de atores e de câmeras, efeitos de iluminação, escolha de cores, tratamento de câmera e outros aspectos visuais de cenário, figurino, segundo plano e objetos de cena têm de ser todos integrados com base em seu resultado cumulativo quando as cenas forem finalmente editadas. O bom fotógrafo se esforça para produzir as mais belas imagens em movimento. Contudo, muitas vezes, ao filmar documentários, é melhor apresentar uma imagem realista em vez de visualmente bela. Isso não

▼ Filmes de não ficção devem ser tão visualmente belos quanto possível, dentro de limites realistas. Este plano de documentário de operadores de radar é aprimorado com uma iluminação dramática.

implica que beleza e realismo não possam ser combinados, ou que filmes de não ficção devam ser fotografados num estilo monótono, mecânico e rígido. Apenas significa que os temas de documentários devem ser *figurativos*, em vez de enfeitados para fins visuais. Filmes de engenharia, militares, educacionais, de negócios, industriais e outros de não ficção devem ser tão belos quanto possível, dentro de limites realistas. É necessário lidar com os elementos visuais envolvidos esteticamente, sem roubar a cena do tema. O objetivo primordial de um documentário é "vender" o tema, e não a fotografia.

REQUISITOS NARRATIVOS

Planos tecnicamente perfeitos e compostos com maestria têm pouco ou nenhum significado se o filme for apresentado de maneira ilógica, desinteressante ou incoerente. O público não deve ficar confuso nem ter de se esforçar para acompanhar os temas, a não ser que desvios da trama sejam úteis para propósitos narrativos.

Problemas de enredo não são a principal preocupação do fotógrafo que filma com roteiro. Mas o

▼ Nenhuma diferença sonora ou visual significativa pode estar aparente num filme profissional. Iluminação, cor, exposição, som etc. devem ser uniformes com relação à qualidade numa cópia de exibição sincronizada e balanceada da maneira correta. Discrepâncias técnicas distraem o espectador e quebram o encanto da narrativa.

fotógrafo/diretor de não ficção que filma por conta própria com base num esboço ou em algumas notas deve ter certeza de que seu material poderá ser montado num filme capaz de contar uma história. Para isso, é necessário compreender por completo os valores da história, a reação dos espectadores e as peculiaridades editoriais. Mesmo o documentário mais simples deve atrair o interesse do público e manter sua atenção conforme o filme avança. Depois que o tema ou enredo for apresentado e desenvolvido, a narrativa deve crescer em interesse conforme progride. Cada plano precisa ter um propósito. Todas as cenas devem ser associadas de modo que seu efeito combinado, e não seu conteúdo individual, provoque as reações desejadas nos espectadores. O editor de filmes deve ter um lema: "Faça rir ou faça chorar, mas faça que se importem!"

O objetivo mais importante é fazer o público se importar com as pessoas e os acontecimentos que estão sendo retratados. Isso significa se identificar com os atores num filme de ficção e se preocupar com o que acontece a eles. Também implica se importar com o objeto apresentado num documentário e se interessar pela mensagem, tema, problema, propaganda, teste de engenharia, informe de vendas, relatório de projeto ou qualquer assunto retratado.

Um editor sempre se esforça por mostrar em cena o ator, objeto ou ação em que o público está mais interessado naquele *momento particular* da narrativa. O fotógrafo deve sempre ter em mente, durante a produção, essa especificidade editorial; desse modo, ele automaticamente se aproximará para filmar o close de uma ação importante, captar a porção mais significativa do fato e acompanhar a mais relevante dentre várias ações ocorrendo ao mesmo tempo. Deve-se considerar o que o público estaria mais interessado em ver. Um fotógrafo que pensa dessa maneira fará um filme com mais probabilidade de chamar e manter a atenção dos espectadores. Para obter sucesso ao fazer um filme interessante do ponto de vista da narrativa, o fotógrafo deve criar na tela um mundo factível de uma maneira que possa ser aceito como realidade. Isso é alcançado usando-se a câmera como ferramenta para contar uma história, e não meramente como instrumento de filmagem.

O FOTÓGRAFO PODE APRENDER COM O EDITOR

O fotógrafo pode aprender muito na ilha de edição, seja observando ou, de preferência, ouvindo os comentários de um editor experiente, que pode fazer críticas construtivas sobre a cobertura. Esse procedimento é mais útil quando se filmam materiais sem roteiro, o que requer a obtenção de planos individuais planejados para ser editados de maneira contínua e aumentar o interesse conforme o fato progride. O fotógrafo precisa saber dividir um acontecimento em planos individuais, decidindo, primeiro, que tipo de plano é necessário para cada parte do acontecimento. Então, ele tem de considerar que ângulo de câmera em particular

▼ O público deve se envolver com as pessoas e os acontecimentos retratados na tela.

e que movimento de câmera e/ou de ator devem ser usados para retratar da melhor forma a parte da ação que está sendo filmada. Em seguida, deve decidir onde inserir closes cut-in e cut-away significativos. Estes podem ser usados para envolver o público mais intimamente com os fatos retratados; para distrair o espectador, caso seja necessário cobrir um corte brusco ou uma mudança de direção; ou para encurtar ou prolongar cenas. Depois, ele deve antecipar quando será necessário ou conveniente fornecer planos com a reação de atores para fins narrativos ou editoriais. O fotógrafo precisa compreender por que é importante fornecer planos de cobertura e por que deve filmar planos adicionais que possam ser úteis ao editor. Ele também tem de aprender a filmar cenas para proporcionar ao editor o maior número de opções editoriais. Isso se faz sobrepondo ações de um plano a outro, filmando entradas e saídas completas, colocando pausas em planos com câmera em movimento sempre que possível para que possam ser encaixados em cenas estáticas, além de outros truques editoriais adquiridos conforme ele se torna mais proficiente em pensar editorialmente antes e durante a filmagem.

O fotógrafo deve perceber a importância de integrar elementos estéticos, técnicos e narrativos num estilo unificado, empregando a câmera para aumentar o interesse dos espectadores. Embora as críticas dos editores não possam corrigir os erros do passado, elas proporcionarão um reservatório de conhecimento cinematográfico para ser usado no futuro. Compreendendo as dificuldades de encaixar, sincronizar e dispor as cenas, o fotógrafo terá um insight editorial para sua próxima tarefa de filmagem, tornando-se capaz de entender os problemas do editor e fornecer-lhe material adequado.

CONCLUSÃO

Um filme é concebido na câmera e montado na ilha de edição. Quanto melhor a concepção, melhor o filme montado. Em geral, um filme com roteiro benfeito, minuciosamente planejado e dividido com cuidado, com um padrão de edição bem definido, apresentará poucos problemas de edição, os quais serão fáceis de resolver. Um filme sem roteiro, por outro lado, requer tratamento especializado e deve ser fotografado com um plano de filmagem bem definido e seguido à risca ou com técnicas que permitam ao editor do filme uma ampla gama de opções ao montar o material. Mesmo ao filmar com roteiro, recomenda-se fornecer opções ao editor do filme.

Diretores e fotógrafos experientes proporcionam aos editores material mais do que suficiente para permitir toda escolha de edição possível. Em longas-metragens de ficção, limitações de tempo e orçamento normalmente governam o número de configurações de câmera que podem ser usadas, o número e o tipo de planos que podem ser filmados e a cobertura adicional que pode ser propor-

▼ O pessoal da produção discute o storyboard para um novo filme. Um filme com um bom roteiro e cuidadosamente planejado – com um padrão de edição bem definido em mente – em geral será editado com problemas editoriais de menor importância e fáceis de resolver.

cionada. Não há desculpa, no entanto, para filmar cenas que não se encaixam devido a técnicas de filmagem ruins. Considerando-se os requisitos editoriais antes e durante a produção, muitos problemas podem ser evitados. O editor pode montar o filme só com base no material fornecido. Se ele precisar de cenas não filmadas ou considerar impossível juntar cenas que não podem ser encaixadas de maneira lógica, isso significa que o diretor ou o fotógrafo não conseguiram filmar as cenas necessárias ou filmaram-nas de maneira inadequada. Editores experientes podem realizar feitos maravilhosos recuperando material mal filmado, mas não podem fazer milagres cinematográficos.

O editor do filme *não pode*[24]: mudar a direção do olhar dos atores; mudar os valores tonais ou as cores de figurinos ou cenários; modificar a composição; mudar a iluminação; alterar os ângulos de câmera; acelerar ou desacelerar os movimentos dos atores e/ou da câmera; inserir closes inexistentes; transmitir ação em cenas estáticas; cobrir cortes bruscos sem planos de cobertura disponíveis; remover material do meio de um plano de maneira eficiente, a não ser que lhe sejam fornecidos closes cut-in ou cut-away; encaixar planos consecutivos se os atores estiverem fora de posição, olhando para o lado errado ou alterados de alguma outra forma; corrigir imperfeições visuais ou técnicas, sem possibilidade de recuperação no processamento de filme ou na dublagem sonora; montar um filme com planos filmados de maneira desorganizada.

Apenas o fotógrafo – se estiver trabalhando sozinho, ou com a ajuda do diretor e do continuísta, quando estiver filmando com roteiro – pode verificar se todos esses requisitos são atendidos durante a filmagem. Desse modo, o editor receberá material com ações que se encaixam, cobertura suficiente e planos devidamente encenados, que permitem toda escolha cinematográfica possível. Um fotógrafo qualificado não tenta "cortar o filme na câmera" a ponto de o editor ter pouca ou nenhuma escolha na montagem do filme. Embora o fotógrafo possa influenciar bastante como o filme é apresentado, as prerrogativas para tomar todas as decisões editoriais devem ser reservadas ao editor.

---

24. Exceto oticamente, invertendo o filme, aumentando porções do plano para ocupar o quadro todo, pulando ou repetindo quadros ou usando fusões para conectar cenas que seriam abruptas ou desencontradas se unidas por meio de corte seco.

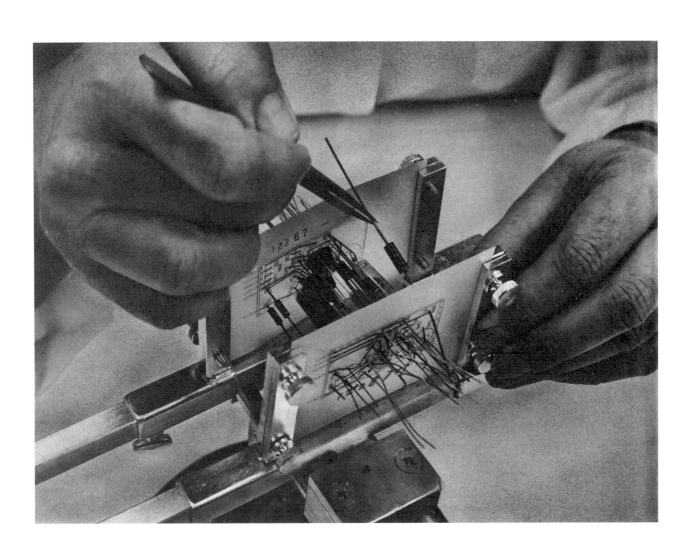

4 CLOSES

INTRODUÇÃO

O close é um recurso exclusivo do cinema. Somente o cinema permite retratar em grande escala uma parte da ação. Um rosto, um pequeno objeto ou uma ação em pequena escala podem ser selecionados da cena geral e mostrados em tela cheia por meio de um close. Normalmente, uma peça, ópera ou balé devem ser vistas de uma distância fixa. Nos filmes, os closes tornam possível retratar partes detalhadas dessas performances.

O close pode transportar o espectador para dentro da cena, eliminar tudo que não for essencial naquele momento e isolar qualquer incidente significativo da narrativa que deva ser enfatizado. Um close devidamente escolhido e filmado com destreza agrega impacto dramático e clareza visual ao acontecimento. Quando usado de maneira inadequada, porém, confunde o público e desvia a atenção, neutralizando, dessa forma, sua eficácia cinematográfica.

Os closes são um dos recursos narrativos mais poderosos disponíveis ao diretor. Eles devem ser reservados para destaques de vital importância para a história, a fim de que alcancem o efeito visual pretendido.

Devem-se considerar os closes do ponto de vista visual e editorial. Um diretor de fotografia de filmes de ficção se preocupa primordialmente com os aspectos visuais de um close. Num longa-metragem, em geral, a escolha de um close é feita pelo roteirista ou pelo diretor por razões narrativas.

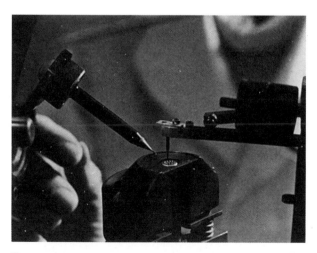

▶ A câmera pode retratar uma ação em pequena escala em tela cheia. Os dedos permitem ao espectador ter uma ideia do tamanho dos objetos.

O fotógrafo ou diretor de um filme de não ficção filmado sem roteiro, que precisa tomar decisões editoriais durante a filmagem, deve compreender plenamente o uso de closes. Ao filmar sem planejamento prévio, a escolha de closes pode ser influenciada por razões editoriais, em vez de visuais. Por exemplo, podem-se filmar closes cut-away mostrando a reação de outro ator a fim de antecipar problemas de edição que possam surgir mais tarde. O uso de um close para distrair o público e cobrir um corte brusco é tão importante para a edição quanto para criar ênfase dramática visual.

TAMANHO DO CLOSE

Os closes podem ser designados no roteiro de acordo com o tamanho da imagem ou simplesmente ser identificados como tal, ficando seu tamanho a critério do diretor ou fotógrafo.[25] A interpretação da área real filmada em um close varia enormemente, mas é quase sempre considerada em relação ao tema que está sendo retratado. Assim, closes de pessoas, animais ou objetos costumam demandar tratamentos diferentes.

As seguintes designações são aceitáveis para closes de pessoas:

▼ Close de cabeça e ombros.

▼ Close do rosto.

▼ Close médio ou plano próximo.

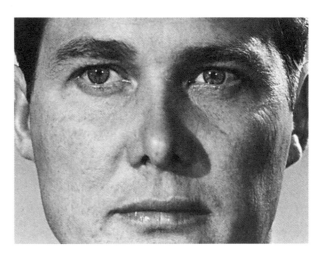
▼ Superclose.

25. Atualmente, salvo exceções, os closes não são indicados no roteiro, mas decididos durante a filmagem pelo diretor e por seu diretor de fotografia. [N. R. T.]

Close médio[26]: aproximadamente da metade do tronco até o topo da cabeça.

Close de cabeça e ombros: de logo abaixo dos ombros até acima da cabeça.

Close do rosto: apenas o rosto.

Superclose: de logo abaixo dos lábios até logo acima dos olhos.

A não ser que seja especificado, o close de uma pessoa pode ser considerado um close de cabeça e ombros.

CLOSES EXTREMOS OU PLANOS DETALHE

Objetos ou áreas minúsculos, ou pequenas porções de objetos ou áreas grandes, podem ser filmados em planos detalhe de modo que apareçam enormemente ampliados na tela. Insetos, partes pequenas de equipamentos, os ponteiros de um medidor ou uma pequena ação – tal como a aplicação de uma gota de solda numa peça eletrônica –

▶ Uma ação que ocupa áreas minúsculas – como a aplicação de uma gota de solda numa peça eletrônica – funciona bem quando filmada em tela cheia em planos detalhe.

---

26. O autor utiliza o termo "medium close-up (MCU)" – literalmente, close médio. Na prática, entretanto, esse tipo de enquadramento é chamado de "plano próximo" e não é considerado um close propriamente dito. Além disso, hoje não se utilizam todas essas subdivisões de closes; apenas "closes" e "planos detalhe" (ou simplesmente "detalhe"). [N. T.]

são muito eficientes quando fotografados em planos detalhe que ocupam a tela toda. Partes da cabeça, como orelha, nariz, lábios ou olhos, podem ser retratadas quando o sentido associado a elas for importante para a narrativa.

CLOSES SOBRE O OMBRO

Um plano típico de cinema, com nenhuma contraparte na fotografia estática, é o close de alguém visto sobre o ombro de outra pessoa em primeiro plano. Esses closes sobre o ombro proporcionam uma transição eficaz de planos filmados com câmera objetiva para closes ponto de vista. A câmera é, assim, deslocada ao redor do objeto, sendo posicionada num ângulo intermediário que introduz o close subsequente. Pode-se eliminar o close sobre o ombro se os atores forem mostrados apenas num close objetivo. O corte para outro close, entretanto, será muito mais suave se este for precedido por um close sobre o ombro.

Os closes sobre o ombro de um par de atores devem ser filmados de maneira similar, para que tenham aparência uniforme. Embora não seja absolutamente imperativo que a distância e o ângulo da câmera e o tamanho da imagem sejam exatamente iguais, eles devem ser aproximados. Às vezes, uma correspondência exata é difícil, em especial entre um homem e uma mulher, devido às diferenças entre o contorno do corpo, o tamanho da cabeça e a altura dos atores. Ao filmar o close de uma mulher, um penteado alto também pode influenciar o tamanho da imagem e o enquadramento. É de extrema importância que uma série de planos e contraplanos de closes sobre o ombro tenha uma aparência uniforme para o espectador.

O ator em primeiro plano mais perto da câmera – sobre cujo ombro o ator oposto está sendo filmado – deve estar inclinado e enquadrado de modo que suas costas e lateral sejam vistas de um ângulo traseiro de 45°. A linha do queixo, mas não o nariz,

▼ O close sobre o ombro não tem contraparte na fotografia estática. É um recurso exclusivamente cinematográfico para proporcionar uma boa transição entre planos filmados de maneira objetiva e closes ponto de vista.

▼ Closes sobre o ombro devem ser filmados em pares opostos. Ambos os closes têm de parecer uniformes em tamanho e ângulo. Não é imperativo que a distância e o ângulo da câmera e o tamanho da imagem sejam exatamente iguais, mas sim aproximados.

Se os dois atores estiverem de frente um para o outro, o ator mais distante será mostrado em close num ângulo de 45°. O ator em primeiro plano pode ser tratado de duas maneiras: pode-se incluir toda a cabeça e parte do ombro ou, então, deixar de fora uma pequena parte da cabeça, do lado mais distante da câmera. O primeiro método é melhor porque permite um enquadramento melhor. Quando os atores estão próximos um do outro, ou quando se

▼ O ator em primeiro plano, num plano sobre o ombro, deve ser posicionado de modo que suas costas e lateral sejam vistos de um ângulo traseiro de 45°.

▼ Neste close sobre o ombro, a inclinação da câmera foi insuficiente. Observe a ponta do nariz se pronunciando além da linha do queixo. Se os traços do ator mais próximo estiverem visíveis, a cena se torna um two-shot.

deve estar à mostra, de modo que seus traços faciais não possam ser identificados. Nenhuma parte do nariz deve ultrapassar o queixo.[27] Se os traços do ator mais próximo estiverem visíveis, a cena será um two-shot, em vez de um close sobre o ombro.

27. Essas regras têm sido violadas continuamente, chegando-se a outras estruturas de linguagem. [N. R. T.]

TIPOS DE CLOSE

CLOSES CUT-IN

Um close cut-in é uma porção ampliada do plano mais aberto que o precede. É *sempre* uma parte da ação principal. O close cut-in dá continuidade à ação principal com uma visão mais próxima – preenchendo a tela toda – de um ator, objeto ou ação em pequena escala que seja importante.

▸ Quando os atores estão próximos um do outro, ou quando se deseja um close sobre o ombro mais fechado e mais compacto – como na filmagem para televisão –, pode-se cortar a lateral da cabeça do ator mais próximo da câmera. ◂

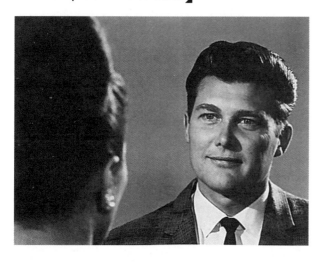

▸ Este close cut-in filmado com câmera objetiva é uma parte ampliada da cena anterior, mais aberta (abaixo). A posição e o olhar dos atores devem permanecer os mesmos ao filmar um close cut-in, pois ele continua a ação através de um corte seco. Para filmar o close, a câmera não é aproximada em linha reta, mas sim de um novo ângulo, porque os atores estão interagindo através da tela. ◂

deseja um close mais fechado ou um plano mais compacto – como costuma ser o caso ao filmar para televisão –, pode-se empregar o segundo método.

Closes sobre o ombro são designados no roteiro[28] – ou referidos durante a filmagem – especificando-se a posição da câmera em relação aos personagens. O plano pode ser, por exemplo, sobre o ombro de Harry, ou de Helen. O close oposto correspondente seria sobre o ombro de Helen, ou de Harry.

---

28. Como já destacamos, isso raramente acontece nos dias de hoje. [N. R. T.]

Closes cut-in podem ser filmados de quatro ângulos de câmera:

Objetivo, em que a câmera filma o close do ponto de vista de um observador oculto, e *não* do ponto de vista do ator pessoalmente envolvido na cena. Um close objetivo aproxima o espectador do ator, objeto ou ação, sem que este esteja envolvido.

Subjetivo, em que a pessoa que está sendo filmada olha diretamente para a câmera. Esse ângulo é empregado em raras ocasiões em filmes dramáticos de ficção, para que um ator ou comentarista possa explicar, descrever ou comentar a história conforme esta se desenvolve. Muitas vezes, é usado em comédias para permitir que um ator faça um aparte para o público. É encontrado com mais frequência em filmes para TV em que apresentadores de notícias, de comerciais e narradores apareçam diante da câmera para explicar o fato ao espectador. Closes subjetivos também são utilizados em filmes de não ficção para que o líder de uma empresa possa falar diretamente com o público, ou para que um engenheiro possa explicar o funcionamento de uma máquina.

Sobre o ombro, em que a câmera filma o close sobre o ombro de um ator oposto. Geralmente, filmam-se closes sobre o ombro em pares correspondentes, quando dois atores se confrontam num diálogo.

Ponto de vista, ou simplesmente pov, em que se filma da perspectiva de um ator em cena.[29] A câmera é posicionada *ao lado* do ator (o mais próximo possível do eixo de ação) para que os espectadores vejam um ator oposto, ou um objeto ou ação em pequena escala, de seu ponto de vista. Quando dois atores são filmados em closes pov opostos, é

▼ Closes subjetivos – em que o ator olha diretamente para a câmera – não costumam ser utilizados em filmes dramáticos.

▼ Closes sobre o ombro – em que a câmera filma sobre o ombro de outro ator – geralmente são fotografados em pares opostos correspondentes.

▼ Um close ponto de vista – em que o ator é filmado da perspectiva do ator oposto – é fotografado de uma posição de câmera ao lado do ator oposto.

29. Ou filma-se o que o ator está vendo, seu ponto de vista, que pode ser uma paisagem, outro ator, um detalhe etc. [N. R. T.]

recomendável posicionar o ator fora de cena ao lado da câmera, ou erguer a mão na altura em que o ator deve olhar, para que o olhar do ator em cena seja correto. Deve-se *sempre* olhar *para o lado* da lente, independentemente da altura ou do ângulo da câmera. Quando a altura dos atores varia – como quando um está sentado e o outro em pé –, o olhar deve ser para o lado e logo *acima* da lente, no caso do ator que está olhando para cima, e logo *abaixo* da lente, no caso do ator que olha para baixo.

Os atores envolvidos em closes sobre o ombro e ponto de vista devem primeiro ser identificados por meio de um two-shot, para que o público não se confunda quando a câmera se aproximar para filmar uma série de closes. Ambos os tipos de closes podem ser editados da maneira que se desejar, mas o mais recomendado é intercalar closes similares e opostos.

O close pov é o mais perto que uma câmera objetiva pode chegar de um ângulo subjetivo

▰ Ao filmar closes ponto de vista de dois atores opostos com alturas diferentes – como quando um está sentado e o outro em pé –, o olhar deve ser dirigido para o lado da câmera, logo acima da lente, no caso do ator que está olhando para cima, e para o lado da câmera, logo abaixo da lente, no caso do ator que está olhando para baixo.

▰ Num par de closes ponto de vista opostos, o ator fora de cena deve ficar em pé ao lado da câmera para fazer que o ator que está sendo filmado olhe na direção correta. ◢

▰ Um two-shot deve preceder um par ou uma série de closes sobre o ombro e ponto de vista, para que o público possa, primeiro, identificar os atores envolvidos.

sem que o ator olhe diretamente para a lente. O olhar do ator em cena é dirigido ligeiramente para o lado da câmera. O lado escolhido será determinado pelo eixo de ação no final do plano anterior. O espectador tem a impressão de que está de fato vendo o ator em cena do ponto de vista do ator oposto, fora de cena. Desse modo, o close pov envolve mais o público na ação mostrada na tela.

Como usar closes cut-in

Para *dar ênfase a partes importantes da narrativa*, como um diálogo, uma ação ou a reação de um ator. Sempre que for necessário dar maior ênfase dramática ou aumentar o interesse do público, o objeto deve ser trazido mais próximo do espectador.

Para *isolar um tema significativo* e *eliminar todo material supérfluo*. Assim, a atenção do público se concentra numa ação importante, um objeto particular ou uma expressão facial significativa. O close apresenta *apenas* o que *deve ser visto* no momento, removendo todo o restante.

Para *ampliar uma ação em pequena escala*. Se a ação mostrada num plano geral ou plano médio for demasiado pequena para que o público a veja – sem ter de fazer esforço –, um close pode clarificar visualmente o que está acontecendo. Os espectadores devem ser aproximados da cena para que sua curiosidade seja satisfeita; do contrário, perderão o interesse.

Para *transmitir uma elipse de tempo*. O intervalo exigido por ações demoradas pode ser encurta-

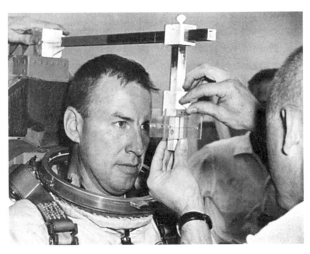

▸ Closes cut-in concentram a atenção do público na ação importante, isolando o que é significativo e eliminando tudo que não é essencial.

▸ Closes cut-in devem ser empregados para retratar partes importantes da narrativa – como a reação deste ator. Quando a ênfase dramática demanda mais atenção do público, deve-se trazer o espectador para mais perto da cena.

▸ Ampliar ações ocorrendo em pequena escala – como a soldagem de um minúsculo terminal – explicará visualmente o que está acontecendo. O interesse dos espectadores aumenta quando eles são trazidos para perto da cena.

▼ Um processo de fabricação demorado – como a inserção de um grande número de rebites – pode ser encurtado e coberto com um close cut-in do trabalhador. Os espectadores terão a impressão de assistir ao fato do começo ao fim.

▼ Ações ocultas – como a operação de um computador – podem ser cobertas cortando para closes do operador e do painel de controle, ou retratando a operação de alavancas e closes de mostradores, contadores, medidores ou outros instrumentos.

do por meio da inserção de um close cut-in. O close permite a remoção de ações tediosas ou repetitivas. Por exemplo, uma pessoa começa a datilografar. Um close mostrando a reação do ator, e/ou um close de seus dedos pressionando as teclas, pode ser seguido de um plano da carta terminada sendo tirada da máquina de escrever. Um processo de fabricação demorado, um conserto que demande operações repetidas – tal como a colocação de muitos parafusos – ou uma ação familiar que não precise ser retratada em detalhe nem mostrada em sua totalidade podem ser encurtados consideravelmente e cobertos com um ou dois closes cut-in. Os espectadores aceitarão a sequência como completa porque têm a *impressão* de que estão vendo o acontecimento inteiro e não sentem falta das partes removidas.

Para *distrair o público*. Um close cut-in pode cobrir um corte brusco causado por um desencontro ou por uma ação faltante. Um plano geral e um plano médio podem não encaixar devido a diferenças nos olhares, movimentos ou posições dos atores. Um close inserido entre os dois planos fará

que o corte brusco passe despercebido, visto que qualquer mudança pode ter ocorrido enquanto o close estava na tela.

Para *substituir uma ação oculta* que não possa ser filmada por razões físicas – como uma operação secreta ou inacessível dentro de uma máquina, um alto-forno ou um computador eletrônico. Quando péletes não processados são despejados no funil que alimenta uma máquina para moldar plástico, podem-se filmar closes do painel de controle e do operador da máquina acionando botões e observando medidores e indicadores para sugerir que o plástico está sendo moldado dentro da forma. Então, pode-se mostrar a peça acabada saindo da máquina. Assim, alguns segundos de closes exteriores são usados para cobrir vários minutos de operação de máquina invisível. A mesma técnica de close pode ser usada em qualquer objeto que não possa ser filmado porque não há imagem a ser gravada pela câmera, como a ação de circuitos eletrônicos ou acontecimentos muito perigosos que não permitam a câmera por perto.

Situe os closes cut-in

Um close cut-in sempre deve ser situado num plano geral anterior, para que o público esteja ciente de sua localização em relação à cena geral. O close cut-in de um ator, objeto ou ação que não tenha sido visto com clareza no plano geral ou médio precedente confundirá os espectadores.

Uma razão para apresentar um plano geral é determinar as posições relativas dos atores e objetos no cenário. Uma vez que um close cut-in é uma parte do fato principal, é importante que o objeto ou ação mostrados sejam imediatamente reconhecidos. O público deve ser orientado *antes* de a câmera passar a um close e, mais tarde, situado novamente com um plano geral, caso os atores se movimentem muito enquanto a câmera segue a ação em planos mais fechados. O ator e/ou o movimento da câmera num close fechado podem fazer que o público perca a noção do paradeiro atual do ator retratado em relação aos demais atores. Sempre que um espectador tiver de parar para localizar um ator no cenário, interrompe-se a continuidade narrativa. O close pode terminar antes que o público compreenda sua importância.

Orientar e reorientar o público de maneira adequada é particularmente importante se a ação demandar closes de dispositivos complicados. Por exemplo, um plano geral ou médio de um mecânico trabalhando no motor de um jato não deixará dúvidas na mente do espectador com relação à localização das partes mostradas num close subsequente.

O espectador pode ficar confuso se a câmera permanecer no close e seguir o mecânico conforme ele se desloca para áreas diferentes. Um labirinto de fios, tubos ou peças de motor virará uma selva impenetrável e não comunicará nenhuma ação específica. Nessas situações, recomenda-se voltar a um plano mais aberto de tempos em tempos e situar novamente a ação mais fechada em relação ao objeto geral.

Seguir um ator por uma sala num close muito fechado pode gerar o mesmo problema de desorientação. Se for mostrada uma parte muito pequena do cenário, ou se o ator não for mostrado passando por outros atores, o público não saberá onde ele está localizado em relação aos demais atores ou ao cenário. Mais tarde, um plano geral pode mostrar o ator subitamente do lado oposto da sala. Isso pode fazer que os espectadores se sintam desorientados.

◤ Closes cut-in sempre devem ser apresentados no plano mais aberto anterior, para que o espectador esteja ciente da localização do ator em relação à cena total. Isso é particularmente importante quando vários atores são mostrados num plano geral. ◢

Há raras ocasiões em que um close cut-in não é situado num close precedente. Às vezes, um close é usado para abrir uma sequência. Como se trata da *primeira* cena, não há como situá-lo. No entanto, o close deve passar ao plano seguinte por meio de um corte contínuo ou ser revelado como parte da ação total quando a câmera passar a um plano mais aberto para continuar retratando o acontecimento. Embora, nesse caso, o close cut-in não seja, de fato, um corte *dentro* do evento principal, deve ser tratado como parte do plano mais aberto.

Quando a história requer suspense ou confusão, pode-se *evitar* estabelecer um close cut-in. O vilão pode ser mostrado numa sala escura perseguindo o herói. Um close cut-in que o exibe deslocando-se pela sala tem a intenção de desconcertar o público e criar suspense – pois sua proximidade com o herói não é revelada. Um ator pode se esconder atrás de uma pilha de caixotes num armazém, mas sua localização exata não é mostrada no close. Uma vez que a confusão do público é *intencional*, a câmera pode seguir o ator em close.

CLOSES CUT-AWAY

Um close cut-away tem relação com a cena anterior, mas não é parte dela. Representa uma *ação secundária* acontecendo ao mesmo tempo em outro lugar. Independentemente de estar separado da ação principal por alguns metros ou milhares de quilômetros, o close cut-away deve estar sempre *conectado com a narrativa*, seja de maneira direta ou indireta.

Closes cut-away podem ser filmados de três ângulos de câmera:

Objetivo, em que o público vê o close de um ponto de vista impessoal. O espectador é simplesmente aproximado do objeto, sem se envolver.

Subjetivo, em que a pessoa que está sendo filmada olha diretamente para a câmera. Closes cut-

▼ Um close cut-away pode estar separado da ação principal por alguns metros – como um ator reagindo a outros atores do outro lado da sala – ou por milhares de quilômetros. Uma vez que não são parte da cena anterior, closes cut-away, devem ser conectados por meio da narrativa.

-away subjetivos não são muito usados em filmes de ficção, mas seu emprego em cinejornais, documentários e filmes explicativos similares atrai a atenção do público. A narrativa pode cortar de um teste de campo para um engenheiro que explica, com gráficos, a operação de um novo equipamento para perfuração do solo. Assim, o espectador é diretamente envolvido e tem a impressão de que o engenheiro está explicando para ele. Isso é melhor do que apresentar o engenheiro falando com um entrevistador ou com um narrador fora de cena. Uma pessoa oculta pode fornecer as perguntas que o engenheiro responderá olhando diretamente para a lente.

Ponto de vista, em que se filma da perspectiva de um ator em cena. Outro ator, um relógio ou uma ação em pequena escala, como engatilhar uma arma, podem receber mais atenção do público quando mostrados do ponto de vista de um ator em cena, em vez de com uma câmera objetiva. Esse tratamento faz que o público se identifique mais fortemente com o ator e seja mais envolvido no acontecimento.

Como usar closes cut-away

O closes cut-away podem ser usados de uma das seguintes maneiras:

Para *apresentar a reação de atores fora de cena*. A reação de um ator fora de cena pode ser mais importante do que a ação do ator principal em cena. O modo como um ator fora de cena reage ao diálogo pode ser mais importante, por exemplo, do que mostrar o ator principal falando. Muitas vezes, o público está mais interessado na reação de vários atores do que no fato propriamente dito.

Para *indicar aos espectadores como eles devem reagir*. Um close cut-away mostrando a reação de um ator que aparenta medo, tensão, espanto, pena ou qualquer outro sentimento levará os espectadores a se sentir de maneira similar. Essa é uma técnica simples para inspirar no público uma atmosfera receptiva.

Para *comentar o fato principal* mostrando uma ação correspondente. Pode-se fazer um comentário visual, relacionado ou não, inserindo-se um close cut-away para enfatizar o fato principal. Podem-se usar closes cut-away simbólicos de pássaros e animais para comentar o comporta-

O close cut-away de um ator expressando determinada emoção pode ser usado para provocar sentimentos similares nos espectadores.

mento humano. Exemplos: o corte de uma mulher aplicando maquiagem para um pavão arrumando as penas; o corte de um homem comendo uma refeição com gula para um porco chafurdando num comedouro. Pode-se usar uma série de closes cut-away de homens na rua para comentar sobre a ação, o diálogo ou a narração do fato. A reação pública ao veredicto de um júri, a uma eleição ou a um comentário feito por um narrador

A reação de um ator fora de cena – retratada num close cut-away – pode ser de mais interesse para o público do que o diálogo ou a ação do ator principal em cena.

Closes de pássaros ou de outros animais podem ser inseridos num filme para comentar o comportamento humano. Este golfinho "sorrindo" imita características humanas.

Closes cut-away podem ser empregados para distrair o público ao cobrir uma mudança na direção da imagem.

Este close cut-away mostra um índio, em posição privilegiada, a distância, observando os movimentos da tropa de cavalaria.

podem ser cobertos com alguns closes cut-away, em ritmo acelerado, de várias pessoas expressando aprovação ou reprovação do fato, diálogo ou narração retratado, ou dizendo uma única palavra, como "culpado!"

Para *motivar uma sequência*. A ação principal pode ser motivada com um close cut-away. Uma sirene apitando motiva uma cena mostrando pilotos dirigindo-se às pressas aos aviões. Um apito de navio faz que passageiros corram para o embarque. Uma bandeira xadrez sendo acenada inicia uma corrida de automobilismo. O pressionar de um botão coloca uma linha de montagem em funcionamento. O impacto sem igual desses closes cut-away pode abrir sequências de maneira eficaz.

Para *substituir cenas demasiado agressivas ou difíceis de retratar*. Cenas de guerras, acidentes ou desastres não precisam ser mostradas em sua totalidade caso sejam muito revoltantes para a maioria dos espectadores. Um plano com a reação de alguém que observa o fato é capaz de comunicar o que está acontecendo. Essa também pode ser uma solução prática para problemas de orçamento ao filmar acidentes de carro ou de avião, ou desastres similares, muito custosos de encenar. Por exemplo, a filmagem de um acidente de carro pode começar mostrando os carros se aproximando um do outro e ser seguida por uma série de planos breves dos motoristas, planos ponto de vista dos carros avançando, vidros quebrando, planos com a câmera na mão simulando os carros manobrando e virando como se capotassem etc. A colisão real pode ser coberta com a reação de um observador horrorizado, acompanhada de um efeito sonoro do choque, que pode ser obtido de um banco de dados sonoro.

Para *distrair o público*. Uma vez que retratam atores, objetos ou ações fora de cena, os closes cut-away oferecem mais possibilidades para distrair o público do que closes cut-in. Já que a câmera não está limitada à ação em cena, pode ir *a qualquer parte*. Pode-se usar o plano de um observador para cobrir um corte brusco numa operação de escavação. Uma mudança deliberada ou inadvertida na direção do movimento pode ser coberta por um close cut-away mostrando a reação de alguém que olha para o ator ou veículo em movimento, como se visse a mudança ocorrer.

Não situe os closes cut-away

Não há necessidade de situar closes cut-away, uma vez que eles *não* são parte do fato principal e podem ocorrer em qualquer lugar. Entretanto, essa regra não se aplica a atores mostrados previamente em planos gerais ou médios, ou num close cut-in, que tenham sido colocados fora de cena e, mais tarde, apareçam num close cut-away. Três atores podem ser mostrados num plano geral. A câmera pode se aproximar dos dois atores principais enquanto eles conversam. O ator fora de cena, pode, então, ser retratado num close cut-away. É importante apresentar esse close com o mesmo olhar apresentado anteriormente. Se um olhar na direção oposta for filmado, o público pode se confundir e ser levado a acreditar que o ator coadjuvante se dirigiu ao lado oposto dos atores principais. Se a câmera for posicionada do lado certo do eixo de ação, o olhar dos atores em cena e fora dela sempre estará correto.

Também é possível situar um close cut-away "plantando-o" num momento anterior da sequência como parte da cena geral, para que os espectadores se lembrem de sua localização quando mostrado. Por exemplo, um ator pode ser filmado, num plano geral, em pé no canto da sala. O público se lembrará de sua presença mais tarde, quando ele for retratado num close cut-away.

ESCOLHA DO CLOSE

Sempre que possível, é *preferível* usar um close cut-in, em vez de um cut-away. O close cut-in aumentará o interesse, porque está envolvido mais intimamente com a ação principal, e não com uma ação relacionada ocorrendo em outro lugar. Enquanto o close cut-in vai direto ao *cerne* da cena estabelecida, o cut-away leva o público para fora da área representada. A não ser que o close cut-away comunique algo importante para a história, não deve ser utilizado. Do contrário, poderá interromper a narrativa. Uma exceção seria a inserção de um close cut-away com a intenção de *distrair* o público, a fim de cobrir um corte brusco ou atender a outra necessidade editorial.

Com relação à escolha entre um close filmado de um ângulo de câmera objetivo ou ponto de vista, normalmente o ponto de vista do ator é melhor, pois proporciona ao espectador uma visão mais intimista, uma vez que o objeto é visto da perspectiva de um ator em cena.

▼ O close cut-away do observador, acima, comunica ao público que ele está posicionado do lado esquerdo da rua, observando a diligência. O olhar do ator num close cut-away deve corresponder ao previamente estabelecido no plano mais aberto. ◢

OS CINCO Cs DA CINEMATOGRAFIA

O OLHAR EM CLOSES

Em closes cut-in, o olhar dos atores sempre deve corresponder ao olhar das cenas anterior e posterior. Uma vez que os closes cut-in se aproximam da ação principal e dão continuidade a ela, devem-se aplicar as regras que governam o eixo de ação a fim de preservar o olhar dos atores durante uma série de cenas consecutivas. Quando ocorrem na mesma área, é conveniente filmar todos os closes de cada ator de uma só vez. Se o olhar variar durante os planos geral ou médio, o olhar correspondente deve ser filmado no close cut-in usado para aquele ponto *particular* na sequência.

O olhar pode variar durante um close individual se outro ator estiver sendo observado enquanto se move fora de cena. O olhar pode ir de um lado a outro quando um ator *em segundo plano* estiver posicionado *entre* dois atores *em primeiro plano* de lados opostos do quadro. O ator ao fundo pode ser mostrado no three-shot, ou num close, olhando primeiro para um e depois para o outro. Quando um ator num two-shot for mostrado em close, seu olhar pode voltar-se para o ator fora de cena não mostrado previamente. Ao atravessar a câmera, o ator *jamais* deve olhar diretamente para a lente.

Para garantir que os olhares correspondam em closes ponto de vista opostos, cada ator fora de cena tem de ser posicionado o mais próximo possível da lateral da câmera. Se isso não puder ser feito por limitações físicas – como a presença de refletores ou microfones girafa –, deve-se erguer a mão no lugar certo para dar ao ator em cena um ponto de referência. Se o ator fora de

▸ Atriz no centro olha para ator à direita.

▸ Este three-shot demonstra como os olhares dos atores podem variar durante uma série de planos. Ao filmar uma série de closes cut-in, é preciso garantir que o olhar esteja correto para a parte do acontecimento que está sendo filmada.

▸ Ator à direita lhe devolve o olhar.

cena estiver longe demais da lateral da câmera, o que está em cena terá de virar a cabeça – estragando a relação ponto de vista estabelecida entre os dois atores.

Um close cut-in filmado com o olhar *errado* – direita em vez de esquerda ou esquerda em vez de direita – é *inútil* editorialmente, porque o ator, em vez de olhar em direção ao ator com quem contracena, olhará para o outro lado.

Em closes cut-away removidos do acontecimento principal, ou inseridos com a intenção de confundir o espectador deliberadamente, o olhar pode estar em qualquer direção. Uma série de closes cut-away não relacionados, tal como várias pessoas em diferentes cenários, ficará visualmente melhor se for filmado com olhares alternados para a esquerda e para a direita.

Nesse tipo de close, os olhares só não precisam ser correspondentes quando sua localização for significante para a narrativa. Quando um ator fora de cena está posicionado à direita dos atores principais, ele deve ser filmado com um olhar em direção à esquerda da tela.

Closes de atores falando um com o outro por telefone devem estar virados para direções opostas, de modo que apresentem olhares opostos. Esse tratamento apresenta a conversa como se os atores estivessem juntos e falando pessoalmente um com o outro. O público está condicionado a acreditar que movimentos opostos se encontrarão e que olhares opostos inferem que os atores estão se relacionando um com o outro.

Em closes cut-away, o olhar pode ser negligenciado, porque não é considerado um problema de continuidade tão importante quanto em closes cut-in. Entretanto, devem receber tanta atenção editorial quanto closes cut-in, particularmente quando a localização do ator mostrado é significante para a narrativa.

ÂNGULO DA CÂMERA E TAMANHO DA IMAGEM EM CLOSES

Quase sempre, um ângulo a 45º de frente para a câmera é o melhor para filmar closes, pois, uma vez que retrata a frente e o lado do rosto, mostrará mais facetas deste. Ao mesmo tempo, um close frontal pov também pode ser eficiente, se iluminado de um ângulo de 45º, a fim de conferir volume ao rosto. Embora closes de perfil ofereçam variedade visual, eles demandam um tratamento cuidadoso

▼ Ator à esquerda olha para ator à direita.

▼ Ator à esquerda olha para atriz no centro.

para evitar um efeito sem profundidade, como um recorte em papelão. No close de perfil, em que apenas um dos olhos está visível, não se estabelece o contato olho no olho entre o ator e o público, característico dos ângulos de 45° e, particularmente, dos closes ponto de vista.

Grande parte da reputação do cineasta de filmes de ficção é baseada na maneira como ele filma closes, em particular os de atrizes. Muito tempo e atenção são dedicados ao ângulo da câmera, ao tamanho da imagem e à iluminação de closes em filmes de ficção.

▼ Ator à direita olha para ator à esquerda.

▼ Atriz no centro olha para ator à esquerda.

O fotógrafo de filmes de não ficção, entretanto, pode ser culpado de "roubar" closes com lentes teleobjetivas estando a câmera posicionada para filmar planos gerais.

Apesar de isso economizar configurações de câmera adicionais e talvez ser necessário ao filmar cinejornais, costuma resultar em closes sem profundidade e com iluminação inadequada. Embora se possa tolerar a filmagem de tais closes em ações não controladas, ela é imperdoável em sequências atuadas. Por exemplo, não se deve filmar um par de closes de perfil com a mesma configuração de câmera que um plano anterior de dois atores frente a frente. A câmera tem de ser aproximada e movida ao redor para filmar closes objetivos ou pov de cada um dos atores.

Na maioria dos closes objetivos, a câmera precisa ser posicionada na altura dos olhos da pessoa fotografada (ou ligeiramente acima ou abaixo, para resolver problemas faciais específicos). No entanto, uma vez que o ângulo objetivo é o de um observador impessoal, a câmera pode ser posicionada praticamente em qualquer lugar. Por exemplo, se o plano geral for filmado de um ângulo contraplongê, é preciso fazer os closes cut-in de ângulos similares. Se a câmera apontar para baixo para filmar uma multidão, um close pode ser filmado de maneira semelhante. Em geral, o close objetivo é filmado da altura dos olhos, mas também pode ser feito de uma altura superior ou inferior para corresponder ao tratamento de câmera dado a determinada sequência.

Closes subjetivos são mais bem filmados da altura dos olhos da pessoa fotografada. Dessa forma, o sujeito que está sendo filmado estabelece uma relação olho no olho com a lente e, portanto, com cada membro do público. Essa relação se aplica independentemente de o sujeito estar em pé ou sentado. Se a câmera estiver mais alta ou mais baixa, o sujeito deverá olhar para cima

▰ Um rosto filmado de um ângulo frontal a 45° é invariavelmente melhor para closes. Closes ponto de vista são melhores se modelados com volume, por meio da iluminação. Closes objetivos apresentam mais facetas do rosto.

▰ Atores falando um com o outro por telefone devem ser fotografados com olhares opostos. Assim, os espectadores inferirão que eles estão interagindo. ◢

ou para baixo em direção à lente. A expressão resultante no rosto do ator é distorcida, e pode desencorajar o espectador a interagir com ele. Uma vez que a câmera subjetiva atua como se fosse o olho do espectador oculto, uma câmera mais alta ou mais baixa que a altura dos olhos coloca o público acima ou abaixo do ator, estabelecendo, assim, uma relação estranha.

Closes ponto de vista devem ser filmados com a câmera posicionada na altura dos olhos do ator oposto, cujo ponto de vista está sendo representado. Desse modo, quando um ator olha para outro, ou quando um ator olha para um objeto, fato ou

OS CINCO Cs DA CINEMATOGRAFIA

outro ator fora de cena, a visão é apresentada conforme vista pelo ator envolvido.

Certa dose de manipulação é permitida em planos ponto de vista. A câmera deve ser *mais alta* para *simular* um adulto olhando para baixo em di-

▰ Closes objetivos normalmente são filmados da altura dos olhos do ator fotografado. Aqui, a câmera é erguida à altura dos olhos de um observador impessoal posicionado ao lado do sujeito.

▰ Pares de closes de perfil não devem ser filmados da mesma posição de câmera que o two-shot precedente. Esse tratamento geralmente resulta em closes que pecam pela falta de intimidade, porque as feições dos atores não têm profundidade.

▰ Closes subjetivos são mais bem filmados da altura dos olhos da pessoa fotografada. O ator deve olhar diretamente para a câmera – como se olhasse para outra pessoa sentada ou em pé próxima à câmera. Isso resulta numa relação olho no olho entre o ator e o espectador, na mesma altura. Se o ator tiver de olhar para cima ou para baixo – acima ou abaixo da lente – o efeito pode ser de tensão, porque a relação é estranha.

▰ Closes ponto de vista precisam ser filmados com a câmera posicionada na altura dos olhos da pessoa cujo ponto de vista está sendo representado. Este painel de controle de míssil espacial – usado para treinar astronautas – filmado em plongê permite que o público troque de lugar com o aprendiz e veja os mostradores de uma posição privilegiada.

reção a uma criança ou um ator em pé olhando para um ator sentado; e *mais baixa* para simular uma criança olhando para o alto em direção a um adulto ou um ator sentado olhando para alguém em pé. A câmera não precisa estar na altura exata da pessoa envolvida. O ponto de vista *para cima* ou *para baixo* pode ser simulado a fim de *sugerir* diferenças de altura. Ou, então, pode ser *exagerado* para obter um efeito psicológico – de modo que, aos olhos de uma criança pequena, o adulto pareça mais alto do que de fato é.

Closes sobre o ombro são filmados o mais perto possível da altura dos olhos do ator retratado, e conforme determinado pela altura do ator em primeiro plano. Ao filmar duas pessoas da mesma altura, haverá poucos problemas. Se houver diferença de altura entre os atores, a altura da câmera terá de ser ajustada para obter o melhor enquadramento do primeiro plano, juntamente com a modelagem e o posicionamento corretos do ator retratado. Em certas ocasiões, podem-se amenizar diferenças de altura fazendo que um ator mais baixo suba num bloco ou que uma mulher alta tire os sapatos de salto alto.

O capítulo 1, "Câmera: ângulos", discute por completo o uso de ângulos de câmera e de imagem progressivos, contrastantes e repetitivos. Uma sequência pode progredir para um close ou uma série de closes; um close pode ser contrastado com um plano geral; ou pode-se apresentar uma série de closes repetitivos de tamanhos similares de vários atores ou objetos.

Uma série de closes deve ser filmada com tamanhos de imagem correspondentes, de preferência de ângulos similares, para que sua aparência na tela permaneça uniforme. Closes intercalados de atores opostos num two-shot devem ser filmados com tamanhos de imagem e ângulos correspondentes, quer sejam filmados com uma câmera objetiva ou do ponto de vista de cada um dos atores. É possível usar closes de vários tamanhos e diferentes ângulos de câmera, mas é me-

▰ Num close muito fechado, o rosto do ator não deve se movimentar, ou o fotógrafo precisará mover continuamente a câmera para manter o enquadramento correto. Sendo possível, deve-se instruir a pessoa a manter a posição enquanto fala ou reage. Quando não for possível controlá-la, a pessoa deve ser fotografada com uma lente de distância focal menor, para que uma área mais ampla seja coberta. Isso permite a filmagem com câmera fixa.

OS CINCO Cs DA CINEMATOGRAFIA

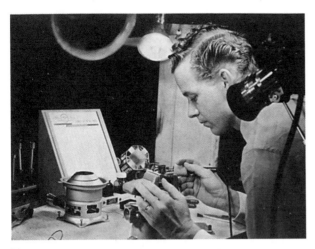

Closes ponto de vista – como este de uma operação de soldadura – são particularmente importantes em filmes de treinamento. A câmera deve ser posicionada sobe o ombro do trabalhador que realiza a tarefa, para que o close resultante retrate a ação como o aprendiz a veria se estivesse realizando o trabalho.

Uma série de closes cut-away repetitivos de atores ou objetos sem relação entre si, tal como vários closes de homens nas ruas, ou closes de diversos objetos – como ferramentas ou mostradores – deve manter o mesmo tamanho de imagem e ângulos de câmera similares ou opostos. Todos eles podem estar voltados para a mesma direção, ou voltados um para o outro em pares de planos opostos com olhares alternados para a esquerda e para a direita. Closes em ângulo oblíquo, filmados para alcançar efeitos especiais, podem ser inclinados em direções opostas para que apresentem pares contrapostos.

É recomendável tomar nota da distância focal da lente, do ângulo da câmera – particularmente nos casos de ângulos oblíquos para a esquerda ou para a direita – e das distâncias entre a câmera e os objetos ou atores. É melhor não confiar na memória, sobretudo se houver um longo intervalo entre a filmagem de closes correspondentes. Esses dados também serão importantes se posteriormente houver necessidade de repetir as tomadas. Com essas precauções, é possível manter a uniformidade no ângulo e no tamanho da imagem durante toda a produção.

lhor apresentar um par correspondente antes de mudar o tamanho ou o ângulo. Se diferentes tipos de close ou ângulos forem misturados, o resultado será uma mistura caótica de planos.

A não ser que a história demande, não se devem apresentar closes numa série monótona, meramente para manter a uniformidade de tamanhos e ângulos. Cada ator deve ser filmado com a mesma mudança no tamanho da imagem, e do mesmo ângulo, para que o editor do filme possa usar pares de closes correspondentes.

O movimento dos atores – iniciado neste plano – pode ser concluído nos closes seguintes, quando eles sentam à mesa. Os atores devem repetir o movimento, sentando-se novamente no close. Isso permite ao editor cortar durante a ação, fazendo que o movimento flua através da junção.

Num close filmado com câmera móvel, um movimento de cabeça é permitido. Se desejável, a câmera pode seguir um ator com um movimento panorâmico ou dolly. Mas não se deve permitir que uma cabeça se movimente no que seria um close estático, de modo que o fotógrafo precise realizar uma panorâmica ou tilt para manter a cabeça devidamente enquadrada. Isso pode ser observado em cinejornais e documentários, em que uma lente de distância focal demasiado longa – ou uma lente zoom configurada como teleobjetiva – é empregada para filmar um objeto em movimento sobre o qual não se tem controle. Nesses casos, é melhor usar uma lente com distância focal menor e filmar uma área mais aberta para permitir um enquadramento com câmera fixa.

MOVIMENTO DE ATORES ENTRANDO E SAINDO DE CLOSES

Um ator pode passar de um plano geral ou plano médio a um close.[30] Esse movimento deve ser *duplicado* em ambos os planos, para que o editor do filme tenha possibilidade de escolher. Ele pode cortar durante ou depois da ação, quando o ator se encontra no close. Se o ator for *posicionado* no quadro para um close, em vez de se deslocar até a nova posição, o editor não terá escolha. Ele deve fazer que o ator entre em posição no plano mais aberto, e então cortar para o ator já posicionado no close.

Para montar um filme mais fluido, os editores preferem cortar durante o movimento, em vez de cortar para um close estático depois que o movimento é concluído. Embora muitos movimentos não devam ser interrompidos por um corte, o fotógrafo deve deixar essa decisão ao editor. Normalmente, o corte durante a ação mascara a junção entre os planos, fazendo que o corte seja quase imperceptível. Permitir que o movimento comece e termine *dentro* do plano geralmente resulta numa aparência "interrompida". Se os cortes forem feitos durante o movimento, ele será fluido por toda uma sequência, ou por uma série de planos. O ator pode começar a se mover em um plano e concluir o movimento no close seguinte. Por exemplo, o ator deve sentar-se num close filmado com câmera fixa. Quando ele se dirige à cadeira e começa a sentar, o movimento flui *através* do corte, do plano médio ao close estático, enquanto ele senta na cadeira. O movimento ao entrar e sair de closes deve, portanto, duplicar a ação dos planos mais abertos anterior e posterior, resultando em movimentos sobrepostos.

Pode ser difícil para um ator ocupar uma posição precisa para um close do rosto filmado com câmera fixa. Uma solução simples para filmar um close de rosto bem fechado é manter os pés do ator em pé imóveis, dobrar a parte superior do corpo para a lateral e então voltar o corpo à posição vertical. Dessa forma, a cabeça pode entrar no enquadramento com exatidão quando o ator estiver em pé.

Enquanto a filmagem de um ator *entrando* num close pode ser difícil de se enquadrar, um movimento *saindo* de um close é bastante simples, e sempre deverá ser filmado se o ator for recebido em movimento no plano seguinte. Se o ator não for filmado saindo do close, ele deverá permanecer na mesma posição para o plano seguinte e só depois se deslocar, durante o plano médio ou geral, para continuar a ação.

A ausência de movimentos para dentro e para fora de closes limita em grande medida o editor, particularmente se ele desejar encurtar a sequência com elegância. Uma boa regra é filmar os atores entrando e saindo de closes sempre que esses movimentos puderem ser úteis para a edição. *(Veja o capítulo 3 — "Corte", seção "Corte durante a ação", na p. 180.)*

---

30. Atualmente, essa linguagem clássica se alterou, o que pemitiu inúmeras variações. [N. R. T.]

O RITMO NO CLOSE

O ritmo dos movimentos dos atores em closes deve corresponder ao das cenas anterior e posterior, especialmente se o movimento fluir através do corte. Isso não costuma ser um problema em filmes de ficção, em que atores profissionais seguem o roteiro e se movem conforme foram orientados, mas pode causar complicações em filmes de não ficção, em que profissionais das áreas industrial, científica, de pesquisa ou de treinamento operam painéis de controle, aparatos de laboratório ou equipamentos de teste. Uma vez que movimentos ampliados em grande escala – como acionar um interruptor, calibrar um medidor ou colocar uma ferramenta em posição – aparecem acelerados na tela, a pessoa que desempenha uma pequena ação num grande close deve se mover com lentidão deliberada, para que mãos, dedos ou ferramentas não pareçam entrar e sair do plano com fugacidade.

É importante encenar os planos anterior e posterior, mais abertos, com o tempo correspondente do close. Isso demanda planejar o close antecipadamente, se a ação for filmada em continuidade. Nesses casos, o corte durante a ação só parecerá suave se forem tomadas precauções para que o ritmo do movimento seja o mesmo nos planos mais abertos e no close. Por exemplo, um plano médio de um piloto de avião numa cabine movendo o braço com um movimento rápido em direção ao painel de controle não pode ser cortado durante o movimento com o close de um altímetro, quando seus dedos entram lentamente no quadro para configurar o instrumento. Só poderia ser usada parte desse close depois que seus dedos assumissem a posição no botão de calibragem. Movimentos com ritmos diferentes em planos mais abertos e closes impedem o corte durante a ação e forçam o editor a recorrer a closes posicionados estaticamente, depois de concluído o movimento de entrar no quadro.

POSIÇÕES DE CÂMERA PARA FILMAR CLOSES

Em filmes de ficção, closes similares no decorrer de uma sequência são quase sempre filmados ao mesmo tempo, para evitar a duplicação das configurações de câmera. Isso talvez não seja possível em filmes técnicos em que pode ser necessário filmar sem interrupção a montagem de uma máquina complicada, por exemplo, conforme o trabalho progride. Quando a filmagem prolongada demandar que a câmera se aproxime para fazer um close e então retorne à posição original, recomenda-se marcar a posição da câmera no solo e anotar a distância focal da lente e outros dados técnicos que possam ser úteis ao duplicar o plano. Se os pontos de luz forem movidos, suas posições devem ser marcadas no solo com giz ou fita-crepe para que possam ser devolvidos à posição inicial. Configurações de iluminação complicadas podem necessitar diagramação ou ser fotografadas com uma câmera polaroide para garantir

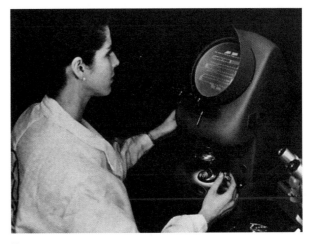

▸ Em planos detalhe, o movimento deve ser realizado em ritmo lento, ou parecerá muito acelerado quando exibido. Se este plano mais aberto for seguido de um close bem fechado mostrando os dedos da técnica, quando ela posicionar a peça da máquina para a calibragem, o close deverá ser filmado com um ritmo igualmente lento. Se o ritmo variar muito entre os closes e os planos mais abertos, impedirá o corte durante a ação.

que possam ser duplicadas de maneira precisa.[31] Assegura-se, desse modo, a correspondência técnica entre closes e planos mais abertos, independentemente do intervalo de tempo entre eles.

SEGUNDOS PLANOS PARA CLOSES

Closes não devem ser filmados contra segundos planos "carregados", consistindo em desenhos detalhados, superfícies brilhantes, objetos em movimento ou similares, a não ser que o tema justifique tal tratamento. Possíveis exceções seriam parques de diversão, que costumam proporcionar a alegria da roda-gigante, do carrossel ou de outros brinquedos se movimentando em segundo plano. Outra exceção seria um comercial de televisão com múltiplos reflexos, luzes fora de foco ou outros efeitos visuais borrados em segundo plano. Num filme dramático, entretanto, os atores não devem aparecer em closes contra segundos planos que disputem atenção. Até mesmo um abajur pode ser uma influência provocativa.

Colocar o segundo plano ligeiramente fora de foco é um tratamento eficaz, mas deve ser evitado se luzes, objetos brilhantes ou superfícies espelhadas desviarem a atenção dos espectadores. Isso pode ser bastante incômodo em filmes em cores, se objetos coloridos brilhantes – tais como lâmpadas – aparecerem em segundo plano. Sempre que possível, os segundos planos devem ser superfícies discretas e de pouco contraste. Evite cores primárias ou quentes, como vermelho ou laranja. Aposte em tons pastel, em azuis frios, ou cinzas neutros suavemente coloridos.

Devem-se planejar todos os ângulos de câmera para uma sequência, para que os atores retratados em closes não sejam posicionados contra

31. Também podem ser gravadas em vídeo. [N. R. T.]

segundos planos que venham a causar problemas. Luminárias, quadros, árvores, postes, partes de móveis ou outros objetos podem aparecer de maneira estranha atrás de um rosto. Esses objetos devem ser mantidos distantes dos atores ou posicionados de maneira que não pareçam "brotar" de uma cabeça. O movimento de câmera e/ou de ator durante o plano mais aberto precedente pode ajudar a levar os atores a posições adequadas para filmar closes. Se um objeto em segundo plano, tal como uma parte de um quadro ou um abajur, aparecer onde não for desejado, muda-se o ângulo da câmera, desloca-se o ator ou reposiciona-se o objeto. Se apenas uma

Em sequências dramáticas, os closes devem ser filmados contra segundos planos discretos.

pequena parte do objeto for mostrada, pode ser melhor removê-lo completamente. Mas, depois de filmado o close, é importante devolvê-lo a sua posição original, caso apareça em planos mais abertos subsequentes.

Entrevistas em cinejornais – ou outras filmagens documentais – podem demandar um close, ou uma série de closes, sem planos gerais e médios introdutórios. Nessas situações, é preciso tomar especial cuidado para evitar segundos planos que possam desconcertar ou provocar o público. Não apresente ao espectador uma parte de um segundo plano pouco familiar num close consistindo em partes de placas, nomes de lugares, insígnias, pôsteres etc. Ao tentar descobrir o que está faltando, o espectador pode prestar menos atenção ao entrevistado. Desenhos alegres em cortinas ou papéis de parede podem distrair, em particular quando ampliados atrás do close de alguém. Os segundos planos mais corretos para esses closes são cinzas neutros, tons pastel ou cortinas simples ou outro material liso.

CLOSE EM ABERTURA DE SEQUÊNCIA

Se a intenção for chocar, confundir ou esconder informações do público, o close pode ser empregado como recurso dramático para introduzir uma sequência. Na abertura, pode-se mostrar uma arma disparando em close, seguida de um plano geral do início de uma corrida. Um homem perdido no deserto, um garotinho preso numa multidão ou um ponteiro se movendo em direção à área de perigo de um mostrador podem ser apresentados primeiro em close. Então, a câmera se afasta para revelar a imagem total.

Um close também pode eliminar uma parte do cenário, para que a identidade do ator, o lugar ou a situação sejam ocultados até a câmera recuar. Um close pode mostrar um ator sentando despreocupadamente num contêiner. No plano seguinte, mais aberto, ele é retratado montado num barril de dinamite. O close de um homem atrás das grades pode, surpreendentemente, revelar-se o caixa de um banco. Um close de um leão rugindo recua para mostrá-lo enjaulado. Desse modo, usam-se closes para abrir sequências a fim de surpreender ou chocar o público quando o conteúdo total da cena for revelado.

A fim de motivar a ação seguinte, uma sequência pode abrir com o close de um objeto. O close de um telefone tocando pode revelar, numa inclinação de câmera para cima, a pessoa atendendo. Um gravador reproduzindo uma confissão pode criar suspense, até que a câmera recua para mostrar os atores envolvidos. O close de uma arma pode ocultar a identidade da pessoa que a segura, até que a câmera se inclina ou recua para revelá-la. Se o tempo for significativo para a história, uma sequência pode abrir com um close de um relógio de parede; então, passar a um plano geral por meio de uma panorâmica, para retratar a ação. O close também pode determinar o local. Exemplos: um drinque sendo servido – bar; uma bandeja de comida sendo carregada – lanchonete; a alavanca de um caça-níquel sendo puxada – cassino.

CLOSES PARA TRANSIÇÕES

Pares de closes similares em tamanho, movimento ou conteúdo, são excelentes recursos de transição. Um par de closes pode ser unido por meio de corte seco ou misturado oticamente para fornecer uma transição visual entre duas sequências. Uma sequência pode *terminar* com um close, e a sequência seguinte *começar* com outro. Um ator pode estar numa fusão com um par correspondente de closes para cobrir uma transição de espaço ou de tempo. Ou um ator pode fundir-

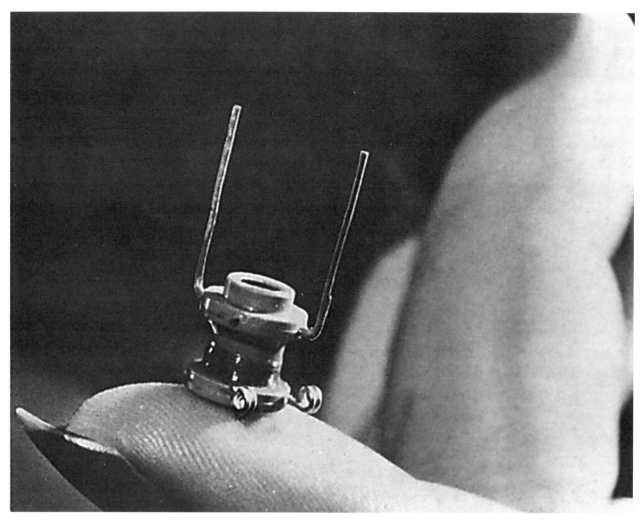

▼ Planos detalhe de pequenos objetos ocupando a tela toda conferem ênfase dramática. Apoiar um componente eletrônico na ponta de um dedo permite ao espectador ter uma noção de seu tamanho.

-se em outro num cenário *diferente*. Nesse caso, os atores devem ter tamanhos e posições similares para que se obtenha uma mistura sutil das imagens. Ações similares podem ser usadas, tais como um advogado batendo na mesa de seu escritório e um juiz batendo o martelo. Podem-se filmar objetos similares, tais como rodas, teclas de máquinas de escrever e cinzeiros.

Uma transição entre closes é aperfeiçoada por meio do som, devido a seu efeito combinado audiovisual. Uma fala de diálogo ou um nome podem ser ditos e repetidos num par de closes para unir diferentes atores ou cenários. Ou, então, pode-se fazer uma pergunta num close e respondê-la no close seguinte, por outro ator num cenário diferente.

Também é possível usar movimento de câmera para *entrar* e *sair* de um par de closes de transição. A câmera passa ao close de um ator ou objeto no *fim de uma sequência* e *começa a sequência seguinte* com um close similar, e então *recua*. A câmera passa do rosto aos sapatos de um ator conforme ele caminha por uma sala e atravessa a porta. Então, funde-se nos mesmos sapatos andando na calçada e inclina para cima para revelar o ator andando pela rua. *(Veja o capítulo 2 — "Continuidade", seção "Recursos de transição visual e sonora", na p. 156.)*

CONCLUSÃO

Closes devidamente planejados, filmados de maneira eficaz e editados com cuidado são primordiais. São o ingrediente que acentua o sabor dramático do filme acabado. O envolvimento do público é mais bem-sucedido quando os espectadores são aproximados da cena, quando eles veem atores, objetos e ações em pequena escala em closes grandes que ocupam a tela inteira. Uma sequência pode ser construída para culminar em closes de imenso valor dramático.

A sequência pode abrir com um close que surpreende, estarrece ou choca os espectadores, prendendo sua atenção. Os closes proporcionam força dramática, apontam os destaques da história, retratam ações correlatas, apresentam um comentário sobre a ação principal, ampliam o que não pode ser visto, proporcionam transições, enfatizam a narrativa isolando o objeto e eliminando material indesejado e distraem o público para cobrir cortes bruscos. Os closes devem ser significativos. Quanto mais forte o motivo para usar um close, mais este poderá ajudar a tornar a narrativa convincente.

5 COMPOSIÇÃO

INTRODUÇÃO

Uma boa composição é a disposição de elementos visuais para formar um todo unificado e harmonioso.

Um fotógrafo compõe ao posicionar um ator, um móvel ou um objeto de cena. O posicionamento e o movimento dos atores no cenário deve ser planejado para produzir reações favoráveis no público. Uma vez que ver um filme é uma experiência emocional, a maneira em que as cenas são compostas, encenadas, iluminadas, fotografadas e editadas precisa motivar a reação do público de acordo com a intenção do roteiro. A atenção do espectador tem de estar concentrada no ator, objeto ou ação mais significativos para a história naquele momento.

A câmera grava mecanicamente e com igual clareza todas as imagens expostas de maneira correta e focalizadas com nitidez. O fotógrafo estimula de modo mais eficiente a reação do público – o fator *não mecânico* – conferindo ênfase dramática quando desejado. Ele consegue isso acentuando as ações e emoções, o que torna a história *viva* na mente do espectador.

A composição não deve ser usada o tempo todo para se obter imagens visualmente belas destituídas de personagens, significado e movimento. De todas as regras com base nas quais os filmes são feitos, os princípios de composição são os mais maleáveis. Em geral, as cenas mais impressionantes dramaticamente resultam da transgressão de regras. No entanto, para transgredir regras de maneira eficaz é necessário, primeiro, compreendê-las totalmente e perceber *por que* estão sendo transgredidas.

Há vezes em que composições deliberadamente ruins ajudam a narrativa. Por exemplo, um filme sobre a demolição de favelas seria de fato aprimorado por meio do uso de cenas desequilibradas, abarrotadas e compostas de maneira displicente. Cenas como essa irritariam o público e expressariam a necessidade de moradias decentes. O impacto visual e psicológico sobre o espectador seria duplo. Ele não só desejaria que as condições nas favelas fossem corrigidas, como gostaria de endireitar as cenas que, inconscientemente, o incomodam.

JOSEPH V. MASCELLI

▼ Fotografias estáticas – como a destes jatos em voo – podem sugerir movimento. Uma vez que lidam apenas com relações espaciais, as fotografias estáticas podem ser bem compostas dentro de um único quadro de referência.

A composição reflete gostos pessoais. Um fotógrafo com formação artística, bom gosto inerente, sensibilidade inata para equilíbrio, forma, ritmo, espaço, linha e tom, conhecimento da escala de cores e senso de dramaticidade cria boas composições de maneira intuitiva. Mesmo um fotógrafo de pensamento cartesiano e inclinação artística limitada pode aprender a aplicar os princípios básicos da boa composição ao desenvolver uma maior compreensão dos elementos visuais e emocionais envolvidos na filmagem de imagens narrativas.

COMPOSIÇÃO DE IMAGENS ESTÁTICAS *VERSUS* CINEMATOGRÁFICAS

As fotografias congelam o *momento decisivo* numa imagem parada. Uma fotografia estática pode *sugerir* movimento, mas lida apenas com relações *espaciais*. Portanto, pode ser bem composta apenas dentro desse único quadro de referência. Um *filme*, por outro lado, é composto no *espaço* e no *tempo*.

A dimensão temporal é tão importante quanto as dimensões lineares e o posicionamento dos elementos visuais dentro do quadro. Um filme é uma progressão de imagens de tamanhos variados. As relações *espaciais* e *temporais* entre os vários elementos podem permanecer *iguais* ou *mudar* conforme o filme avança. O *tamanho* das várias imagens pode permanecer *igual* ou *mudar* de uma cena a outra, ou mesmo *durante* uma cena, se os atores se aproximarem ou se distanciarem da câmera, ou se a câmera realizar um movimento panorâmico, dolly, tilt ou zoom. Essa característica de imagens em constante mudança tende a complicar a composição de um filme.

Para produzir uma boa fotografia, o fotógrafo de imagens estáticas deve aplicar corretamente as regras de composição. O diretor de fotografia, entretanto, pode apenas centralizar uma imagem em movimento no visor e, independentemente da composição ruim, do posicionamento inadequado na tela, do segundo plano insatisfatório ou de inúmeros outros problemas visuais, prender a atenção do espectador durante todo o *movimento*. Se usado de maneira abusiva, entretanto, o movimento – que deveria ser o maior recurso de um filme – facilmente se tornará seu maior defeito. Boas cenas cinematográficas são resultado de *composições planejadas e movimentos significativos* dos atores e/ou da câmera. Cenas ruins são resultado de composições impensadas e movimentos de atores ou de câmera vazios de significado, que distraem em vez de ajudar na narrativa.

Embora o fotógrafo deva preocupar-se, primordialmente, em contar a história com movimento, ele precisa tomar cuidado com *movimentos insignificantes* de um ator secundário ou de um objeto sem importância, que pode desviar a atenção do objeto, ação ou ator principal. Esse movimento pode causar distração em particular em cenas calmas, de natureza mais ou menos estática. Uma vez que os olhos do espectador são facilmente *atraídos ou distraídos* por qualquer objeto em movimento, é necessário tomar cuidado com *movimentos indesejáveis* na cena.

O BOM TRABALHO DA CÂMERA COMEÇA COM A COMPOSIÇÃO

Compor a cena é função do fotógrafo. Ele deve dispor os vários elementos visuais numa aparência de ordem antes que possa iluminar os atores e o cenário, determinar o movimento do ator e/ou da câmera, dividir a sequência em planos e decidir sobre os vários ângulos de câmera necessários para cobrir a ação. Até que a cena tenha sido composta, o fotógrafo não tem certeza do que vai filmar. Mesmo ao filmar temas ao ar livre ou sobre os quais não tenha controle, ele pode escolher ângulos de câmera que proporcionem o melhor ponto de vista e, consequentemente, a melhor composição.

O fotógrafo deve abordar a composição com a pergunta: "O que posso fazer com esse tema que ajudará a contar a história?" As ações dos atores e o cenário normalmente sugerem determinada

▼ Mesmo ao filmar temas impossíveis de ser dispostos previamente, o fotógrafo pode escolher ângulos de câmera que proporcionem o melhor ponto de vista – e a melhor composição.

▼ Se a cena tiver de intimidar o público pela beleza, vastidão ou grandeza do cenário, usa-se um plano geral ou um grande plano geral para transmitir a atmosfera adequada.

composição. É preciso analisar o roteiro e o assunto para determinar o impacto pretendido sobre o público. O espectador deve ser levado a rir, chorar ou compadecer-se? O público deve admirar-se com a beleza, a vastidão ou a grandeza do objeto? Ou comprar a ideia de um produto, processo ou técnica? Independentemente da intenção do roteiro, as cenas têm de ser compostas de modo que proporcionem os aspectos visuais adequados e provoquem no espectador a reação psicológica desejada. Pensando visualmente e avaliando os recursos de composição psicológicos, o fotógrafo conseguirá produzir os efeitos pretendidos.

REGRAS DE COMPOSIÇÃO

Uma vez que a composição demanda preferências artísticas, percepção emocional, gostos pessoais, experiência e formação do fotógrafo, não pode estar submetida a regras estritas. Embora compor uma cena não seja um processo mecânico, certos fatores matemáticos e geométricos ajudam a garantir o sucesso. A principal dificuldade de compor para filmes é lidar não só com a *forma de pes-*

soas e objetos, mas também com a *forma das ações*. Uma *cena estática* com uma bela composição pode arrastar-se sem propósito quando os atores, os objetos, os veículos ou a câmera se moverem. O fotógrafo deve lembrar que as regras da composição estática são válidas para fotografias, desenhos, pinturas e projetos. Devido ao conteúdo estático de muitos planos, as regras de composição estática podem ser aplicadas com sucesso a cenas de filmes com elementos visuais *fixos*.

Uma cena pode transgredir todas as regras de composição e ainda assim atrair a atenção do espectador para o ator ou objeto importante na cena, meramente por meio da dominância do som ou do movimento no quadro. Um ator mal posicionado, por exemplo, pode chamar a atenção erguendo o tom de voz. Ainda que esteja numa posição pouco visível, uma ação secundária pode atrair mais atenção do que a ação principal.

Isso não implica que se deva desconsiderar a boa composição e recorrer somente a ações e diálogos dramáticos para prender a atenção do espectador. As regras da boa composição devem ser usadas sempre que possível, particularmente quando a cena consistir em ações mais ou menos estáticas – como em planos gerais, em cenas com atores ocupando posições importantes durante um diálogo e em qualquer momento que se deva conferir ênfase dramática ao assunto dominante. Não negligencie valores estéticos em nome das atrações que o mero som e movimento oferecem aos olhos e ouvidos dos espectadores. Os atores e objetos devem ser dispostos de maneira harmoniosa no cenário e movimentar-se a fim de obter efeitos artísticos. Esforce-se por captar imagens agradáveis em todos os momentos, independentemente dos movimentos dos atores e/ou da câmera e da necessidade de compor de maneira contínua conforme a cena avança.

LINGUAGEM DE COMPOSIÇÃO

Linhas, formas, massas e movimentos são os elementos de composição que falam uma língua universal que provoca reações similares em quase todo espectador. Devidamente integrados e utili-

▸ O agrupamento curvo desses aviadores planejando um voo forma uma linha de transição no espaço – prolongada pelo braço direito do comandante à esquerda –, o que tende a manter os olhos dos espectadores focados no mapa.

▸ Uma curva desaparecendo sugere espaço distante, uma vez que conduz o olhar para dentro da imagem. Sempre que possível, as cenas precisam ser compostas em profundidade para conferir tridimensionalidade ao cenário.

OS CINCO Cs DA CINEMATOGRAFIA

▸ As linhas não devem ser paralelas a nenhum dos lados do quadro, a não ser que sejam formadas por um edifício — ou colunas, árvores ou outras linhas que sejam parte de um padrão repetitivo. A série de linhas verticais está de acordo com a dignidade deste moderno edifício.

zados de maneira artística, imaginativa e inteligente, eles constituem uma linguagem de composição que pode comunicar o estado de ânimo, o caráter e a atmosfera desejados.

LINHAS

Linhas de composição podem ser contornos reais de objetos ou linhas imaginárias no espaço. Pessoas, objetos de cena, edifícios, árvores, veículos e móveis – todos podem ser expressados em linha reta, curva, vertical, horizontal, diagonal ou em qualquer combinação.

Por exemplo, o olho do espectador pode percorrer uma linha curva formada pelo agrupamento de vários atores; mover-se em diagonal ao seguir um avião decolando; ou, ainda, seguir a linha vertical traçada por um míssil em ascensão. A composição linear de uma cena depende, portanto, não só de linhas de contorno reais, mas também de linhas de transição criadas pelo movimento do olho.

Para uma composição mais eficaz, linhas reais não devem dividir a imagem em partes iguais. Linhas verticais ou horizontais marcantes tampouco devem ser centralizadas. Não se coloca um poste ou o horizonte no meio do quadro. O quadro não pode ser dividido em duas partes iguais com uma linha diagonal de um canto a outro, como aquela que é formada pela encosta de uma montanha.

A não ser que sejam formadas por edifícios, colunas, árvores ou outras linhas que componham um padrão repetitivo, linhas retas não devem ser paralelas a nenhum dos lados do quadro. Uma única linha marcante na lateral, no topo ou na base da imagem deve ser irregular, em vez de absolutamente vertical ou horizontal. O espectador tem de ser capaz de reconhecer linhas em silhuetas, paralelas a um ou mais lados do quadro – como uma porta –, ou pode ter a impressão de que partes da imagem foram cortadas devido a um anel de filtro ou para-sol mal alinhado.

O espectador interpreta as linhas de composição das seguintes maneiras:

- Linhas retas sugerem masculinidade, força.
- Linhas curvas suaves sugerem feminilidade, atributos delicados.
- Linhas curvas acentuadas sugerem ação e alegria.
- Longas linhas curvas verticais com extremidades minguantes sugerem beleza dignificada e melancolia.

▸ Linhas diagonais paralelas convergindo a distância comunicam ação e energia – o que é reforçado pelo reflexo da luz do sol nos trilhos soldados.

Essas figuras formam linhas de transição no espaço, sugerindo uma pirâmide – comunicando ao público a solidez do relacionamento entre os atores.

- Longas linhas horizontais sugerem calma e tranquilidade. Paradoxalmente, também podem denotar velocidade, porque a distância mais curta entre dois pontos é uma linha reta.
- Longas linhas verticais sugerem força e dignidade.
- Linhas diagonais paralelas indicam ação, energia, violência.
- Linhas diagonais opostas sugerem conflito, vigor.
- Linhas marcantes, pesadas e nítidas sugerem inteligência, riso, entusiasmo.
- Linhas suaves denotam solenidade, tranquilidade.
- Linhas irregulares são mais interessantes que as regulares, devido a sua qualidade visual.

Várias combinações de linhas podem influenciar-se mutuamente e comunicar significados distintos. Verticais não opostas, começando na base ou terminando no topo da imagem, parecem se prolongar além do quadro. No entanto, podem-se usar horizontais curtas secundárias, como um telhado, para conter uma composição vertical dentro do quadro.

Linhas horizontais curtas são úteis para que uma série de verticais marcantes não se torne monótona. Inversamente, longas linhas horizontais também podem ser acentuadas ou interrompidas por verticais curtas, encontrando-as em ângulos retos ou atravessando-as. Curvas demandam linhas retas marcantes para um efeito mais acentuado e contrastante. Uma série de curvas pode enfraquecer uma composição, a não ser que seja reforçada por linhas horizontais ou verticais. Uma profusão de curvas ou diagonais talvez resulte em confusão, e só deve ser usada para expressar comoção ou ações incontroláveis.

Linhas que se apoiam na superfície da imagem, ou desaparecem na distância, comunicam significados diferentes. Quando uma linha horizontal ou vertical se torna uma diagonal, parece se afastar ou se aproximar do espectador. O plano inclinado de um edifício sugere que ele está caindo para trás. Uma estrada reta filmada a um certo ângulo cria a impressão de que ela é uma diagonal, desaparecendo a distância. Uma curva geométrica cria um padrão que se apoia na superfície da imagem. Uma curva diminuindo, no entanto, sugere um espaço distante, uma vez que conduz o olho para *dentro* da imagem. Uma linha diagonal *paralela* à superfície da imagem sugere movimento, queda ou outra ação, como uma árvore caindo. Uma diagonal *desaparecendo* a distância sugere uma linha no espaço. Pares dessas diagonais, como linhas de trem, parecem convergir e se encontrar no infinito.

Os significados comunicados pelas linhas também são influenciados por forças da natureza, como a gravidade. Diagonais são dinâmicas. Em geral, sugerem instabilidade, pois são, basicamente, verticais caídas. Uma árvore vertical se torna uma diagonal quando cai. Um relâmpago é uma linha diagonal marcante, nítida e serrilhada. Gotas de chuva ou flocos de neve formam uma série de linhas caindo suavemente. Rios ou correntezas serpenteando criam curvas conforme seguem o contorno da terra.

▸ Linhas de transição que descrevem formas em profundidade — como o triângulo formado por esta torre de perfuração transportando um míssil Polaris para um submarino nuclear — são mais marcantes na composição do que as formas que parecem se apoiar na superfície da tela.

Linhas também expressam atributos de velocidade, o que pode agregar ênfase dramática à imagem. Linhas retas, inclinadas ou serrilhadas, como relâmpagos, dão a impressão de velocidade ou vitalidade. Linhas suavemente curvas reduzem a velocidade do olho e criam um ritmo lento ou pausado. As curvas mais bonitas prendem a atenção por mais tempo. Uma vez que não impedem o progresso, linhas ininterruptas são visualizadas mais rapidamente do que linhas entrecortadas.

FORMA

Todos os objetos, quer sejam naturais, quer sejam feitos pelo homem, têm *forma*. Formas físicas são fáceis de reconhecer. Formas criadas pelo movimento do olho do espectador ao passar de um objeto a outro nem sempre são fáceis de reconhecer, a não ser que sejam assinaladas. Assim, muitas formas abstratas existem unicamente na mente do espectador, no *espaço* criado por vários objetos físicos.

O movimento do olho ao passar de um ator ou objeto a outro pode descrever um triângulo, um círculo ou outra forma. Muitos fotógrafos com experiência usam certas formas de composição de maneira subconsciente, sem de fato analisá-las. Eles aprenderam, na prática, que certos agrupamentos de pessoas, móveis, objetos, veículos e estruturas apresentam imagens harmoniosas. As linhas de transição criadas pelo olho do espectador, ao mover-se de um objeto a outro, podem resultar num efeito esteticamente agradável.

As formas de composição mencionadas a seguir devem ser consideradas formas físicas e abstratas que existem no espaço. Deve-se levar em conta, também, que elas existem *em profundidade*, da frente ao fundo da imagem, e não somente como formas planas e bidimensionais repousando na superfície.

Uma forma triangular sugere força, estabilidade; a solidez da pirâmide. É uma forma compacta e fechada que faz que o olho continue de um ponto a outro, sem escapar. Um triângulo alto e de base estreita é relacionado com formas verticais e encontrado na natureza em árvores de folhas perenes. Um triângulo baixo e de base larga é associado a formas horizontais e, devido a sua base, tem mais estabilidade. Montanhas são compostas por uma série de triângulos. Composições triangulares são muito úteis para agrupar pessoas porque tornam

▼ Uma composição triangular invertida – com o ápice para baixo – também pode ser usada para compor três pessoas. Embora seja uma forma mais frágil, é uma escolha excelente neste exemplo, porque os atores em pé dominam o ator centralizado. A composição seria enfraquecida se o ator à direita estivesse ausente.

possível a dominância de uma figura importante posicionada mais alta que as demais. É muito mais fácil compor com grupos de três elementos, ou outros números ímpares, porque um único elemento pode se tornar o centro de interesse erguendo-se e criando uma composição triangular abstrata com as figuras mais baixas posicionadas de cada um dos lados. Também é possível usar um triângulo de cabeça para baixo, com o ápice na parte inferior do quadro, ainda que ele não tenha a estabilidade da pirâmide, a qual se apoia na base. Dessa forma, pode-se criar uma composição efetiva com dois adultos e uma criança entre eles.

Uma forma circular ou oval também tende a prender a atenção do espectador. Um objeto circular, ou um grupo de figuras ou objetos dispostos de maneira circular, faz que o olhar do espectador se desloque de um para outro sem escapar do quadro. Um círculo de luz, tal como aquele produzido por um foco, pode ser usado para circundar um ator. Assim, o restante da área enquadrada permanece escuro, desencorajando o espectador a desviar a atenção do centro de interesse. Uma forma circular ou oval não tem a base larga e a estabilidade da pirâmide. Pode-se fornecer uma base, en-

tretanto, por meio de uma área sombreada, uma moldura em primeiro plano ou algum outro recurso de iluminação ou de composição.

A cruz é uma das poucas formas de composição que podem ser centralizadas, porque seus quatro braços irradiam igualmente em todas as direções. E transmite unidade e força. É imponente e impactante porque, para muitas pessoas, simboliza o todo-poderoso. Pode ser posicionada fora do centro da imagem, mas não deve ser colocada muito perto da lateral do quadro, ou parte de seu resplendor será enfraquecida.

Linhas radiantes são uma variação da cruz, uma vez que se ramificam de um centro. Há muitos exemplos excelentes na natureza: pétalas de flores, ramos de árvores, flocos de neve etc. Linhas radiantes parecem expandir e atrair, especialmente se derem voltas, e sua ação espalha alegria e riso. Embora possam ser retas ou curvas e para que sejam mais eficientes, a área de maior interesse deve estar localizada perto do centro. Diferentemente da cruz, no entanto, o centro da forma em questão não precisa estar próximo do centro do quadro.

Várias figuras em forma de "L" sugerem informalidade e são muito flexíveis porque proporcionam uma combinação de base e prolongamento vertical. Uma composição em forma de "L" é útil para paisagens ou planos gerais, em que uma base larga, criada por uma área sombreada, um caminho, um muro ou uma estrada, estende-se na horizontal para um dos lados do quadro com uma árvore se erguendo numa linha vertical marcante. Uma figura solitária de um dos lados do quadro também pode formar um "L" com o chão ou solo. O "L" pode transmitir repouso, por meio da base, e dignidade, por meio do uso de uma figura ou objeto erguendo-se no quadro. Uma composição mais marcante é obtida quando o elemento vertical ocupa a linha vertical esquerda ou direita criada quando se divide o quadro em terços. A ênfase nas linhas opostas inferiores proporcionará o peso necessário para uma imagem equilibrada.

MASSA

As palavras *formato*, *forma* e *massa* são normalmente usadas de maneira intercambiável. O *formato* está ligado aos aspectos *espaciais* de um objeto, a forma física, definida por seu *contorno*. A *forma* pode ser *física* ou *abstrata*, conforme foi explicado anteriormente. *Massa* é o *peso visual* de um objeto, uma área, uma figura ou um grupo composto de qualquer um ou de todos esses elementos. Massas são unidades singulares, como uma grande massa de água, o pico de uma montanha, um navio ou um avião; um grande rosto num close; ou uma combinação de várias figuras ou objetos agrupados ou integrados de modo que pareçam uma única unidade de composição.

Linhas e formas podem dominar uma composição por seu valor estético ou psicológico. Elas podem atrair os olhos do espectador, por meio da mera beleza, ou seus sentidos, por meio do apelo emocional. Massas retratadas, entretanto, prendem a atenção devido ao poder de seu aspecto visualmente *pesado*. Elas também podem dominar por seu isolamento, unidade, contraste, tamanho, estabilidade, coesão, iluminação ou cor.

Uma massa isolada ganha força se estiver separada do segundo plano por contraste, iluminação ou cor. Esse tratamento fará que a massa se destaque de um segundo plano confuso, conflitante ou de outra forma "carregado".

Uma massa unificada é fortalecida quando várias figuras ou objetos são reunidos formando um único grupo dominante. Devem-se evitar agrupamentos muito dispersos.

▰ A massa pode ser um único elemento visual — como o pico de uma montanha — ou consistir de figuras muito agrupadas que aparecem como uma única unidade na composição. Uma grande massa capta a atenção do espectador devido ao seu peso visual.

Por contraste, uma massa escura ganhará destaque contra um segundo plano claro, ou uma massa clara contra um segundo plano escuro. Essa é a maneira mais simples de dar ênfase e separar uma figura ou objeto do segundo plano.

Uma grande massa dominará a cena se contrastada com uma ou mais massas pequenas. Pode-se aumentar o tamanho da massa em relação ao quadro por meio da escolha cuidadosa do ângulo de câmera, da distância focal da lente e do posicionamento da imagem.

Uma massa elegantemente composta com uma base sólida tem uma aparência imóvel que dominará a cena por meio da estabilidade. A forma de pirâmide, em particular com um primeiro plano escuro, é muito efetiva quando constitui um elemento visual dominante que ocupa toda a tela.

Uma massa compacta – sem projeções, extremidades dentadas ou outras protuberâncias – dominará a cena devido a sua coesão.

Grandes efeitos de iluminação, especialmente se filmados contra um segundo plano mais escuro, dominarão a cena criando unidade e contraste. Uma floresta em chamas, um feixe de luz natural através das janelas de uma igreja, a queima de fogos de artifício ou os raios do sol refletidos na água são massas dominantes criadas exclusivamente pela iluminação.

Uma cor predominante, como uma grande área sombreada de azul ou nuvens com feixes de luz vermelha iluminadas por um pôr do sol, podem criar um grande efeito colorido. Cores primárias ou muito saturadas são mais eficazes quando usadas para dominar a cena.

MOVIMENTOS

Na composição, os movimentos são um aspecto particularmente importante da fotografia cinematográfica. Na fotografia estática, só é possível *sugerir* movimentos completos; num filme, pode-se, além de sugeri-los, *retratá-los*. Os movimentos têm propriedades estéticas e psicológicas que comunicam ao espectador variadas conotações visuais e emocionais. O movimento pode ser criado pelo olho, quando este percorre a cena de um ponto a outro ou acompanha um objeto em ação. Esse movimento do olho resulta em linhas de transição que são similares a linhas de composição. Os movimentos podem mudar durante um plano, ou uma sequência de planos, para corresponder ao personagem, à atmosfera ou ao ritmo da ação. Os significados de vários movimentos na composição podem ser descritos da seguinte maneira:

Movimentos horizontais sugerem percurso, *momentum*, deslocamento. *Movimentos da esquerda para a direita* são mais fáceis de seguir, mais naturais e mais suaves. A leitura da esquerda para a direita preparou o público para aceitar esses movimentos e segui-los com pouco ou nenhum esforço. *Movimentos da direita para a esquerda* são mais impactantes, porque vão "contra a corrente". Uma vez que os movimentos da esquerda para a direita oferecem menos resistência, devem ser usados para planos panorâmicos de viagens ou ações tranquilas similares. Movimentos da direita para a esquerda

▸ Um movimento ascendente vertical sugere liberdade do peso – tal como neste plano de um míssil partindo da plataforma de lançamento.

OS CINCO Cs DA CINEMATOGRAFIA

▰ Movimentos verticais descendentes sugerem peso, perigo ou poder esmagador — tal como o desta cachoeira.

devem ser usados nas situações em que é preciso retratar uma *oposição* mais marcante e dramática, como o herói indo de encontro ao vilão.

Movimentos verticais ascendentes sugerem aspiração, exaltação, crescimento, liberdade de peso e matéria — como a fumaça saindo de uma vela ou um míssil subindo. Uma vez que um movimento para cima é edificante, pode ser usado para temas religiosos. Sensações de leveza, voo livre, felicidade e elevação podem ser comunicadas por movimentos desse tipo.

Um *movimento vertical descendente* sugere peso, perigo, poder esmagador, tal como o retratado

▰ Este modelo em escala 1:5 de um protótipo de avião de transporte supersônico sendo preparado para um teste de túnel de vento aparece como se estivesse voando de fato — porque está inclinado numa linha ascendente.

237

O movimento diagonal do canto inferior esquerdo ao canto superior direito deve ser usado para movimentos ascendentes. A inclinação deste jato lançado de uma plataforma móvel, para que se movimente pela tela dessa maneira, resulta num plano eficaz. Se este plano fosse filmado do ângulo oposto, retrataria o jato com uma linha de transição oposta, que deve ser usada para um movimento descendente.

por um bate-estacas, uma avalanche ou uma cachoeira. Esses movimentos para baixo representam ruína, morte iminente ou destruição.

Um *movimento diagonal* é mais dramático porque é o mais impactante. Movimentos diagonais sugerem forças opostas, tensão e pressão, poder, a superação de obstáculos pela força – como em cenas de batalhas. Pode-se sugerir um movimento diagonal até mesmo em muitas cenas estáticas, por meio de uma câmera em ângulo oblíquo, que cria linhas inclinadas dinâmicas. Assim, com esse tratamento é possível conferir maior impacto dramático a uma estátua, um edifício ou um ator dominante. Um *movimento diagonal de baixo para cima* e da esquerda para a direita deve ser usado para um *movimento ascendente*, como escalar uma montanha. Um *movimento diagonal de cima para baixo e da esquerda para a direita* deve ser usado para um *movimento descendente*, como abaixar um objeto. *Movimentos diagonais em zigue-zague* – como flashes de luz – sugerem velocidade e perigo. *Movimentos diagonais cruzados* sugerem forças opostas, como espadas cruzadas em cenas de batalha.

Movimentos curvos denotam medo, como uma cobra curvada, ou fascinação por meio do medo. *Movimentos circulares ou giratórios*, entretanto, sugerem alegria, como os encontrados em atrações de parques de diversão. Movimentos giratórios também sugerem energia mecânica, como engrenagens de fábricas ou rodas de carros ou trens.

Movimentos de pêndulo sugerem monotonia, implacabilidade, como cenas de prisão ou o vaivém de pessoas nervosas ou animais enjaulados.

Movimentos em cascata sugerem vivacidade, iluminação ou elasticidade, como uma bola quicando, corredeiras de rios ou uma criança saltitando ou brincando de amarelinha.

Movimentos de dispersão ou de radiação indicam movimento centrífugo, como as ondas concêntricas na superfície de uma poça em consequência de uma pedra jogada na água. Movimentos de radiação também podem denotar crescimento de dentro para fora. Movimentos de dispersão sugerem pânico, como numa multidão se rebelando. Movimentos de radiação sugerem transmissões de rádio ou qualquer atividade emanando do centro de interesse.

OS CINCO Cs DA CINEMATOGRAFIA

Movimentos interrompidos, ou *movimentos que mudam de direção*, atraem maior interesse do espectador do que movimentos contínuos ou numa direção constante.

Objetos em movimento que se aproximam do espectador são mais interessantes porque seu tamanho aumenta. Objetos que se afastam do espectador diminuem de tamanho e deixam de receber atenção.

EQUILÍBRIO

Equilíbrio é um estado de harmonia e estabilidade. Se todas as forças forem iguais, ou compensarem uma à outra, dizemos que estão equilibradas. Uma figura ou objeto fora de equilíbrio geralmente cai. O equilíbrio físico, portanto, é influenciado pela lei da gravidade, por forças em compensação e pelo poder da atração.

O desequilíbrio *irrita* o espectador porque *incomoda* sua sensibilidade e cria inquietude no cérebro. Uma composição bem equilibrada é subconscientemente agradável, porque os vários elementos estão combinados numa imagem aceitável. Em ocasiões especiais, o fotógrafo pode desejar *incomodar* o espectador e apresentar, de propósito, uma composição desequilibra-

▰ O movimento em direção ao espectador é mais interessante, porque a imagem aumenta de tamanho conforme avança. O movimento dos soldados da marinha correndo em direção à câmera neste desembarque anfíbio é reforçado pelos jatos que voam na mesma direção.

239

▼ Esta cena é visualmente interessante porque o caminhão de abastecimento está em segundo plano, emoldurado pela asa do avião. Perderia o interesse se fosse filmada frontalmente, com a aeronave e o caminhão de abastecimento dispostos de maneira alinhada ao longo da tela.

▼ Temas de documentários – como este teste de assento de ejeção de cápsula espacial em alta velocidade com bonecos – podem ser compostos formalmente quando dois objetos são de igual interesse.

da. Em geral, a cena deve ser apresentada observando-se as leis do equilíbrio.

Na composição cinematográfica, o equilíbrio visual pode ser complicado ou facilitado pelo movimento do ator e/ou da câmera. Atores ou veículos em movimento, e a necessidade de realizar movimentos de câmera – como uma panorâmica, um tilt ou um dolly – demandam que a cena seja continuamente composta conforme progride. Em composições cinematográficas, o equilíbrio é uma série de *compromissos visuais* com base nas *principais posições* dos atores e pausas na ação quando os elementos estão em repouso. Cenas estáticas demandam mais equilíbrio do que cenas em movimento, em que a ação atrairá os olhos do espectador independentemente de inadequações na composição.

Na vida real, o equilíbrio está relacionado com o *peso físico*; no cinema, está relacionado com o *peso psicológico*, que é influenciado pela *atração relativa* que os vários elementos de composição presentes na imagem exercem sobre o olho do espectador. Cada elemento atrai de acordo com seu tamanho, forma, valor tonal, cor, movimento, direção para a qual está voltado, contraste com os arredores e posicionamento no quadro. O equilíbrio pode ser considerado um par de balanças ou uma gangorra. Um *grande objeto estático* de um lado da cena deve, assim, ser contrabalançado com um *pequeno objeto em movimento* do lado oposto – como um carro minúsculo se movendo em direção a uma grande montanha – porque ambos têm *igual* peso visual ou psicológico.

A *localização* de um elemento de composição dentro do quadro influencia seu peso. Uma figura ou objeto colocado próximo do *centro* do quadro tem *menos* peso na composição do que um colocado mais perto da lateral – porque exerce pouca influência na gangorra e não pode incliná-la de maneira nenhuma. Portanto, um elemento mais leve pode ser movido para mais longe do centro, enquanto um mais pesado deve ser posicionado mais perto do centro – para mantê-los em equilíbrio. Colocar um elemento pesado longe demais

OS CINCO Cs DA CINEMATOGRAFIA

de um dos lados do quadro desequilibraria a composição e faria que tombasse visualmente.

Os seguintes fatores devem ser considerados com relação a seu peso na composição, assumindo-se que todos os outros fatores sejam iguais:

Um objeto em movimento tem mais peso que um objeto em repouso. Isso se aplica a objetos de qualquer tamanho. Um objeto em movimento relativamente pequeno – em especial se for de tonalidade clara, cor viva ou contrastante com o segundo plano – chamará mais atenção do que um objeto grande em repouso.

Um objeto que se move em direção à câmera fica cada vez maior e, portanto, ganha mais peso que um objeto que diminui conforme se afasta da câmera.

A parte superior de uma imagem é mais pesada que a parte inferior, porque um objeto mais alto parece mais pesado que um mais baixo.

Uma vez que os olhos da maioria dos espectadores se movem automaticamente para a direita, o lado direito do quadro pode, de maneira óbvia, atrair e prender mais a atenção do que o lado esquerdo. Assim, o lado esquerdo de uma imagem pode sustentar maior peso visual que o lado direito.

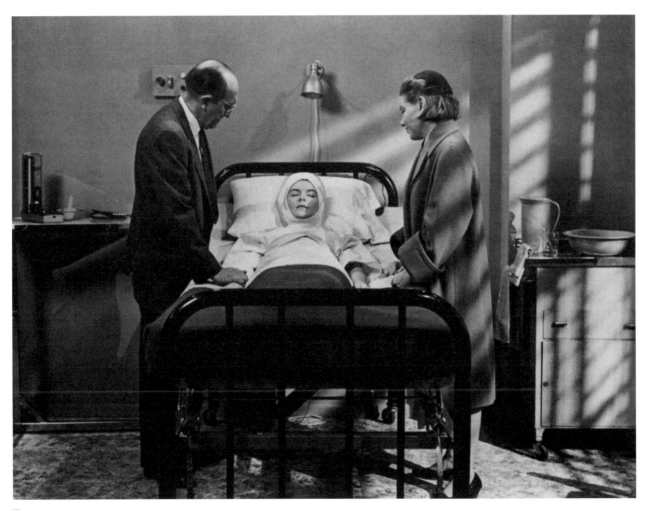

▸ O equilíbrio formal deve ser usado para retratar cenas quietas, serenas e estáticas – como uma garota doente sendo consolada pelos pais. O mais simples tratamento de câmera e de iluminação pode comunicar da melhor maneira situações tranquilas.

241

Um objeto isolado tem mais peso que um objeto amontoado, misturado ou empilhado com outros. Isso se aplica a objetos isolados por posicionamento, iluminação, contraste, cor ou qualquer outro fator.

Um objeto parecerá mais pesado se colocado de um dos lados do quadro, uma vez que o centro da tela é mais fraco com relação à composição.

Um objeto grande numa cena estática tem mais peso, uma vez que tende a dominar a imagem independentemente da posição que ocupa ou de outros fatores.

Objetos de formas regulares têm mais peso que os de formas irregulares.

Objetos peculiares, complexos ou intrincados podem parecer mais pesados, uma vez que atraem mais interesse.

Um objeto compacto, com massa concentrada em torno de seu centro, terá mais peso que um objeto agrupado frouxamente.

Um objeto vertical parecerá mais pesado que um objeto oblíquo.

Um objeto claro terá mais peso que um escuro. Um objeto com iluminação high-key[32], com grande quantidade de tons claros, parece *avançar* em direção ao espectador, enquanto um objeto mais escuro parece *distanciar-se* no segundo plano. Uma área preta deve, portanto, ser maior que uma área branca para contrabalançá-la. Uma superfície clara parece relativamente maior que uma escura, devido a seu efeito de irradiação.

Cores quentes, como vermelho, são mais pesadas que cores frias, como azul. Cores vivas comunicam mais peso que cores sóbrias.

---

32. Técnica de iluminação que faz uso de pontos de luz atenuantes com o objetivo de eliminar as sombras, produzindo uma imagem bem iluminada, com predominância de tons claros e pouco contraste. O termo também origina outro, "key light", que é a fonte principal de luz, o caráter da cena. A key light é usualmente a primeira luz criada pelo diretor de fotografia, que depois constrói o resto da iluminação. [N. T.]

TIPOS DE EQUILÍBRIO

Equilíbrio formal ou simétrico

Quando *ambos* os lados de uma composição são *simétricos*, ou chamam a atenção quase na mesma medida, temos um equilíbrio *formal*. O equilíbrio formal é normalmente estático, sem vida, isento de força, conflito e contraste. Uma imagem em equilíbrio formal sugere paz, tranquilidade, igualdade. Uma cruz, um tribunal ou uma cena pastoril precisam apresentar equilíbrio formal porque em geral pretendem comunicar essas qualidades ao espectador. Essas cenas devem ser filmadas de um ângulo quase frontal, com pouca ou nenhuma inclinação de câmera, para que os elementos visuais de cada um dos lados sejam similares ao tamanho da imagem. Composições formalmente equilibradas não podem ser gritantes – a iluminação, os valores tonais, as cores e o contraste devem ser sutis.

O equilíbrio formal é empregado no popular two-shot de perfil, em que dois atores ficam sentados ou em pé de lados opostos do quadro, de frente um para o outro. A dominância é alternada de um

▰ O equilíbrio informal é usado em closes porque o objeto deve ser posicionado ligeiramente fora do centro para proporcionar mais espaço na direção do olhar.

ator a outro conforme cada um deles fala. Uma vez que os dois atores são igualmente importantes em termos visuais, o diálogo, a expressão facial ou outra ação são o que atrai o interesse do público. É possível "desequilibrar" esses two-shots *favorecendo* um ator com uma iluminação mais clara, um ângulo de câmera ligeiramente melhor, um figurino de cores mais vivas, uma separação mais nítida com o segundo plano ou qualquer um dos outros truques de composição descritos neste capítulo. Assim, obtém-se oposição, força e conflito numa composição que, do contrário, seria tranquila.

Equilíbrio informal ou assimétrico

Quando *ambos* os lados de uma composição são *assimétricos*, ou diferentes em atração, temos um equilíbrio *informal*. O equilíbrio informal é dinâmico porque elementos opostos da composição são dispostos de maneira contundente. Numa imagem em equilíbrio informal, uma figura ou objeto dominante torna-se o centro de interesse. Em contraste, ou oposição, está uma figura ou objeto secundário do outro lado da composição, com igual peso. Elementos de diferentes formas, tamanhos, cores ou valores tonais, em repouso ou em movimento, podem, assim, balancear uns aos outros porque ambos os lados da imagem têm o mesmo peso na composição. O equilíbrio assimétrico é empregado com sutileza em closes – em que um único ator preenche o quadro – posicionando-se o rosto *ligeiramente* fora do centro, de modo que haja um pouco mais de espaço na direção para a qual o ator *olha*. Por associação – com o objeto, ação ou ator fora de cena com o qual o ator está se relacionando –, o olhar tem peso suficiente para compensar a posição descentralizada do rosto. O ator em cena é, desse modo, balanceado com um ator "invisível" fora de cena.

O método mais simples para criar composições assimétricas é pensar numa *gangorra*, com um

O equilíbrio formal é geralmente usado para filmar two-shots com um ator e uma atriz. O interesse do público se alterna entre um e outro conforme eles falam ou realizam uma ação significativa, um de cada vez.

lado *mais pesado* que o outro. O lado pesado é a figura ou objeto *significativo*, o centro de interesse na cena. Esse elemento de composição dominante deve ser contrabalanceado por um elemento do lado oposto do quadro, para equilibrar a composição da cena.

O tamanho de um elemento de composição menor pode ser compensado pelo peso agregado por sua localização, forma, luminosidade, movimento ou valor tonal. Uma vez que o movimento cria o máximo interesse na cena de um filme, figuras ou veículos menores em movimento têm mais peso, na composição, que objetos estáticos muito maiores, como prédios, árvores ou montanhas. Assim, o centro de interesse pode ser um *pequeno* barco se movendo em direção a um *grande* porto. O tamanho físico não deve ser o único aspecto a ser considerado na escolha de um elemento de composição dominante. O movimento também é importante.

O objeto dominante não deve ser colocado na mesma linha horizontal que o elemento oposto de menor peso; tem de estar ligeiramente mais alto ou

◤ O ator que vai dominar a cena não deve ser posicionado na mesma linha horizontal que um ator secundário. O posicionamento da freira à direita do quadro, e mais alta que o homem sentado, resulta em uma composição mais impactante.

mais baixo – de preferência, mais alto –, para que mostre mais peso a fim de chamar a atenção. Portanto, um ator dominante deve parecer mais alto que os atores secundários. Ou, se colocado mais baixo ou sentado, deve dominar a cena por meio de iluminação ou posicionamento favoráveis, como em um dos quatro pontos de composição marcantes do quadro, ou mesmo chamar a atenção por meio do "olhar" que lhe é dirigido pelos outros atores. Posicionar o ator dominante mais alto ou mais baixo funciona, mas colocá-lo na mesma altura que atores menos importantes pode enfraquecer a cena. O posicionamento também pode ser realizado em profundidade, colocando-se o ator selecionado à frente dos demais para fazê-lo parecer mais alto, ou mais para trás para que pareça mais baixo.

Equilíbrio informal com números ímpares
Um método simples para criar equilíbrio informal é compor com um número ímpar de atores ou objetos. Com um número ímpar de elementos visuais, particularmente três, um único elemento domina os demais. Além disso, números ímpares facilitam a disposição *desigual* dos elementos visuais, o que permite o posicionamento do ator dominante de um lado do quadro – ou na parte superior ou inferior – criando, assim, uma composição triangular. Pode-se alternar a dominância de um ator a outro, conforme a cena progride, trocando as posições dos atores ou fazendo que um deles se levante – caso todos estejam sentados – ou dê um passo à frente. Pode-se filmar o ator mais importante com um ângulo de câmera mais baixo que a altura dos olhos, posicionando-o do lado direito do quadro, voltado para dentro. O lado direito tem maior peso visual. O lado esquerdo é menos visível.

Isso não implica que *todas* as disposições devam consistir de números ímpares de atores com o ator protagonista no ápice de uma composição triangular à direita do quadro. Use variações desse tema quando for conveniente. O ator dominante não precisa ser o elemento de maior impacto na composição durante todo o plano ou sequência. Ele pode se tornar dominante ao se movimentar, ou em decorrência do movimento de outros atores ou da câmera. Ele pode, assim, manter o interesse do público apenas quando necessário – ao pronunciar uma fala importante ou realizar uma ação significativa.

A GRAVIDADE INFLUENCIA O EQUILÍBRIO

Os sentidos humanos rebelam-se diante de composições que desobedecem às leis da gravidade. Elementos de composição pesados dirigindo-se ao céu devem ter um centro de gravidade *baixo*, ou parecerão prestes a tombar. Uma estrutura alta deve ser sustentada por uma base ampla, de preferência de tom escuro, para ajudar a manter o efeito visual de seu topo pesado. Uma área relativamente grande em primeiro plano tem de ser sombreada – ou iluminada com luz filtrada pelos ramos de uma árvore – para contrabalançar edifícios ou outros elementos marcantes da composição. Nesses casos, evite grandes

OS CINCO Cs DA CINEMATOGRAFIA

▼ A gravidade influencia o equilíbrio. Grandes estruturas devem ter bases pesadas – como escadas, por exemplo. As estampas sombreadas da folhagem ajudam a quebrar a grande área em primeiro plano.

▼ Embora esteja à esquerda do quadro, e mais baixa, a mulher domina o plano acima porque é favorecida pelo ângulo da câmera e pela iluminação.

áreas de calçadas iluminadas pelo sol, seja eliminando-as, seja abaixando a câmera para encurtar a área que vai da frente ao fundo do plano.

A gravidade também influencia o movimento: um balão sobe, um objeto cai, a água flui montanha abaixo (de preferência, com um movimento de cima para baixo e da esquerda para a direita) e um homem escala montanha acima (de preferência, com um movimento de baixo para cima e da esquerda para a direita).

Pode-se criar uma composição desequilibrada desobedecendo as leis da gravidade por meio do uso e imagens *sem base*. Um prédio alto sobressaindo na diagonal de um lado ao outro do quadro, ou planos oblíquos de atores, objetos ou estruturas retratados em diagonais acentuadas, que criam imagens em desequilíbrio, podem ser usados quando o roteiro demanda violência, medo, pânico ou efeitos subjetivos.

UNIDADE

Uma imagem tem unidade quando todos os elementos da cena são perfeitamente integrados. O

▼ Esta cena de luta forma uma composição triangular invertida – com o ator subjugado no vértice inferior.

estado de ânimo e a atmosfera desejados devem ser transmitidos por meio do uso devido de linhas, formas, massa e movimentos; iluminação, movimento de câmera e/ou de atores; valores tonais; combinações de cores; tratamento fotográfico geral; e edição. Os muitos elementos técnicos, estéticos e psicológicos têm de estar correlacionados a fim de comunicar uma sensação emocional unificada. A mistura de efeitos cinematográficos resultaria num choque discordante, o que enfraqueceria a narrativa.

245

▼ Uma tomada de baixo e o foco seletivo fazem que o ator em primeiro plano se destaque nitidamente dos atores secundários em segundo plano, que estão mais baixos no quadro.

▼ A garota domina a cena porque é favorecida pela composição: está mais baixa, posicionada à direita, inclinada em direção à câmera e com um foco de luz sobre o rosto.

▼ Um número ímpar de atores, preferencialmente três, pode ser equilibrado de maneira informal com um único centro de interesse — como a atriz neste three-shot, posicionada numa altura mais baixa e mais bem iluminada que os outros atores.

▼ O movimento ascendente desses caças a jato também é sugerido pelo voo em formação diagonal — o que cria uma linha de transição no espaço da esquerda para a direita e de baixo para cima.

O QUE FAZER E O QUE NÃO FAZER

Combine longas linhas horizontais, câmeras fixas ou panorâmicas lentas, iluminação suave, atores em repouso ou em movimentos lentos, cenas demoradas, para inspirar uma atmosfera calma, tranquila, relaxante. Não destrua o efeito inclinando a câmera para cima, permitindo que um ator se movimente rapidamente, ou, ainda, editando com cenas breves e entrecortadas.

Ao filmar a entrada de um tribunal, componha uma série de colunas altas verticais de maneira dignificada com uma composição simétrica e estática. Não destrua o efeito realizando uma panorâmica horizontal pelas colunas verticais.

Aumente o efeito da ação de alpinistas escalando montanhas, carros de corrida ou soldados em marcha apresentando os movimentos de modo que o olho do espectador percorra a tela em diagonal.

Grave o efeito gracioso das voltas e manobras de um esquiador descendo a montanha acompanhando-o com um movimento de câmera curvilíneo.

Use ângulos de câmera oblíquos, composições dinâmicas, iluminação dramática e edição rítmica para criar um efeito desequilibrado, inclinado, instável ou de algum modo estranho ou violento.

Não use ângulos de câmera pouco usuais, segundos planos que causem distração ou iluminação excêntrica numa cena simples com diálogos importantes, que demande mais atenção auditiva que visual.

Sempre se esforce por preservar a unidade de estilo do começo ao fim de uma sequência.

O CENTRO DE INTERESSE

Uma imagem deve retratar um único centro de interesse. *Dois ou mais* objetos, figuras ou ações igualmente dominantes numa única cena *competem* entre si pela atenção do espectador, tornando a imagem menos eficiente. O two-shot pode parecer uma exceção a essa regra - mas não é. No two-shot, um ator por vez domina a cena, ao falar ou realizar uma ação mais significante. Além disso, há várias formas de favorecer um único ator num two-shot, conforme já foi discutido. Desse modo, o olho será atraído para um único ator, seja por seu discurso ou ação, seja por seu tratamento mais favorecido quanto a composição, iluminação ou câmera.

A atenção do espectador deve ser sempre atraída para a parte mais significativa da cena. Isso não implica que não possam ocorrer ações em primeiro e em segundo plano simultaneamente, ou que várias ou mesmo centenas de figuras ou objetos não possam aparecer numa única cena. A ação em segundo plano deve complementar a ação em primeiro plano, propiciando o cenário e a atmosfera aos atores principais sem competir com eles.

Um elemento dominante na composição não precisa consistir de uma única figura ou objeto.

Mulher domina este two-shot equilibrado informalmente porque está posicionada à direita, inclinada de maneira favorável em direção à câmera e mais bem iluminada. O olhar do homem também conduz o público à mulher.

O equilíbrio informal é mais fácil de alcançar com um número ímpar de atores ou elementos visuais. Embora os marinheiros estejam pilotando este submarino nuclear, o oficial em pé entre eles está obviamente no comando, porque domina a composição triangular. O efeito é reforçado pelo figurino de cores claras, o que agrega interesse visual.

▸ Num two-shot, os olhos dos espectadores serão atraídos para o ator dominante quando ele for favorecido na composição por meio de posicionamento, ângulo de câmera ou iluminação – ou, ainda, quando fizer um discurso (ou uma ação) mais dramático.

▸ O lado esquerdo do quadro suporta mais peso na composição para que este operador de radar seja devidamente posicionado à direita, em oposição à massa maior à esquerda.

▸ Cenas de revolta, pânico, catástrofe ou outros acontecimentos violentos podem usar vários centros de interesse dispersos, como estas pessoas correndo em várias direções.

Podem ser várias figuras, ou qualquer combinação de figuras ou objetos, formando um grupo unificado. Grupos de atores, árvores, edifícios ou soldados em marcha, um esquadrão de aviões ou várias máquinas, podem formar um único centro de interesse na composição. Um tratamento preferencial da composição enfatiza partes significativas da imagem. Há ocasiões em que se justifica a existência de *vários* centros de interesse *dispersos*, como em cenas de batalhas, revoltas, pânico, catástrofes e outras ações ligadas a acontecimentos violentos, desequilibrados e perturbadores. Membros de um grupo unificado de atores, por exemplo, podem se espalhar em todas as direções na cena de uma multidão, ou aviões num esquadrão separar-se em direção a vários alvos terrestres.

POSICIONANDO O CENTRO DE INTERESSE

O centro de interesse raramente deve ser centralizado na imagem. As raras exceções seriam uma cruz, uma antena de rádio ou de televisão, ou qualquer outro objeto que irradie de igual maneira em todas as direções. De preferência, o centro de interesse deve estar do lado direito, dominante, do quadro. Fazer disso uma regra rígida, entretanto, resultará em monotonia visual.

OS CINCO Cs DA CINEMATOGRAFIA

É possível variar o enquadramento de atores em closes equilibrando-os com outros objetos. As velas posicionadas mais altas à direita permitem enquadrar o rosto da atriz mais baixo, à esquerda.

Um método simples e eficaz de posicionar o centro de interesse na porção dominante da imagem é dividir o quadro em três partes iguais; primeiro na vertical, e então na horizontal. Todos os *quatro pontos* onde essas linhas se cruzam são marcantes na composição. Se for tomado como uma regra rígida, isso produzirá uma série de centros de interesse posicionados de maneira mecânica – sempre caindo em lugares similares na imagem. Como uma regra flexível, *evitará a divisão* da imagem ao meio, quer seja na vertical, quer seja na horizontal ou mesmo na diagonal – o que resultaria em composições visualmente monótonas.

O ator centralizado é o foco de interesse nesta cena composta com simplicidade, bem iluminada e filmada de um ângulo eficaz. A posição do ator, a composição e a iluminação chamam a atenção do espectador para a figura sentada, dominante. O ator secundário à esquerda é ofuscado por estar inclinado para o lado oposto da câmera e ser menos favorecido pela iluminação.

Um ator pode permanecer ofuscado nos recônditos escuros de uma sala – até se deslocar para a área iluminada. A iluminação em planos contrastantes permite que o ator se movimente de áreas escuras para áreas claras.

O horizonte, por exemplo, não deve ser centralizado no quadro, porque dividirá a imagem em duas partes iguais. O céu pode ocupar um ou dois terços da imagem, mas nunca metade do quadro. Há situações em que o horizonte deve ficar completamente fora da imagem, como num plano contra o céu filmado em contraplongê, ou num plano em plongê, com a câmera apontando para baixo. O horizonte também pode ser uma linha fina correndo paralela à própria base do quadro – se o céu for retratado, como no plano de um pôr do sol.

Um poste telefônico, uma árvore ou um objeto similar não devem ser centralizados verticalmente, ou dividirão a imagem em duas partes iguais. Uma linha diagonal, tal como a encosta de uma montanha, não pode correr de maneira precisa de um canto a outro da imagem, ou criará duas partes iguais. O objeto dominante tem de ser posicionado de modo que esteja voltado para dentro, para o centro da imagem. Enquadrar um objeto estabelecendo com sutileza a direção para a qual está voltado o colocará ligeiramente de um dos lados da imagem.

Não se deve dividir a imagem de modo que linhas proeminentes – o horizonte, edifícios, árvores, colunas, janelas, portas, luminárias grandes – sejam posicionadas a fim de atrair o olho a um ponto marcante na composição. Divisões ímpares, de preferência em três partes, são melhores. Entretanto, é preciso mover as intersecções para que o centro de interesse não ocorra, nas várias cenas, sempre nas mesmas posições do quadro.

Os principais elementos visuais não devem ser compostos com regularidade monótona. Muitos fotógrafos descobrem uma composição que consideram satisfatória e se atêm a ela. A consequência: composições similares entre um plano e outro, embora mude o objeto retratado.

Variando o posicionamento do horizonte, mudando a posição do centro de interesse e diversificando os movimentos de câmera e de atores, as composições das diversas cenas não parecerão repetitivas.

ATRAINDO OU ALTERANDO O CENTRO DE INTERESSE

O interesse do público pode ser atraído *ou* alterado durante uma cena por meio de: posição, movimento, ação e som; iluminação, valores tonais e cores; foco seletivo.

Posição, movimento, ação e som

O ator, objeto ou ação importante prende a atenção do público se for posicionado na parte mais dominante da composição ou mover-se para a melhor posição conforme a cena avança. Também pode atrair a atenção sendo isolado dos demais atores ou *afastando-se* deles durante a cena. Um ator também pode se movimentar a fim de estabelecer um contraste maior com o segundo plano, ou se levantar ou dar um passo à frente, aumentando sua altura/tamanho relativo no quadro. Um movimento repentino por parte de um ator até então inativo

OS CINCO Cs DA CINEMATOGRAFIA

▼ O ator centralizado é o ápice de uma composição triangular, encenada em profundidade. Ele domina a cena até que o ator à esquerda dá um passo à frente, embora usando capuz e sem revelar o rosto. O centro de interesse em uma cena pode mudar por meio do movimento persuasivo dos atores. Assim, o interesse do espectador passa de um ator a outro conforme muda o interesse dramático. Essas ações também são reforçadas pelos olhares dos outros atores. ◢

pode chocar ou surpreender o público, fazendo que o primeiro se torne o centro de interesse na cena. O personagem também pode agir de modo enérgico, dando um soco na mesa, atacando outro personagem ou sacando uma faca ou arma. Um ator pode inverter a direção para contrastar com o movimento dos outros atores, ou dominar a cena movendo-

▼ Um ator pode assumir a dominância de um grupo levantando-se enquanto os demais permanecem sentados.

-se na frente dos demais atores e obscurecendo-os. O ator principal pode dominar a cena pelo som: falando mais alto ou mesmo gritando, silenciando os outros de modo que apenas ele seja ouvido ou pronunciando as falas mais dramáticas.

Iluminação, valores tonais e cores

Em geral, os olhos dos espectadores são atraídos para as áreas mais iluminadas, de tonalidade mais clara e mais coloridas de uma imagem. Essa atração pode ser explorada a fim de tornar o ator protagonista o centro de interesse por meio de um figurino mais claro ou mais colorido, ou por meio de uma iluminação que o favoreça. Uma imagem ampla raramente é necessária, uma vez que até mesmo um objeto pequeno, com tonalidade mais clara ou cores mais vivas que os objetos ao redor, chamará a atenção. Um objeto mais claro se destaca de um segundo plano mais es-curo, aproximando-se do espectador. Portanto, é importante garantir que um ator ou objeto secundário não *roube* a cena sem intenção por meio dessas vantagens.

Pode-se usar um movimento de câmera ou de ator para que o ator principal se desloque até uma área mais iluminada, conferindo-lhe maior ênfase

251

▸ O interesse do público estará voltado para o ator telefonando, porque imagens nítidas chamam mais atenção.

dramática durante a cena. Assim, o ator pode permanecer apagado, mesmo que seu figurino seja de clores caras ou vivas, até ocupar a posição iluminada. Obviamente, esse movimento deve ser sincronizado para coincidir com uma ação significativa para o público. A iluminação em planos contrastantes permitirá que o ator se desloque de áreas escuras para áreas claras. Em filmagens ao ar livre, estas podem ser sombras criadas por ramos de árvores, folhagens, prédios etc. Em locações internas, formam-se áreas claras e escuras simulando uma iluminação low-key[33] com luminárias individuais ou janelas.

Foco seletivo

Um método muito eficaz para atrair a atenção dos espectadores para o centro de interesse é o foco seletivo, que apresenta os assuntos importantes com nitidez e o restante da imagem ligeiramente fora de foco. O olho humano sempre procurará a imagem mais nítida, em vez de imagens suaves ou fora

---

33. Técnica de iluminação que tem por objetivo criar um efeito de luz e sombra, produzindo uma imagem com muito contraste, contornos bem definidos e predominância de tons escuros. [N. T.]

de foco. Portanto, um ator ou objeto receberá mais atenção se for a imagem mais nítida em cena.

Com as técnicas de filmagem modernas, somente os elementos visuais importantes para a narrativa precisam ser apresentados com nitidez. Em filmes de ficção, a profundidade de campo ilimitada não costuma ser necessária: em geral, os planos médios e closes são nítidos, e o segundo plano, ligeiramente fora de foco. O segundo plano se torna cada vez mais suave conforme a câmera se aproxima para filmar planos mais fechados. Essa diminuição gradativa da nitidez do segundo plano mal será percebida se a ação retratada em primeiro plano for suficientemente interessante para prender a atenção.

MOVIMENTO DO OLHO

O fotógrafo deve levar em consideração o movimento dos olhos dos espectadores conforme eles exploram o significado da imagem. Agências do exército e de publicidade têm realizado estudos – com muitos instrumentos óticos complexos que medem o movimento dos olhos – para aprender mais sobre esse interessante fenômeno. Os publicitários querem um método seguro de direcionar o olhar do leitor para o produto sendo anunciado. Os desenhistas das forças aéreas querem descobrir o agrupamento mais prático para instrumentos de voo na cabine de um avião de caça a jato ou cápsula espacial.

O fotógrafo se preocupa não só com o movimento do olho ao percorrer o quadro, mas – o que é mais importante – com o movimento *de um quadro a outro* quando a imagem *muda*. Por exemplo, num two-shot, e nos closes subsequentes, os olhos dos espectadores são dirigidos primeiro para um ator e depois para o outro, num padrão de ida e volta. As posições dos atores no quadro, suas alturas relativas, o fato de seus olhares, um em direção

▼ Pares correspondentes de closes de atores contracenando devem ter tamanhos similares e ser filmados de ângulos de câmera opostos. Assim, os olhares são dirigidos um ao outro.

ao outro, estarem no mesmo nível, para cima ou para baixo, farão que os espectadores movimentem os olhos de determinada maneira.

É por isso que atores individuais devem receber enquadramento e direção corretos em closes. O enquadramento correto posiciona os olhos dos espectadores na parte adequada da imagem, e a direção conduz o olhar para fora de cena, para o ator oposto, que, por sua vez, aparecerá do lado oposto do quadro, com uma direção oposta. Desse modo, o olhar de cada um dos espectadores é mantido a certa altura, ou então, se um dos atores for mais alto, é apontado para cima ou para baixo, e dirigido para um lado e para o outro em cada corte. Se os atores forem posicionados no quadro de maneira incorreta, os espectadores podem se sentir incomodados com o movimento dos olhos, distraindo-se momentaneamente.

Isso também funciona com planos gerais seguidos de planos mais fechados. Os olhos dos espectadores podem ser levados ao centro de interesse num plano geral. Essa área deve ser, então, apresentada mais ou menos na mesma parte do quadro no plano mais fechado subsequente. Do contrário, o olhar dos espectadores dará um salto para tentar encontrar novamente o centro de interesse. O posicionamento dos olhos pode ser facilmente verificado numa moviola[34] ou em outro dispositivo de edição que permita marcar o filme com um lápis de cera. Faz-se uma marca na parte do quadro para a qual o olho é atraído – quer seja o centro de interesse, quer seja um lugar para onde um ator em cena está olhando. Então, rola-se o filme em um ou dois quadros até o plano seguinte e faz-se uma marca similar.[35] Numa série de cenas com enquadramento e composição corretos, o olho explora aproximadamente a mesma área, é dirigido à porção correspondente do quadro no plano seguinte, ou examina de maneira alternada um lado e outro, como num two-shot.

Embora, para a maioria das sequências, o movimento do olho tenha de ser suave e ordenado, há ocasiões em que o centro de atração deve dar saltos. O início súbito de uma atividade, um novo desdobramento da história, uma ação surpreendente por parte de um ator, podem fazer que olho

---

34. Aparelho de montagem cinematográfica que permite ao editor ver o filme durante a edição. Em muitos países, tornou-se sinônimo de mesa de montagem. Atualmente, as moviolas foram substituídas por computadores nos quais se faz a edição completa do filme. [N. R. T.]

35. Evidentemente, em computadores esse processo ocorre de maneira diferente. [N. R. T.]

▌Embora os agentes do governo e o homem com a arma sejam retratados em planos separados, suas armas estão apontadas numa linha similar ao longo da tela. O movimento dos olhos dos espectadores irá de um lado a outro para seguir a linha de fogo.

passe abruptamente a uma nova área do quadro. Isso deve ser feito sempre que o roteiro demandar que o espectador se choque ao olhar para um ator, objeto ou ação em outra parte da tela. Pode-se revelar um assassino, mostrar de repente um veículo ou apresentar uma guinada na história por meio desse tratamento brusco. Recomenda-se, portanto, fazer que o espectador se restrinja a explorar uma área determinada, levando-o a acreditar que *esse* é o lugar a ser visto – e então, num corte repentino, revelar a ação em outro lugar.

O movimento do olho é maior numa tela grande. É menos importante em projeções 16 mm em telas pequenas de televisão, porque o olho abrange a área inteira em todas as ocasiões. Conforme as histórias de não ficção em 16 mm se tornam

▌Material impresso deve ser inclinado numa diagonal ascendente – da esquerda para a direita e de baixo para cima. Essa inclinação permite que os olhos dos atores desçam para ler a linha seguinte. A inclinação numa diagonal descendente força o olho a se mover para cima para ler a linha seguinte, num movimento ao qual não estamos acostumados.

MOVIMENTO CORRETO DOS OLHOS | MOVIMENTO INCORRETO DOS OLHOS

Um assassino deve ser apresentado de súbito pela esquerda da tela – para chocar os espectadores que observam a vítima do lado direito da imagem. O movimento abrupto dos olhos da direita para a esquerda contribui para o efeito surpreendente. O público será chocado pela ação depois de um momento de trégua.

mais longas, e esses filmes são exibidos para públicos maiores, aumenta a importância do movimento do olho.[36] Embora, para alguns observadores, essa prática possa parecer nova e uma curiosidade científica, ela merece mais atenção do que geralmente recebe dos fotógrafos.

As cenas podem ser ampliadas ou diminuídas de modo que apresentem imagens pequenas, como num plano geral, ou grandes, como num close. O olho se adaptará à escala em questão sempre que as cenas forem progressivas, regressivas, contrastantes ou repetitivas com relação ao tamanho da imagem. No entanto, o olho se rebela quando o tamanho ou o ângulo da imagem mudam *de maneira sutil*, causando um efeito similar a um corte brusco. Isso ocorre quando se apresenta uma série de closes de tamanhos diferentes misturados, em vez de pares de closes correspondentes filmados em séries de ângulos opostos ou de closes do mesmo tamanho mostrando a reação de diversos atores. Closes com imagens ligeiramente menores ou maiores que os closes anterior e posterior criam efeitos de expansão e contração quando observados. Essa ausência de uniformidade no tamanho

36. Hoje não há mais projeção em 16 mm. No entanto, pode-se filmar em 16 mm e ampliar para 35 mm ou para material digital. [N. R. T.]

▼ Esta cena tem uma composição interessante porque as linhas do túnel diminuem em direção à direita e enquadram o ator distante no centro da abertura circular.

da imagem é extremamente desconcertante para os espectadores.

Um movimento de olho errático, causado por imagens dispersas, de tamanhos e ângulos diferentes, pode ser usado quando se desejam efeitos estranhos ou desequilibrados. Cenas de pânico, catástrofe ou violência podem ser aprimoradas por meio do uso de imagens de diferentes tamanhos, ângulos variados ou até mesmo ângulos oblíquos. Assim, os espectadores serão forçados a percorrer a tela de um lado para o outro, para baixo e para cima ou na diagonal com movimentos abruptos de olho, o que os envolverá mais diretamente na ação exibida.

Releia a discussão sobre a filmagem de placas e material impresso, no Capítulo 1, "Câmera: ângulos", a respeito de seus efeitos sobre o movimento do olho.

ENQUADRAMENTO

Enquadramento é o posicionamento do objeto filmado no quadro. Muitas cenas exigem movimentos de câmera e/ou de atores, o que requer a *composição contínua* conforme a cena progride. Um ator em movimento precisa receber um pouco mais de espaço na direção em que se move. Atores em posição estática devem receber um pouco mais de espaço na direção em que olham.

A quantidade de espaço sobre a cabeça, ou a distância entre o topo da cabeça dos atores e o topo do quadro, varia de acordo com as combinações de atores, segundos planos e massas na composição – como molduras – no topo da imagem. Um espaço sobre a cabeça que pode ser excessivo quando os atores são posicionados muito perto da base do quadro, com um segundo plano liso, pode ser corrigido com um ramo de árvore pendente atravessando a imagem no topo do quadro. Espaço excessivo sobre a cabeça fará que a imagem pareça ter uma base pesada. Espaço insuficiente sobre a cabeça tornará a imagem carregada.

Os atores *não* devem estar em contato com o quadro, posicionados ou sentados exatamente na linha inferior, ou, ainda, apoiados nas laterais do quadro ou alinhados de maneira precisa com elas. A linha inferior do quadro *não* deve cortar nas articulações de um ator (joelhos, cintura, cotovelos, ombros etc.). Em particular em closes, os atores têm de ser posicionados de modo que a linha do quadro corte *entre* as articulações do corpo. Em planos em movimento, deve-se tomar cuidado para que os atores venham para uma posição-chave com um enquadramento similar àquele usado para planos estáticos.

O enquadramento cuidadoso de planos em movimento – em que o tamanho da imagem dos atores varia no decorrer da cena – é simplesmente tão importante quanto compor planos estáticos. Em geral, o ator, objeto ou ação mais importante deve ser posicionado à direita. Se o ator dominante precisar ser posicionado à esquerda, ele deve ser favorecido na composição por meio da iluminação, da inclinação do corpo, do maior contraste ou separação do segundo plano ou por outros métodos. Num two-shot composto de maneira simétrica, cada ator dominará o plano em sua vez de falar. Se for desejável surpreender ou chocar o público, pode-se apresentar um novo ator pelo lado esquerdo. Isso fará que o espectador desvie a atenção abruptamente do lado direito para o esquerdo do quadro. O vilão ataca o herói pela esquerda do quadro, um objeto de cena importante ou uma ação significativa aparece subitamente do lado esquerdo da tela – aproximando-se, ou por meio do movimento da câmera – para ganhar atenção. Isso funcionará muito melhor se ocorrer durante uma trégua na ação, para que o público seja pego de surpresa.

Linhas condutoras devem diminuir para a direita, a fim de atrair o olho do espectador ao centro de interesse. Grandes massas posicionadas à direita, entretanto, podem *sobrecarregar* a imagem. Por exemplo, um ator importante pode estar à direita e olhar para o pico de uma grande montanha à esquerda. Se a imagem for invertida, ele ficará "perdido" à esquerda, e a montanha influenciará em excesso a composição. O fotógrafo precisa estar ciente dos méritos das várias posições no quadro para que possa conferir ênfase dramática da maneira mais conveniente.

TAMANHO DA IMAGEM

O espectador interpreta o tamanho de um objeto *desconhecido* numa imagem contrastando-o com um objeto de tamanho conhecido ou com o segundo plano, ou, ainda, por sua aparência em relação ao quadro. A experiência do espectador fornece uma escala mental pela qual ele julga o tamanho relativo de figuras ou objetos conhecidos a distâncias variadas da lente. Ele não tem como julgar o tamanho de objetos desconhecidos a não ser que tenha uma pista – por exemplo, por contraste com um objeto de tamanho familiar ou por sua relação com um segundo plano de dimensões conhecidas.

▼ A câmera abaixo da altura dos olhos e o posicionamento à frente faz que o índio guerreiro domine este plano. O foco seletivo também ajuda a prender a atenção do público.

Em filmes de ficção, é necessário manipular a altura de um ator protagonista para que ele possa olhar para baixo em direção a outros atores. Isso é obtido de maneira imperceptível – principalmente em planos médios ou closes –, fazendo que o ator suba num bloco ou posicionando-o à frente de outros atores e abaixando a câmera para que ele pareça mais alto. Às vezes, os diretores de arte de filmes de ficção desenham cenários *convergentes*, com *perspectivas forçadas* em que atores de altura mediana aparecem em primeiro plano e atores baixos, ou mesmo anões, são posicionados a distância. O olho é facilmente enganado pelo tamanho *aparente* dos objetos. O tamanho relativo, a distância, a perspectiva, todos podem ser distorcidos ou exagerados.[37]

Em filmes de não ficção, entretanto, normalmente o oposto se aplica. Deve-se evitar qualquer tipo de adulteração, mostrando o verdadeiro tamanho dos objetos. Filme ferramentas, instrumentos e máquinas com um operador em posição para mostrar seu tamanho proporcional. Se esses itens forem filmados em closes contra um segundo plano liso, combine-os com objetos de tamanho conhecido ou coloque uma mão em cena. Quando isso não for possível, posicione-os contra um segundo plano de dimensões familiares.

Independentemente de seu tamanho físico real, as imagens que *abarrotam* o quadro são consideradas maiores que aquelas pequenas em relação ao quadro. Um objeto minúsculo pode parecer enorme se for enquadrado de modo que suas extremidades quase toquem a extremidade do quadro. Um objeto grande pode parecer pequeno se for filmado com muito espaço ao seu redor. Uma montanha pode parecer majestosa se posicionada no alto do quadro, com pouco do céu sendo mostrado acima dela. Um número relativamente pequeno de pessoas, objetos ou máquinas pode parecer maior se ultrapassar o quadro, sugerindo que há outros desses elementos *fora* da imagem. Ver *menos* que o todo – quer sejam multidões, circuitos eletrônicos ou engrenagens de máquinas – dá a impressão de que a imagem inteira é demasiado vasta ou complicada para ser captada em sua totalidade. Se filmadas de um ângulo plongê, de modo que as pessoas transbordem a área enquadrada, um pequeno grupo de artesãos trabalhando pode sugerir uma grande organização. O mesmo efeito é obtido com poucos computadores, máquinas, arquivos etc.

Inclinando a câmera para cima, faz-se uma figura ou objeto parecer mais alto, particularmente se a imagem consistir de linhas paralelas verticais que tendem a convergir. O plano de um prédio alto filmado com uma grande-angular em contraplongê o tornará ainda mais alto. O plano subjetivo de alguém do ponto de vista de uma criança, em contraplongê, filmado de modo que ocupe todo o quadro, terá um efeito similar.

Os aspectos psicológicos do tamanho e da inclinação da imagem com relação ao quadro podem

---

37. Na cena final de *Casablanca*, o avião mostrado ao fundo é bem menor que seu tamanho real. Foram colocados figurantes anões em torno da aeronave para não alterar a ilusão de tamanho. [N. R. T.]

OS CINCO Cs DA CINEMATOGRAFIA

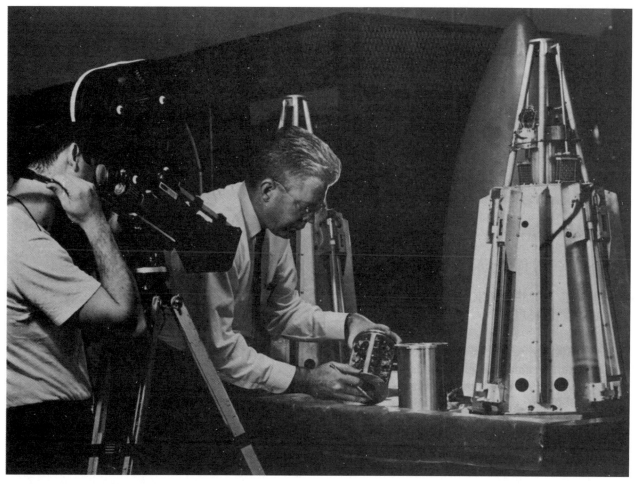

▼ Cientista espacial verifica os instrumentos e o circuito de telemetria de rádio antes de acoplar o equipamento na ogiva do míssil. Por meio da demonstração das ferragens durante o progresso das operações, a história não é interrompida por exibições estáticas.

gerar nos espectadores uma reação maior que aquela produzida unicamente por seu aspecto visual. Um grande plano geral, filmado de cima, de um pequeno grupo de pioneiros atravessando uma vasta paisagem escarpada retrata instantaneamente as agruras e privações suportadas num percurso longo e solitário. Esses planos são bastante usados em filmes de ficção, não só para alcançar variedade visual, como também para levar o público a um maior envolvimento na história, despertando emoções. Diretores de filmes de não ficção também podem empregar grandes planos gerais ou planos detalhe para obter efeitos dramáticos.

INTEGRE A COMPOSIÇÃO E OS ÂNGULOS DE CÂMERA

As imagens devem ser compostas com um ponto de vista bem definido em mente. Uma composição perfeita para determinado ângulo de câmera pode ser muito ruim quando vista de um ângulo oposto. Isso é especialmente difícil em filmes nos quais uma sequência ou uma série de planos são vistos de vários ângulos. A composição e o ângulo da câmera precisam, portanto, ser integrados, para que os atores e os elementos visuais sejam compostos de maneira correta conforme a câmera se desloca para filmar os vários planos que compõem a sequência.

Com frequência, uma boa composição para um plano geral funcionará bem em planos mais fechados, desde que não se altere drasticamente a posição da câmera. Se todos os planos numa sequência forem previamente alinhados durante o ensaio, ao aproximar a câmera do ator e filmá-lo de um novo ângulo não é necessário mudar a relação entre o ator e o segundo plano, O movimento do ator e/ou da câmera são de extrema importância ao integrar a composição e os ângulos de câmera, pois eles podem se mostrar úteis ou prejudiciais.

Uma excelente composição estática pode se tornar confusa conforme os atores ou a câmera se movimentam *durante* a ação, ou quando se muda drasticamente a relação entre o ator e o segundo plano de uma posição de câmera a outra. Por outro lado, os atores e/ou a câmera podem se movimentar em harmonia conforme a ação progride; assim, a cena é composta de maneira contínua e a relação entre o ator e o segundo plano, constantemente revisada, a fim de resolver quaisquer problemas de composição que possam surgir. Esse movimento planejado permitirá que os atores saiam de situações visualmente estranhas; desse modo, estarão devidamente alinhados quando a câmera se aproximar para filmar planos médios e closes. Ângulos laterais e closes sobre o ombro podem introduzir de repente luminárias de mesa, móveis ou outros objetos, desviando a atenção da ação principal ou misturando-se com as feições dos atores. Considere a possibilidade de manipular esses elementos ou removê-los por algum tempo.

A composição contínua, que mantém os atores devidamente enquadrados conforme eles se movimentam durante a cena, não é difícil de ser mantida. Entretanto, exige vigilância constante, para assegurar que: os atores estejam voltados para a direção correta em todas as ocasiões; a relação en-

▰ Mudar o ângulo da câmera do plano acima para a cena abaixo resulta numa composição melhor, em que se pode ver o rosto das mulheres e crianças. As mãos não estão ocultando o trabalho, e a estampa do tapete é mostrada com clareza. O ângulo lateral também resulta em linhas convergentes e figuras sobrepostas posicionadas em profundidade – em vez de ao longo da tela. ▰

tre o ator e o segundo plano seja agradável no plano visual; e as pausas nas principais posições estejam particularmente bem compostas. Isso fica mais fácil se os atores forem primeiro posicionados em *cada* posição-chave, com uma composição cuidadosa para obter o melhor efeito visual, e *depois* deslocados entre as posições.

OS CINCO Cs DA CINEMATOGRAFIA

▶ Deve-se, primeiro, compor os atores nas principais posições, para depois pensar nos deslocamentos entre elas.

▶ Linhas horizontais paralelas – como os trilhos desta ferrovia – parecem convergir no horizonte distante.

PERSPECTIVA

Perspectiva é a aparência de objetos conforme determinada por sua distância e posição relativa ou conforme influenciada pelas condições atmosféricas. Há dois tipos de perspectiva: linear e atmosférica.

PERSPECTIVA LINEAR

A perspectiva linear produz a *convergência* de *linhas paralelas* em qualquer plano a um certo ângulo do espectador. Linhas horizontais paralelas, como os trilhos de uma ferrovia, parecem convergir num ponto distante no horizonte. Linhas paralelas verticais, como as laterais de um edifício alto, parecem convergir se um espectador olhar para cima ou para baixo. A ilusão produzida pela perspectiva linear geométrica ajuda o espectador a julgar a distância de um objeto de tamanho conhecido. A aparência de profundidade e solidez de uma imagem depende muito da convergência linear, criada pela diminuição no tamanho de figuras e objetos conforme a distância aumenta.

PERSPECTIVA ATMOSFÉRICA

A perspectiva atmosférica consiste num *clareamento* e numa *suavização* graduais de objetos distantes ao ar livre, causados pela interferência de neblina. Embora as condições climáticas influenciem a perspectiva atmosférica até mesmo num dia limpo, a aparência de objetos distantes é governada pela quantidade de atmosfera através da qual o espectador, ou a lente da câmera, olha.

▶ Esta tomada inclinada do foguete Javelin apresenta uma composição interessante graças ao efeito de profundidade produzido por linhas convergentes.

▼ A perspectiva atmosférica confere um aspecto translúcido a esta cena agreste. Quanto mais distante, mais clara a folhagem, proporcionando um segundo plano suave para a figura mais nítida e mais escura da corça e das árvores.

COMO AUMENTAR OS EFEITOS DE PERSPECTIVA

As técnicas de encenação e os tratamentos de câmera a seguir podem ser usados isoladamente ou em combinação para aumentar os efeitos de perspectiva:

Escolha ângulos de câmera que retratem o maior número possível de planos ou facetas do objeto. Grave tomadas com dupla inclinação para que a frente, a lateral *e* o topo/base de um objeto sejam exibidos, a fim de comunicar maior solidez.

Escolha uma combinação de ângulos de câmera e distância focal da lente que produza a maior convergência linear *sem distorção*. Selecione a lente de *menor* distância focal (não necessariamente uma grande-angular) que filmará uma perspectiva linear realista com linhas convergentes para conduzir os olhos do espectador a pontos distantes da cena. Uma lente grande-angular extrema só deve ser usada para efeitos especiais, quando se desejar uma convergência maior que a normal.[38] A melhor representação dos atores e do cenário e o maior envolvimento

---

38. Uma grande-angular em 35 mm é a 9 mm. A lente 18 mm é normalmente uma angular. Ao se referir a uma lente de *menor* distância focal, o autor pode ter pensado na de 25 mm ou na de 32 mm. [N. R. T.]

▰ A perspectiva atmosférica confere profundidade a esta cena ao ar livre, porque a montanha distante está iluminada e mais suave em contraste com as árvores mais perto da câmera.

do público são obtidos quando a câmera é trazida o mais perto possível, para filmar a cena *sem* distorcer as imagens.

Posicione atores, objetos de cena, móveis e outros elementos de modo que eles se sobreponham *parcialmente*. A sobreposição comunica relações espaciais de maneira simples e eficaz. Figuras e objetos isolados podem estar a *qualquer* distância da câmera. O espectador consegue deduzir qual deles está mais perto quando tem conhecimento de seu tamanho. Uma vez que é difícil julgar o tamanho de objetos pouco familiares, posicionar objetos de tamanho incerto atrás de outros objetos – para que se sobreponham – fará que o espectador não tenha dúvidas sobre qual deles está mais próximo.

Desloque os atores e/ou a câmera para encobrir e revelar outros atores, objetos ou móveis no cenário. Faça que os atores se movam *entre* outros atores, e não na frente deles. Ou faça que os atores se movimentem *entre* móveis, luminárias, mesas ou outros objetos, ou *atrás* deles, para que, de tempos em tempos, sejam parcialmente cobertos durante seu percurso de uma posição a outra no cenário. Movimente a câmera para filmar através ou além de objetos em primeiro pla-

▸ A máxima convergência linear é obtida quando a câmera é centralizada em meio a uma série de linhas horizontais diminuindo a distância. Obtém-se profundidade sem distorção neste plano de um silo de mísseis subterrâneos...

no, conforme segue os atores ou se desloca pelo cenário. A sobreposição em movimento dessa maneira introduz *paralaxe dinâmica*, uma variação no percurso visual de objetos a diferentes distâncias da lente. Isso transmite ao espectador a posição e a distância de vários atores e objetos no cenário.

Desloque os atores ou veículos *aproximando-os* ou *afastando-os* da câmera, em vez de fazer que se movimentem *de um lado ao outro* da tela. Uma imagem que *aumenta* ou *diminui* de tamanho conforme se movimenta transmite uma sensação de profundidade espacial e distância. Uma imagem que se desloca ao longo da tela permanece do mesmo tamanho durante o percurso. Mesmo quando for necessário que um ator ou veículo atravesse a tela, tente inclinar ligeiramente a câmera, ou realize o movimento de modo que não esteja precisamente em ângulo reto com a lente. Sempre se esforce por comunicar uma mudança no tamanho da imagem – mesmo que seja sutil – para que o ator ou veículo se aproxime ou se afaste da câmera ao se movimentar pelo quadro.

OS CINCO CS DA CINEMATOGRAFIA

◤ ... e nesta cena de uma biblioteca de fitas magnéticas. Quanto maior a distância que os olhos do espectador precisam percorrer na cena, maior o efeito de profundidade. Para filmar este tipo de plano, a câmera deve estar centralizada, de modo que as linhas convirjam no centro da imagem.

Evite a filmagem com flatlight[39] em locações internas. Uma iluminação geral sem sombras produz uma imagem chapada, sem textura e plasticidade, impedindo a separação entre figuras e objetos. Utilize iluminação lateral, ou qualquer outra que produza áreas sombreadas que confiram representação tridimensional às figuras e ao cenário.

Ilumine uma cena interior de modo que a imagem apresente uma série contrastante de planos, com vários níveis de luz e sombra. Essa iluminação diferencial confere profundidade à cena e promove a separação entre os atores e o cenário. Ao filmar ao ar livre, tente incluir, no segundo plano, áreas distantes mais claras, para agregar perspectiva atmosférica. Um efeito similar pode ser alcançado em locações internas conferindo ao segundo plano uma iluminação um pouco "mais quente", a fim de levar o olho do espectador a pontos distantes do cenário.

39. Técnica de iluminação em que o objeto é iluminado de maneira uniforme, produzindo ausência de sombras e de volume. Obtêm-se imagens com pouco contraste ou profundidade de campo. [N. T.]

265

SEGUNDOS PLANOS

Produtores de filmes de ficção transportam elenco, equipes de filmagem e equipamentos por milhares de quilômetros para que as histórias possam ser encenadas contra segundos planos autênticos. Longas-metragens dramáticos usam segundos planos interiores e exteriores para favorecer a narrativa.

Em geral, os fotógrafos de não ficção que filmam em locações não aproveitam bem os segundos planos. Em muitos casos, estes são deliberadamente eliminados ou usados de maneira incorreta. Em fábricas, por exemplo, os segundos planos costumam ser ignorados porque a iluminação ou o som apresentam problemas técnicos; em locações externas, eles também podem ser tratados de maneira equivocada porque o diretor e/ou o fotógrafo não compreendem a importância de oferecer sustentação aos atores e às ações.

Sempre que possível, o segundo plano deve ser relacionado com o diálogo ou ação que está ocorrendo em primeiro plano, a fim de contri-

▼ A filmagem com dupla inclinação de câmera produz um padrão linear interessante nesta cena. O efeito é aprimorado pela semissilhueta do objeto em primeiro plano, pelos atores bem iluminados e pela iluminação em planos contrastantes.

▰ A fazenda em segundo plano torna esta cena imediatamente identificável para o público. Encene ações contra segundos planos que possam contribuir para o valor narrativo da atividade que está sendo retratada.

▰ Uma figura na lateral do quadro pode proporcionar uma composição simples em forma de L porque fornece uma vertical em combinação com uma base no solo. O soldado e a tenda em primeiro plano provêm uma moldura excelente para a cena distante do acampamento.

▰ Sempre que possível, a câmera deve filmar através dos objetos em primeiro plano, como este poço de petróleo. Esse tratamento agrega efeitos de profundidade e determina a atmosfera adequada.

▰ Encene ações em movimento de modo que estejam inclinadas em relação à câmera. Estes soldados correndo aumentam de tamanho conforme avançam em direção ao público.

buir para a história com atividade, autenticidade ou realismo. Na fábrica, podem-se filmar pessoas com máquinas em segundo plano; na fazenda, elas podem ser filmadas contra plantações crescendo; os filmes de voo podem ter atividades no aeroporto em segundo plano. Devem-se escolher os ângulos de câmera e encenar a ação para que os atores se movam contra segundos planos que expliquem a atividade particular, quer seja uma jazida de petróleo, uma fábrica de aço gigante, um parque de diversão, uma linha de montagem ou uma colheita de trigo. Assim, as ações em primeiro plano relacionadas com o segundo plano fornecem mais contexto, agregam interesse visual e fazem o espectador sentir que *está lá*.

Documentários filmados em locações reais podem ser mais eficazes se for dada a devida consideração aos segundos planos na narrativa. Encontrar locais adequados para realizar a ação agregará realismo, respaldando os atores com o maquinário, a atividade ou o cenário disponíveis. O segundo plano deve lembrar constantemente o espectador, ainda que de maneira sutil, de que a história está acontecendo na orla, numa fábrica de aço ou usina nuclear.

Os segundos planos são tão importantes em locações internas quanto externas, e devem ser examinados com cuidado em interiores onde se opte por encenar a ação. Por exemplo, não é adequado filmar uma sequência com a sincronização sonora de uma produção de fábrica numa área tranquila contra um segundo plano discreto. Esse tratamento desvia a atenção da narrativa, em vez de contribuir com ela. Assim, perde-se o verdadeiro significado da filmagem em locação. Não é suficiente filmar planos gerais do cenário real e então recorrer a cenários neutros para filmar o cerne da história – simplesmente porque é mais fácil fazer dessa forma. Essas cenas podem ser filmadas *em qualquer lugar*. Não há necessidade de realizar viagens caras para o local se os planos posteriores forem filmados contra paredes, árvores ou o céu.

Em certas ocasiões, é melhor isolar os atores contra o céu ou outro segundo plano discreto, se a ação ou o diálogo demandarem a concentração do espectador, sem elementos que causem distração. Isso se torna cada vez mais importante conforme a câmera se aproxima, e um pequeno grupo de atores, ou mesmo um único ator, deve comandar a atenção total do público. O segundo plano nunca pode ser mais interessante que a ação ou diálogo do ator, ou roubará a cena. O segundo plano deve ser equilibrado com o primeiro plano, permanecendo em seu lugar *atrás* da ação. Não deve interferir com os atores ou a ação em primeiro plano, ou de alguma forma distrair o público devido a sua composição, seu movimento ou sua cor.

Os atores precisam ser posicionados de modo que exista uma separação distinta entre a ação em primeiro plano e o segundo plano. Uma figura ou objeto de tom ou cor similar, confundindo-se com o segundo plano, achatará a imagem. A separação e o isolamento por meio de efeitos de iluminação, tons contrastantes ou cores distintas é extremamente útil. Isso é bastante importante em closes, em que o rosto do ator deve se destacar do segundo plano. Geralmente, movendo a câmera alguns centímetros mais para cima, mais para baixo ou para um dos lados, consegue-se uma relação melhor com o segundo plano, evitando que uma linha ou forma indesejadas atravessem o corpo ou a cabeça de um ator, ou removendo a extremidade de um objeto ou uma pequena porção de uma lu-

▼ Encene a ação e escolha os ângulos de câmera permitindo a filmagem através de objetos em primeiro plano. Os atores devem se movimentar entre outros atores, ou mesmo atrás deles, e parar em posições que os apresentem sobrepondo-se uns aos outros. Compor em profundidade e encenar a ação dessa maneira apresentará os atores, o cenário e os objetos com uma aparência sólida e tridimensional.

minária, uma janela ou algum outro elemento perturbador. Qualquer objeto em movimento ou que, de alguma forma, cause distração, ou atividade chamativa que possa atrair atenção injustificada, deve ser eliminado.

MOLDURAS

Uma moldura pode consistir de qualquer elemento visual em primeiro plano que cerque a imagem parcial ou completamente. As molduras podem ser: arcos, janelas, toldos, portas, postes de luz,

▼ Ramo de árvore prolongado fornece moldura visual em primeiro plano para os atores cavalgando.

▼ Uma moldura interior — como esta janela — pode ser usada para retratar uma cena exterior.

▼ Palmeira em primeiro plano emoldura edifício distante e também sugere clima cálido.

campanários, placas de sinalização, portinholas, grelhas de ferro, cercas, alpendres, colunas, pontes ou uma porção de um objeto maior, como a asa de um avião, um ramo de árvore ou um tubo de canhão. A moldura fornece um elemento visual em primeiro plano, contém a ação e evita que os olhos do espectador escapem da tela.

A moldura não deve ser composta de maneira igual em todos os lados, a não ser que seja redonda ou absolutamente simétrica. Molduras são muito mais fotogênicas se filmadas de um ângulo de 45°, em vez de frontal. Um ângulo sutil mostrará a profundidade da moldura, agregando solidez e evitando uma aparência de papelão recortado. A iluminação em crosslight[40], ou mesmo completamente em backlight[41], acentuará o efeito enviando à câmera uma iluminação radiante, que repete o contorno da moldura em primeiro plano. Isso também cria longas sombras, dando profundida-

---

40. Crosslight, ou iluminação cruzada, é uma técnica de iluminação em que se usam dois pontos de luz, um deles para iluminar o objeto em primeiro plano em uma direção e o outro para iluminar o segundo plano na direção oposta. [N. T.]

41. Backlight, ou contraluz, é uma técnica de iluminação em que a principal fonte de luz incide por trás do objeto, o qual é, assim, visto em silhueta. [N. T.]

de ao cenário. O uso de backlight também ilumina as extremidades da moldura e, ao contorná-la, separa-a da perspectiva mais distante. Isso confere um caráter luminoso e etéreo à folhagem e a outros objetos translúcidos. A própria moldura pode, frequentemente, agir como um filtro – para proteger as lentes dos raios diretos do sol.

CARACTERÍSTICAS DA MOLDURA

A moldura precisa ser adequada e não deve desviar a atenção do objeto principal. Determinar a moldura correta não é difícil. Em geral, molduras erradas são criadas artificialmente. Manter uma moldura apagada pode, muitas vezes, causar problemas. Evite molduras elaboradas, que causem distração. O *objeto* é a imagem, a moldura é apenas um recurso da composição.

É NECESSÁRIA UMA SEPARAÇÃO DISTINTA DA MOLDURA

Deve haver uma separação distinta entre a moldura, o objeto principal e o segundo plano. A mistura causada por valores tonais, cores ou efeitos de luz similares destruirá a separação necessária para um efeito visual distintivo. Uma moldura não deve ser filmada com frontlight[42] uniforme, ou incluirá os mesmos valores tonais que a cena principal, misturando-se a ela. Molduras devem ser filmadas em silhuetas, semissilhuetas ou sombras parciais. Se o uso de frontlight for inevitável, ou desejável para obter cor, use um ramo de árvore ou um "cookie"[43] para agregar um padrão de sombra e, assim, dividir e atenuar a área da moldura. Um ator em primeiro plano, de perfil ou olhando para dentro da cena, agregará o

42. Frontlight, ou iluminação direta, é uma técnica em que a principal fonte de luz situa-se atrás da câmera, iluminando diretamente o objeto sendo fotografado. [N. T.]

43. Ou "Kook", peça de metal, madeira ou plástico que, colocada em frente à fonte de luz, rebate-a em várias direções. Trata-se de um "rebatedor". [N. R. T.]

▼ A parte de baixo deste píer forma uma moldura excelente para o barco atracado.

▼ Estreitar a largura da tela com a moldura de uma porta produz um efeito confinador para comunicar os sentimentos da mulher mais jovem em relação a seu marido enfermo.

elemento humano e conduzirá os espectadores em direção à ação principal.

Quadros em primeiro plano parcialmente iluminados fucionam melhor em cores do que em branco e preto. Uma moldura em silhueta parcial conterá tons subexpostos azulados e suaves, que oferecem pouco contraste de cor com um objeto e um segundo plano expostos corretamente a uma luz morna. A exposição deve ser baseada no objeto principal – e não na moldura.

OS CINCO Cs DA CINEMATOGRAFIA

Entrada de armazém emoldura operação de carregamento de navio.

MOLDURAS PARCIAIS

Na ausência de uma moldura completa, use uma moldura parcial, que consiste no topo e em um dos lados. Não inclua parte de um ramo de árvore ou de outro objeto. Uma moldura deve mostrar uma relação sólida com a cena, não meramente pender no espaço. Uma parte muito pequena de uma moldura pode incomodar os espectadores se eles não forem capazes de deduzir o que é.

Molduras parciais são um ótimo recurso de composição para dividir uma grande porção de primeiro plano vazio, ou céus vazios. Uma parede baixa ou uma sombra projetada por folhas de árvores, sugerindo a presença de uma árvore na lateral, podem melhorar a cena de uma calçada palidamente iluminada pelo sol. Em certas ocasiões, outros objetos de cena serão úteis, como rodas de carrinhos, partes de toldos, treliça e grelhas.

FOCO DA MOLDURA

As molduras devem ser nítidas. Um objeto em primeiro plano fora de foco, que ocupe uma parte importante da imagem, pode ser muito perturbador. Dividindo o foco, ou usando a configuração de distância hiperfocal, tanto a moldura quanto o objeto principal são retratados com igual nitidez. Uma moldura *ligeiramente* fora de foco é permitida, desde que o quadro esteja subexposto ou em silhueta. Uma vez que tem uma profundidade de campo muito maior que uma objetiva convencional, a lente grande-angular se mostrará útil. No entanto, uma teleobjetiva[44] pode, às vezes, ser necessária, a fim de filmar uma moldura próxima em primeiro plano e aumentar objetos mais distantes. Se o objeto for muito pequeno em relação à própria moldura, pode-se fazer que ele pareça maior afastando a câmera, usando uma lente de distância focal maior e filmando o quadro em tela cheia com imagens relativamente grandes do objeto principal.

MOVIMENTO DA MOLDURA

Evite molduras que se movimentem de maneira impetuosa – como ramos de árvore sob um vento forte, toldos agitando-se ou folhas dançando –, pois elas podem desviar a atenção do assunto principal. O movimento de câmera *aproximan-*

Cauda de avião-cisterna proporciona moldura para plano geral de avião. É mais fácil compor objetos com silhueta longa e baixa – como jatos – com a ajuda de uma moldura em primeiro plano, que cobre o excesso de céu.

---

44. Lentes em 35 mm, do tipo 100 mm ou mais. Às vezes, dependendo da distância do objeto e da câmera, lentes de 70 mm ou 80 mm são só teles. [N. R. T.]

A haste de metal e a mangueira – para soldar trilhos de aço – são uma ótima moldura para a colocação de trilhos.

do-se, afastando-se ou indo *de um lado a outro* da moldura é permitido, desde que esta permaneça estática. Um movimento panorâmico ou dolly a um ritmo lento, terminando numa moldura bem composta conforme a câmera se posiciona lentamente, acompanhando a ação em movimento, é muitíssimo eficiente. Um dolly pode recuar em trilhos ou pneus e atravessar uma porta ou arco para emoldurar a cena. Uma câmera em movimento, acoplada a um carro ou trem, pode emoldurar a entrada de um túnel distante, que gradativamente se torna maior, revelando cada vez mais da vista até que a cena emoldurada por fim se revela. Uma panorâmica passando por uma moldura com verticais marcantes próximas da câmera pode resultar em um efeito entrecortado e incômodo.

AS MOLDURAS PODEM AJUDAR A NARRATIVA

A asa e o trem de aterrissagem de um avião gigante – emoldurando os passageiros a bordo – instantaneamente comunica uma viagem rápida a lugares distantes. Uma ponte – emoldurando uma cidade distante – leva o público através de uma extensão de água, ao cerne de uma cena. Um deque coberto com toldos emoldura um porto acolhedor enquanto um navio aporta. As silhuetas de chaminés de fábricas soltando fumaça – emoldurando uma grua balançando ao longe – sugerem a existência de indústrias. Um ramo longo projetando-se sobre a cena, junto com uma cerca branca – emoldurando um cenário de fazenda – denota uma tranquila atmosfera campestre. Um arco, emoldurando uma antiga missão espanhola, retrata a arquitetura do velho mundo tanto num close quanto num plano geral. Uma série de arcos, desaparecendo a distância, cria um ritmo agradável por meio de linhas repetitivas diminuindo, o que proporciona uma marcante perspectiva linear convergente e um aspecto tridimensional.

COMPOSIÇÃO DINÂMICA

A composição dinâmica, em que elementos visuais contundentes evocam uma mudança *súbita* numa configuração estática, deve ser usada quando se desejam efeitos abruptos ou surpreendentes. Dessa maneira, cenas tranquilas ganham vida e elementos imóveis, de uma hora para outra, tornam-se dramaticamente ativos. Uma cena distante e tranquila pode ser interrompida por uma figura ou objeto próximo aparecendo, despencando, correndo ou balançando pelo quadro. Esse efeito surpreendente de composição é um clássico em filmes de bangue-bangue, em que muitos índios subitamente aparecem detrás de rochas.

Veículos podem ser usados de muitas maneiras em composições dinâmicas: um automóvel pode entrar numa estrada rural pela lateral do quadro, um caminhão pode assomar na imagem, a toda velocidade, pela base do quadro, um avião pode entrar na imagem aos solavancos pelo topo do quadro e quicar numa tranquila pista de pouso ao

▼ A cena de uma rua pacata pode ser abruptamente interrompida por um bonde entrando no quadro.

afastar-se ruidosamente da câmera. Uma vista pacífica e distante emoldurada por um campanário pode estarrecer os olhos e os ouvidos do público, num close, enquanto o sino aparece balançando e soando de maneira ruidosa. Um plano geral de torres de perfuração de petróleo pode ser subitamente interrompido por um close da haste da bomba assomando no quadro. Composições dinâmicas são muito eficientes quando o público é encorajado a se concentrar primeiro numa cena quieta e *distante* por um ou dois segundos; então, o objeto ou veículo em movimento entra em cena próximo à câmera. Um tratamento desse tipo deve ser usado com muito critério, limitando-se a situações dramáticas devidamente motivadas. Uma passagem longa e calma pode ter adormecido o público complacente, que agora necessita um recurso cinematográfico vigoroso e surpreendente para reconquistar sua atenção.

COMPOSIÇÃO DE SUSPENSE

A composição de suspense – em que ações importantes estão ocultas, ausentes ou são prolongadas devido à forma pela qual são encenadas – é um valioso recurso narrativo. Enquanto o vilão se move atrás de uma pilha de caixas a fim de saltar sobre o herói, ao público é mostrada apenas uma lenta panorâmica das caixas, com nenhuma indicação de onde a ação está prestes a ocorrer. Ou, uma vez que a pista de decolagem é muito curta, um avião de resgate decola e baixa num vale para ganhar velocidade de voo. Um plano desse tipo pode ser filmado de trás, de modo que a aeronave decole e despenque do quadro. Por alguns segundos agonizantes, o público vê o céu vazio. Então o avião sobe, voltando a ser visto.

Variações do uso da tela vazia para criar suspense podem ocorrer numa sequência de luta entre dois homens armados. Eles caem para fora do quadro enquanto lutam, mas a câmera não acompanha a queda – permanece no quadro *vazio* por alguns segundos. Então, ouve-se um tiro. O público é mantido em suspense até que o vitorioso se levanta. O suspense é prolongado no clássico plano em que a heroína está indecisa sobre subir ou não no trem e abandonar o herói. A câmera é deslocada para o lado oposto dos trilhos, e o trem inteiro passa antes que o público venha a ser informado da decisão da moça, por meio de sua presença ou ausência na plataforma.

Um filme industrial pode manter o público em suspense ao mostrar matérias-primas entrando no alimentador de um equipamento e seguindo o processo de fabricação, de modo que o produto é mantido secreto até que surge acabado. Empregam-se ângulos de câmera para manter secreta a identidade de um cenário, como um local de aparência estrangeira numa cidade americana – até que se revele como uma surpresa.

Sempre que o suspense der o tom da sequência, todos os métodos possíveis de lidar com o tema devem ser considerados, para que o público seja mantido em dúvida por tanto tempo quanto se desejar. Uma simples mudança no ângulo de câmera, o movimento do ator ou uma encenação pouco convencional geralmente são tudo que se necessita.

IMAGENS DE CATÁLOGO

Imagens de catálogo, planos de ferramentas, máquinas, pacotes, instrumentos – isolados ou em grupo – aparentemente desobedecem às leis da boa composição. Diretores de filmes de não ficção, em particular produtores de filmes industriais, militares e de treinamento, têm de lidar com leiautes do tipo catálogo representando a parafernália envolvida em montagens, consertos ou outros trabalhos. Em planos similares consistindo em grupos de prédios, equipamentos de teste de engenharia, leiautes de laboratórios, filas de mesas de desenho, linhas de máquinas, painéis de controle e vários outros objetos, pode não existir um *único* centro de interesse.

Planos de catálogo não precisam ser filmados com câmera fixa. Eles podem ser feitos por meio de um movimento panorâmico, dolly, zoom ou outros, e devem ser inseridos sem interrupção no fluxo do filme. Uma imagem da operação de um torno revólver não deve parar subitamente para mostrar um plano estático de catálogo dos acessórios necessários para realizar determinada tarefa. Os equipamentos necessários têm de ser mostrados no decorrer do trabalho.

Há ocasiões, entretanto, em que um ou mais objetos devem ser posicionados e fotografados para lembrar as fotografias em um catálogo impresso. Em vez das apresentações-padrão de catálogos comerciais, linhas e formas que causem um impacto estético ou emocional no espectador resultam em planos melhores e mais agradáveis. Muitas vezes, compõe-se um único centro de interesse formando um padrão. Por exemplo, pode-se filmar um grupo de tornos mecânicos num ângulo plongê, para que eles formem uma repetição rítmica de linhas diagonais sugerindo ação, propósito, urgência. As linhas, nesse caso, devem ir de baixo para cima e da esquerda para a direita, para conferir um espírito *ascendente* de realização. Se percorressem um padrão oposto, de cima para baixo e da esquerda para a direita, o efeito seria deprimente.

Não se devem descartar as regras de composição sem considerar seriamente as várias formas em que os itens podem ser posicionados. Uma embalagem deve estar voltada para o interior da cena, em direção ao centro do quadro, e, ao mesmo tempo, levemente voltada para a câmera; e inclinada de modo que as partes frontal, lateral e superior sejam vistas. Três embalagens podem ser posicionadas para formar um triângulo. Ferramentas, caixas, latas, engrenagens e peças pequenas podem ser agrupadas em formas de composição, como triangulares, circulares, ovais ou várias combinações de L. Os itens podem ser alinhados em diagonais, em vez de em linha reta pelo quadro. Também se pode compor dois planos consecutivos, um de frente para o outro em

▼ Linhas diagonais e circulares podem ser usadas para compor objetos para exibição. Pares de planos de objetos similares devem ser filmados em padrões de composição opostos.

OS CINCO Cs DA CINEMATOGRAFIA

� Neste posto de comando de voo SAC B-52, os comandantes estão voltados para dentro numa composição circular simples – para reforçar seus objetivos em comum.

diagonais opostas, empilhar itens em pirâmides ou agrupá-los em formas ovais ao redor de um objeto central. Sempre que possível, filme em dupla inclinação de um ângulo ligeiramente lateral, em vez de exibir grupos de objetos de maneira frontal. Imagens com equilíbrio informal ou formal que comunicam uma sensação de unidade, em vez de um efeito disperso, são melhores.

Ao filmar uma série de imagens estampadas para uma sequência de montagem, as principais considerações do fotógrafo devem ser a disposição dos vários planos em composições opostas para comunicar mais vigor, conflito ou contraste.

Um alinhamento diagonal voltado para a esquerda pode ser oposto por outro voltado para a direita; um ângulo plongê por um contraplongê etc. Recomenda-se, se o tempo e o orçamento permitirem, filmar essas cenas de ambos os modos. Com essa precaução, o editor do filme tem a chance de escolher entre direita e esquerda, plongê e contraplongê, ou um movimento de câmera em qualquer direção. Normalmente, um plano panorâmico, dolly ou tilt pode ser oposto por um plano similar na direção contrária. A ordem em que os planos são usados é uma decisão que cabe ao editor.

▸ Uma série de objetos similares deve ser alinhada em diagonal – em vez de paralela a um dos lados do quadro – para que se obtenha um plano mais dinâmico.

▸ Um personagem dominante consolando alguém desolado é mais bem composto com a cabeça apoiando-se no ombro para formar uma composição piramidal.

VARIEDADE DE COMPOSIÇÃO

Variedade é o ingrediente das composições cinematográficas. Um filme deve manter a unidade de estilo ao integrar seus elementos técnicos, estéticos e psicológicos. Ao mesmo tempo, deve apresentar uma variedade de composições, ângulos de câmera e tamanhos de imagem, para que os atores e cenários não sejam retratados de maneira monótona. Tratamentos similares na composição de vários cenários ou encenações, movimentos de atores ou de câmera similares precisam ser evitados.

O fotógrafo pode facilmente cair numa armadilha, em especial em filmes de baixo orçamento e

▸ Um ator dominante pode ser centralizado numa composição em raras ocasiões, como na cena acima, em que a cabeça da garota funciona como um centro e os olhares dos atores ao redor irradiam em sua direção.

▸ Posicione os atores em profundidade – e não de um lado ao outro do quadro – para que os espectadores sintam que estão no meio do cenário, e não observando o acontecimento de longe.

OS CINCO Cs DA CINEMATOGRAFIA

▼ Este three-shot forma um triângulo em profundidade. É basicamente um two-shot – com o juiz distante, em segundo plano, formando o ápice do triângulo.

▼ Inclinar a câmera ao filmar esta operação de conserto do motor de um jato – em vez de filmar frontalmente – cria linhas convergentes.

com cronograma apertado. Ele pode ser tentado a seguir uma rotina de composição e tratamento fotográfico convencional – seguro, fácil de manusear e, uma vez que vem sendo repetido há muito tempo, aparentemente eficaz. Um tratamento um pouco diferente, sempre que possível, aumenta o interesse do público.

COMPONHA EM PROFUNDIDADE

Crie composições em profundidade, em vez de simplesmente posicionar os atores ou objetos *ao longo* da tela e equidistantes da câmera. Use todos os recursos úteis de profundidade para construir uma ilusão tridimensional na tela plana, bidimensional, do filme. Filme com dupla inclinação da câmera. Posicione vários atores pelo cenário, de modo que se sobreponham. Movimente os atores e a câmera para a frente e para trás, aproximando-os e afastando-os do espectador. Escolha ângulos de câmera e lentes que produzam linhas convergentes e efeitos interessantes de perspectiva – iluminação em planos contrastantes, com menos luz nos objetos em primeiro plano – para conseguir um efeito

de silhueta ou semissilhueta. Filme cenários com profundidade sempre que possível, para que um segundo plano distante possa ser visto.

Use molduras ou partes do cenário em primeiro plano, de modo que a câmera filme *através* dos objetos, para filmar os atores e suas ações numa distância média. Selecione segundos planos interessantes que estejam em conformidade com as ações dos atores e lhes ofereçam sustentação. Posicione a câmera entre o cenário, os atores e a ação, em vez de recuá-la e simplesmente observar a distância. Evite filmar atores ou objetos através de espaços vazios e desobstruídos como se fossem alunos do ensino fundamental posando para uma fotografia da turma. Disponha os atores, os objetos e os elementos do cenário de modo que tanto a frente quanto a lateral sejam vistos, e não apenas a frente *ou* a lateral. Integre a composição e os ângulos de câmera para que os atores e sua relação com os arredores e o segundo plano sejam bem compostos em todos os planos da sequência. Use a intuição e a imaginação.

Esforce-se por superar toda tendência a restringir a profundidade por ser mais fácil de ilu-

 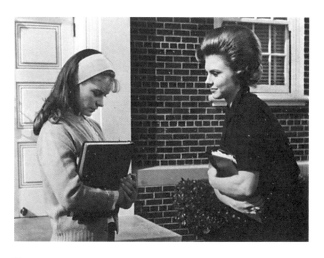

▸ Embora estas cenas – caças a jato, acima, e rodas de trem, abaixo – retratem objetos diferentes, elas têm um aspecto em comum. Ambas são compostas em profundidade, com padrões circulares repetidos diminuindo a distância. ◂

▸ Two-shots de perfil não têm profundidade porque os objetos são filmados frontalmente, acima, e exibem pouca plasticidade ou volume. O close sobre o ombro, abaixo, apresenta as atrizes em profundidade, com a atriz em primeiro plano sobrepondo a atriz ao fundo. ◂

minar, colocar em foco e encenar a ação numa área limitada. *Sempre* pense em profundidade. Evite usar ângulos chapados, flatlight e movimentos de um lado ao outro da tela, assim como posicionar os atores e realizar a ação de maneira alinhada e equidistante ao longo da tela. Lembre-se de que a profundidade na tela começa com a composição; e é aprimorada pelos ângulos de câmera, que produzem efeitos sólidos tridimensionais.

SIMPLICIDADE

O segredo da boa composição pode ser explicado em uma palavra: *simplicidade*. Uma composição complicada ou carregada, ainda que obedeça a todas as regras da boa composição, não será tão efetiva quanto uma simples. Simplicidade não implica austeridade. Uma composição simples é econômica no uso de linhas, formas, massas e movimentos; tem apenas um centro de interesse; tem

*Grande plano geral – retratando a vastidão do cenário – diminui estes cavaleiros contra o terreno árido e acidentado e o segundo plano montanhoso.

um estilo unificado que integra, de maneira harmoniosa, os ângulos de câmera, a iluminação e os valores tonais e de cor.

Para saber se uma composição é boa, verifique se algo pode ser *removido* da imagem sem destruir sua eficácia. Todo elemento no quadro desnecessário à narrativa atrai indevidamente a atenção do público. Esses elementos visuais que causam distração podem roubar a cena. Uma composição simples é imediatamente reconhecida e assimilada pelo público. O espectador não deve precisar explorar a área enquadrada para descobrir o significado do plano. Isso é de extrema importância em filmes, os quais são uma série de cenas individuais. Alguém pode estudar uma fotografia até que tenha certeza de que a compreende. Uma cena num filme aparece por um tempo limitado, e depois é removida. Composições confusas ou intrigantes irritam o espectador e podem fazer que ele perca o interesse.

A simplicidade não depende do número de elementos cênicos ou da área incluída na imagem. Um plano que retrate meia dúzia de objetos sobre a mesa pode apresentar uma composição carregada, enquanto um grande plano geral de um exército avançando pode comunicar uma unidade de força e poder imediatamente reconhecível, graças a sua simplicidade. Se for necessário fotografar um grande número de elementos, eles devem ser agrupados de maneira harmoniosa na composição.

CONCLUSÃO

Pense na composição como a disposição agradável de atores e objetos no cenário, ou como uma divisão de espaço. Não se deixe intimidar pela composição. Familiarize-se com as várias características de linhas, formas, massas e movimentos. Considere os pesos da composição para equilibrar o quadro de maneira adequada. Compreenda as diferenças entre o equilíbrio formal e o informal, e quando usar cada um deles para obter uma reação adequada do público. Lembre-se de que o espectador deve ser afetado tanto visual quanto psicologicamente. Nunca permita mais de um centro de interesse na tela de uma vez, a não ser que se deseje um efeito perturbado ou disperso. Enquadre atores ou veículos em movimento com cuidado, para que eles sempre estejam na direção correta. Considere todos os ângulos de câmera necessários para filmar a sequência inteira ao compor a cena máster, não apenas o plano geral. Use efeitos de perspectiva. Componha em profundidade para uma aparência tridimensional. Use molduras em primeiro plano para aprimorar a composição, e tenha certeza de que elas são adequadas e não desviam a atenção do assunto principal. Use segundos planos conectando-os à ação principal. Considere o movimento do olhar dos espectadores de um plano a outro. Busque a variedade visual, mudando sempre os efeitos da composição. Elimine adornos, truques e arranjos complexos.

Para ter composições interessantes, faça da simplicidade um lema.

◤ A conquista humana do céu é retratada de maneira simples nesta cena de aeronaves sobrevoando uma montanha coberta de neve.

ÍNDICE REMISSIVO

A

Ação
  como retratar............... 62-4
  controlada 88
  corte durante a 175-6
  não controlada 88-9
  tipos de 88
Ação controlada 88
Ângulo do objeto 42-4
Ângulo oblíquo ou holandês 56-9
Ângulos contraplongê 50-3
Ângulos contrastantes 60
Ângulos de câmera
  ver Câmera: ângulos
**Ângulos de câmera
problemáticos** 74-6
**Ângulos de câmera
progressivos** 59-60
Ângulos de câmera repetitivos 60
Ângulos planos 44-6
Ângulos plongê 46-50
Associando olhares 128-30
  através de portas 115
  cena máster 135-7
  com atores em movimento 134-7
  com câmera em movimento 135-7
  com um único ator 137-40
  contraplanos 151-3
  em curvas 112-4
  em esquinas 114-5
  grupo ao redor da mesa 148-9

locutor e público 140-5
material de arquivo 149-50
olhar neutro 132-4
Área fotografada 59-60

C

Câmera
  age como se fosse o olho de
    um público oculto 26-7
  age como se fosse o olho
    do espectador 20
  movimentos de 187-8
  planos de cobertura 188-90
  posições para closes 221-2
  troca de lugar com a pessoa
    no filme 21-2
  uma *versus* várias 90
  uma 89, 91, 93
  várias 89-90, 92, 94
Câmera: ângulos 17-77
  ângulo plongê 46-50
  área 59-60
  closes 40
  como integrar com a
    composição 259-60
  como utilizar 59-69
  contrastantes 60
  fatores estéticos 69
  fatores naturais 73
  fatores técnicos 70
  inserts 40
  objetivos 20
  para material impresso 74

  para placas 74
  ponto de vista (pov) 29-31
  progressivos 60
  repetitivos 60
  requisitos de cena 69-74
  tamanho do objeto 31-42
  tipos de 20-31
  grande plano geral 33-4
  plano geral 34-5
  plano médio 35-7
  planos descritivos 40-2
  ângulo do objeto 42-4
  altura da câmera 44-6
  ângulo plano 44-6
  ângulo contraplongê 50-3
  dupla inclinação 53-6
  ângulo oblíquo ou holandês 56-9
  pontos de vista 60-1
  como escolher área
    e ponto de vista 61-2
  como retratar 62-4
  como mudar 64-9
  fatores psicológicos 70-1
  fatores dramáticos 71-2
  fatores editoriais 72-3
  fatores físicos 73-4
  problemáticos 74-6
  subjetivos 20-9
Câmera objetiva 20
Câmera ponto de vista 29-31
Câmera subjetiva 20-9
Cena, plano e sequência 19-20
Cena máster 89-94
  com uma câmera 89, 91, 93

281

com várias câmeras 89-90, 92, 94
desvantagens................................93-4
para ação ensaiada 88
para ação não controlada...........88-9
vantagens 90-3
versus técnica de ação
  justaposta 100-1
Centro de interesse..................247-52
como alterar/atrair 250-2
como posicionar 248-9
foco seletivo................................ 252
iluminação, valores tonais
  e cores 251-2
posição, movimento, ação
  e som 250-1
Closes..199-225
ângulos de câmera................214-20
close médio ou plano
  próximo 200-1
como posicionar ator em 220
cut-away 209-12
cut-in 203-19
de abertura de sequência 223
de cabeça e ombros 200-1
de reação 118-19, 192-3
do rosto 200-1
escolha do 212
extremos ou planos detalhe 201
movimento de cabeça 220
movimento do ator para dentro
  e para fora de 220
olhar em................................. 213-4
para ampliar uma ação em
  pequena escala....................... 206
para ator seguindo ação
  em movimento 118
para distrair o público 207
para eliminar elementos
  supérfluos 206
para enfatizar partes importantes
  da narrativa 206
para isolar um tema importante ... 206
para substituir uma ação oculta ... 207
para transições 223-5
para transmitir uma elipse
  de tempo 206
posições de câmera 221-2
repetitivos................................... 218
ritmo em 221
segundo plano para 222-3
sobre o ombro 201-3
superclose 200-1
tamanho da imagem 214-20
tamanho do 200-3
tipos de 203-12
Closes cut-away 209-12
como usar................................210-1
objetivos 209
para apresentar a reação de
  atores fora de cena 210
para comentar o fato
  principal 210-1
para distrair o público 211
para indicar aos espectadores
  como eles devem reagir........... 210
para motivar uma sequência 211
para substituir cenas agressivas
  ou difíceis de retratar 211
ponto de vista............................. 209
subjetivos.................................... 209
Closes cut-in............................ 203-9
como usar................................ 206-7
objetivos 204
para ampliar uma ação em
  pequena escala 206
para enfatizar partes importantes
  da narrativa 206
para substituir uma ação oculta.... 207
para transmitir uma elipse
  de tempo 206
ponto de vista.......................... 204-6
sobre o ombro 204
subjetivos.................................... 204
**Closes extremos ou planos
  detalhe** 201
Composição................................227-80
centro de interesse....................247-52
com número ímpar de atores 244
como compor em
  profundidade 277-8
como integrar com ângulos
  de câmera 259-60
de suspense 273-4
dinâmica.................................. 272-3
e corte 182-3
equilíbrio formal ou simétrico .. 242-3
equilíbrio informal ou
  assimétrico........................... 243-4
forma....................................... 233-5
imagens de catálogo 274-5
imagens estática *versus*
  cinematográficas................... 228-9
linguagem de..........................230-9
linhas 231-3
massa 235-6
molduras 269-72
movimento do olho 252-6
movimentos 236-9
o que fazer e o que não fazer....246-7
perspectiva 261-5
regras 229-30
segundo plano 222-3
simplicidade............................278-9
tamanho da imagem 257-9
tipos de equilíbrio...................242-4
unidade...................................245-6
variedade..............................276-7
Continuidade............................79-167
ação controlada 88
ação justaposta 94-100
ação não controlada 88-9
cena máster *versus*
  ação justaposta.....................100-1
cena máster 89-94
determinando a direção............101-2
direcional dinâmica.................102-8
direcional estática...................126-55
e corte 181-2
em tempo condicional 85-6
em tempo futuro 84-5
em tempo passado................... 82-4
em tempo presente 81-2
geográfica 120
recursos de transição 156-66
tempo condicional................... 85-6
temporal e espacial................. 80-7
tipos de ação 88
unindo tempo e espaço............. 156
Contraplanos.......................... 41, 60,
71, 118, 123, 140-1, 149, 151-5, 201
Corte...............................169-97
de compilação 171-4
de continuidade..................... 175-7
determinando a duração de
  planos com câmera móvel ... 185-7
durante a ação.........................180-1
e composição 182-3
e continuidade 181-2
e fluxo de som 192-3
fusões...190
montagem paralela.................177-80
movimentos de câmera
  imprecisos...............................187-8
planos com câmera fixa e planos
  com câmera móvel................183-5
planos de cobertura................188-90
problemas de edição de som ...190-2
requisitos editoriais 193-5
tipos de 171-7
Corte de compilação................. 171-4
Corte de continuidade...............175-7

D

**Determinando a duração de planos
  com câmera fixa**....................183-5
Diálogos, como encaixar 191-2
Direção da imagem
associando olhares 128-30
como inverter.......................... 112-5
como planejar 121-6

constante 102-3
contrastante 103-4
dinâmica 102-26
estática 126-55
geográfica 120
importância de estabelecer 101-2
neutra 105-8

Dissolve ou dissolução 157-8

Dupla inclinação da câmera 53-6

E

Edição 169-97
como eliminar cortes
bruscos 192-3
corte durante movimento de
câmera 183-5
disposição do plano 169
fluxo de som 192-3
planos de cobertura 188-90
planos de reação 206
problemas de som 190-2
seleção de plano 169
truques/manipulação 170, 217-8

Edição de som, problemas
com 190-2

Eixo
ver eixo de ação

Eixo de ação 108-55
como estabelecer (dinâmico) ... 102-8
como estabelecer (estático) ... 126-55
como manipular para direção
dinâmica da imagem 115-7
como manipular para direção
estática da imagem 149
como pular 115-7
como reposicionar o ator 149
entradas e saídas 117-8
exceção 109-10
locações internas 120-1
olhar para ambos os lados
da lente 130-2
para continuidade geográfica 120
para três atores 145-8

Encaixando planos
Com cena máster 89-94
Com técnica de ação
justaposta 94-100

Enquadramento 256-7

Entradas e saídas 117-8

Espaço de continuidade 87

Equilíbrio 239-45
com número ímpar de atores 244
formal ou simétrico 242-3
influência da gravidade 244-5

informal ou assimétrico 243-4
tipos de 242-4

F

Filmes
com uma câmera 89, 91, 93
com várias câmeras 89-90, 92, 94

Flashback 83-4
desvantagens 84
vantagens 84

Flashforward 84-5
desvantagens 85
vantagens 85

Fluxo de som 192-3

Formas de composição 233-5

Fusões 190

G, I

Grande plano geral 33-4

Gravidade, influência no
equilíbrio 244-5

Imagem, tamanho da 257-9

Imagens de catálogo 274-5

Inserts 40

L

Linguagem de composição 230-9

Linhas de composição 231-3

Locações internas 120-1

M

Massa 235-6

Molduras 269-72
características 270
foco 271
movimento 271-2
necessidade de separação
distinta 270
parciais 271

Montagem paralela 177-80
como usar 178-80
fatos ocorrendo
simultaneamente 178-9
fatos separados no espaço 178-9
fatos separados no tempo 179-80
para aumentar a tensão 177-8
para aumentar o interesse 177
para aumentar o suspense 178
para fazer comparações 178

para retratar contraste 178
para transmitir conflito 177

Movimento
de câmera 183-5
de imagem planejado 121-6
do ator para dentro e para fora
de closes 220
do olho 252-6

Movimentos
de câmera imprecisos 187-8
de composição 236-9

Mudar a lente 62-4

Mudar o ângulo da câmera 64-9

O

Olhar 110-36
associando em grupo ao redor
de mesa 148-9
associando em material de arquivo
e cenas de produção 149-50
como associar com um único
ator 137-40
como associar em atores em
movimento 134-7
como associar em cena máster .. 135-7
como associar entre locutor e
público 140-5
como associar 128-30
em ambos os lados da lente 130-2
neutro 132-4

P

Perspectiva 261-5
atmosférica 261
como aumentar efeitos 262-5
linear 261

Plano geral 34-5

Plano médio 35-7

Planos com câmera fixa 183-5

Planos com câmera móvel 183-5
como determinar a duração com
narração ou som sincronizado 186
como determinar a duração 185-7
e planos com câmera fixa,
como intercalar 183-5
versus cortes secos 186

Planos de afastamento 105-7

Planos de cobertura 188-90

Planos de reação 192
para closes sobre o ombro, ... 193
para inverter a direção da
imagem 119-20

Planos descritivos 40-2
Planos frontais 105-6
Planos neutros 107-8
   ângulo plongê ou
     contraplongê 107-8
   entrada ou saída de ambos
     os lados 107-8
   frontais de aproximação
     e de afastamento 108
   lentes cobertas e descobertas 107
   para distrair o público 108
   para inverter a direção da
     imagem 120
   para maior impacto 108
   para variedade visual 108
   quando usar 108
   saída pelo topo ou pela base
     do quadro 107-8
Posição, centro de interesse 248-9

R

Requisitos da edição 193-5
   estéticos 194
   narrativos 194-5
   técnicos 193-4
Reposicionando o eixo
   de ação 148-50

S

Segundos planos 266-9
   para closes 222-3
Som
   edição de, problemas com 190-2
   fluxo de 192-3
   transições de 163-6

T

Tamanho do objeto 31-42
Técnicas de filmagem 89-101
   cena máster *versus* ação
     justaposta 100-1
   cena máster 89-94
   técnica da ação justaposta 94-100
   uma câmera 89, 91, 93
   várias câmeras 89-90, 92, 94

Tempo e espaço cinematográfico ... 80
Tempo de continuidade 80-7
   tempo futuro 84-5
   tempo passado 82-4
   tempo presente 81-2
Transições 156-66
   adequadas 166
   de montagem 158-60
   sonoras 163-6
   visuais 156-63
Transições visuais 156-63
   com títulos introdutórios 156
   como usar 160-3
   para unir espaço 156
   para unir tempo 156
Três atores, eixo de ação 145-8

U, V

Unidade 245-6
Unindo tempo e espaço 156
Variedade da composição 276-7

AGRADECIMENTOS

No prólogo, expliquei que, em certas ocasiões, escrever este livro pareceu quase impossível. Em grande medida, esta obra se tornou possível graças à gentil cooperação de muitas organizações e indivíduos.

Pelo uso de fotografias, meus sinceros agradecimentos a:

American Broadcasting Company
Bob Jones University – Unusual Films
California Division of Highways
Cine-Probst, Inc.
Claude Micahel, Inc.
Columbia Broadcasting System
Columbia Pictures Corporation
Departamento de Cinema da Universidade do Sul da Califórnia
Exército dos Estados Unidos
Força Aérea dos Estados Unidos
Harann Productions
Industrial Film Producers Association

International Business Machines Corporation
International Harvester Company
Irvmar Productions
John E. Allen, Inc.
Kramer Company
Lockheed-California Company
Martin Rackin Productions
Matson Lines
Metro-Goldwyn-Mayer
National Aeronautics & Space Administration (Nasa)
North American Aviation, Inc.
QM Productions
Raco Machine Products Co.

Radio Corporation of America
Santa Fe Railway
Talent Arts Productions
Tech-Camera Rentals, Inc.
Trans World Airlines, Inc.
TRW Systems
Twentieth Century-Fox Film Corporation
Universal City Studios
University Film Producers Association
Warner Bros.
Weber Aircraft

Pelos comentários e sugestões técnicos de grande ajuda, sou particularmente grato a William Zsigmond e às seguintes pessoas:

Charles O. Probst
Edward Martin
Everett C. Kelley
Frank Meitz
Frank Messinger
George J. Mitchell
George W. Sutphin
Gerard Wilson, A.C.E.

Howard Moore
Irvin Berwick
James S. Watkins
Jarvis Couillard
Kenneth Nelson
Louis Hochman
Paul E. Braun
Peter Sorel

R. P. Murkshe
Robert Bethard
Robert Jessup
Roy Neil
Sra. Gilbert Stenholm
Thor Brooks
W. Dale Russell

Pelos esforços e habilidades profissionais gentilmente cedidos ao posar para fotografias explanatórias, para ilustrar esta obra, sou grato a:

SHARY MARSHALL   TODD LASSWELL

JOHN HARMON   TOM IRISH   RON HAGERTHY

Pela direção de arte, agradeço a Alexander Ratony, e por sua assistência na preparação gráfica, reprodução e encadernação, a esses homens competentes:

Dale Pettet, preparação de fotolitos
Everett Brown, composição tipográfica
Raymond Ahlich e Richard Herzog, encadernação
Richard Burg, chapas e impressão

Sou especialmente grato à amizade de Mack William Radstone, cujo conhecimento de nossa linguagem colocou os procedimentos técnicos em palavras claras e concisas, e cujas experiências em processos gráficos e arte publicitária ajudaram a transformar meu sonho de toda uma vida em realidade.

Dedico este livro a Marion.

CRÉDITOS DAS FOTOGRAFIAS

ABC: 31, 51 (ad), 55 (ce/cd), 105 (ed), 142, 179 (ed), 212 (ce), 267 (cd)
Bob Jones University – Unusual Films: 37, 71 (ed), 82 (ad), 83 (ae), 93 (ee), 109, 179 (cd), 184 (ce), 267 (ad)
California Division of Highways: 20, 21, 40 (ae), 48 (ae), 54, 70, 82 (ee), 161, 175 (ae), 229 (ee), 230 (ed), 269 (ad), 271 (ae)
CBS: 26
Charles O. Probst: 46 (ae), 99 (ae), 259, 261 (ed)
Claude Michael, Inc.: 63 (cd), 201, 206 (ed), 219 (ae/ce)
Columbia Pictures: 71 (ae), 255 (ad)
Departamento de Cinema da Universidade do Sul da Califórnia: 27 (ad/ed), 45, 129 (ed), 138 (cd/ed), 139, 140 (ae/ce), 145, 183, 217 (ed)
Exército dos Estados Unidos: 50 (ae)
Força Aérea Americana: 41 (ae), 76, 89 (cd), 90 (ae), 164, 177 (ce/ad), 236
Harann Productions: 36, 39 (ad), 44, 48 (ad/cd), 56 (ed), 60, 85 (ed), 92 (ae/ce/ee), 94 (ae), 136, 137, 138 (ae/ce), 170 (ee), 173, 174 (ad), 180, 192, 202 (ae/ce), 203 (cd/ed), 204 (ee), 205 (ed), 210 (ee/ad), 216 (ad/cd), 222, 241, 247 (ad), 250, 253, 276 (ad/ed), 278 (ad/cd)
IBM: 42 (ad), 159 (ad), 187 (ae), 207 (ad)
International Harvester Company: 53 (ae), 267 (ae)
Kramer Company: 25 (ee/ed)

Lockheed-California Company: 21 (ed), 33, 43 (ad), 49 (ad), 56 (ae), 70, 78, 83 (ad/cd/ed), 85 (ae/ce), 89 (ad), 92 (ad), 96 (ed), 97 (ad), 100 (ed), 119 (ae), 159 (ae/ce), 166, 168, 170 (ad), 172, 185, 186, 187 (ee), 188 (ed), 193, 196, 207 (ae), 210 (ed), 228, 237 (foto maior), 246 (cd), 270 (ad)
Martin Rackin Productions: 34 (ad), 100 (ee), 133, 174 (ae/ce), 211 (ae), 212 (ee), 217 (ad)
Matson Lines: 48 (ce), 121 (ae), 162 (ee)
Metro-Goldwyn-Mayer: 23, 24, 25 (ae)
Nasa: 69, 175 (ed), 176, 177 (ae), 177 (cd), 191 (ae), 218 (ae)
North American Aviation: 19, 30, 49 (ae/ee), 50 (ed), 72, 75, 88 (ad), 141 (ee), 159 (cd), 179 (ce/ee), 194 (ad), 194 (ad), 224, 230 (ee), 233, 238, 239, 240 (ae), 247 (cd), 248 (ad), 264, 265, 271 (ed), 274, 275, 278 (ae), 280
QM Productions/ABC: 51 (ee), 53 (ce), 63 (ae/ce), 65, 102 (ad), 132 (ae/ce), 254
QM Productions/Twentieth Century Fox/ABC: 140 (cd/ed)
Raco Machine Products: 94 (ed), 95, 276 (ae)
Santa Fe Railway: 28, 43 (ae), 47 (ad/cd), 50 (ee), 52 (ed), 55 (ed), 64, 81 (ee), 87 (ae/ce), 103, 112 (ad), 121 (ce), 151 (ed), 157, 162 (ae), 163 (ee), 165, 178 (ad/cd), 195, 211 (ad), 219 (ed), 231 (ed), 237 (ae),

260, 261 (ad), 263, 272, 273, 278 (ce)
Talent Arts Productions: 245 (cd), 246 (ad), 270 (cd)
TRW Systems: 47 (ee), 82 (ae), 96 (ee), 188 (cd), 190, 198, 199, 221
TWA: 34 (ed), 80, 121 (ee), 151 (cd), 162 (ce), 163 (ae/ce), 277 (ad)
Twentieth Century-Fox/ABC: 205 (ce/ee)
Twentieth Century-Fox: 16, 18, 27 (ae/ed), 35, 39 (cd/ed), 52 (ee), 59 (ee), 63 (ed), 105 (ce/ee), 122, 123, 124, 125, 141 (ad), 148 (ad), 226, 244, 248 (ce), 249 (ae), 258, 266, 269 (ee)
Universal City Studios: 38, 39 (ae/ee), 41 (ad), 43 (ee), 59 (ce), 66, 67 (ce/ee), 73, 87 (ad), 89 (ad), 104, 106, 108, 120, 146 (ae/ce), 178 (ae/ce), 191 (ed), 194 (ee), 205 (cd), 206 (ee), 208, 232, 234, 243, 245 (ad), 246 (ae/ce), 248 (ae), 249 (foto maior), 251, 252, 256, 261 (ae), 268, 276 (ee)
Warner Bros.: 40 (ed), 41 (ee), 49 (ed), 51 (ed), 81 (ed), 184 (ae), 229 (ad), 262, 267 (ce), 269 (ce), 277 (ae), 279
Weber Aircraft: 46 (ad), 53 (ad), 206 (cd), 240 (ad)

Legendas
No alto, à esquerda: ae
No centro, à esquerda: ce
Embaixo, à esquerda: ee
No alto, à direita: ad
No centro, à direita: cd
Embaixo, à direita: ed

BIBLIOTECA FUNDAMENTAL DE CINEMA

Volume 1 – O grande filme
Volume 2 – Diário de Bollywood
Volume 3 – Criação de curta-metragem em vídeo digital
Volume 4 – Da criação ao roteiro
Volume 5 – Vocês ainda não ouviram nada
Volume 6 – Os cinco Cs da cinematografia